DONNÉES DE CATALOGAGE AVANT PUBLICATION (CANADA)

Savard, Michel, 1958-

Pour que demain soit : l'état de l'environnement au Saguenay–Lac-Saint-Jean, pour un développement durable

Comprend des références bibliographiques.

ISBN 2-920176-79-X

1. Environnement – Études d'impact – Québec (Province) – Saguenay–Lac-Saint-Jean. 2. Environnement – Protection – Québec (Province) – Saguenay–Lac-Saint-Jean. 3. Écologie – Québec (Province) – Saguenay–Lac-Saint-Jean. 4. Aménagement du territoire – Québec (Province) – Saguenay–Lac-Saint-Jean. I. Titre.

TD171.5.C32Q8 1989   333.7'2'0971414   C90-096006-X

© *Les Éditions JCL inc., 1989*
Édition originale: novembre 1989

Pour que
DEMAIN
SOIT

UNE RÉGION FAIT LE POINT
SUR SON ENVIRONNEMENT.

Éditeurs
LES ÉDITIONS JCL INC.
CHICOUTIMI, Québec, Canada
Tél.: (418) 696-0536

Photo de la page couverture
JACQUES DESBIENS

Illustrations intérieures
CHRISTIANE GIRARD

Maquette de la page couverture
JEAN DELAGE

Révision linguistique
MARIE-JOSÉE DROLET

Technicienne à la production
JUDITH BOUCHARD

Distributeur officiel
LES MESSAGERIES ADP
955, rue Amherst,
MONTRÉAL, (Qc), Canada
H2L 3K4
Tél.: (514) 523-1182
1-800-361-4806
Télécopieur: (514) 521-4434

Dépôts légaux
4ᵉ trimestre 1989
Bibliothèque nationale du Québec
Bibliothèque nationale du Canada

ISBN
2-920176-79-X

MICHEL SAVARD

Pour que
DEMAIN
SOIT

L'ÉTAT DE L'ENVIRONNEMENT
AU SAGUENAY–LAC-SAINT-JEAN,
POUR UN DÉVELOPPEMENT DURABLE.

L'édition de ce premier bilan de l'environnement au Saguenay–Lac-Saint-Jean a été rendue possible grâce aux entreprises suivantes:

La Compagnie Abitibi-Price inc.
Le Cégep de Saint-Félicien
La Chaîne coopérative du Saguenay (CCS)
La Compagnie Cascades (Jonquière) inc.
La Compagnie Consolidated-Bathurst inc.
(division Port-Alfred)
La Compagnie Donohue inc.
Le Conseil central des syndicats nationaux du Saguenay–Lac-Saint-Jean (CSN)
La Fédération des Caisses populaires Desjardins du Sagnenay-Lac-Saint-Jean
La Financière, Services financiers, Services immobiliers
La Fondation québécoise en environnement (FQE)
Monsieur Francis Dufour, député de Jonquière
Monsieur Jacques Brassard, député de Lac-Saint-Jean
La Société Hydro-Québec (Région Saguenay)

ONT PARTICIPÉ À LA RECHERCHE

Production:
Conseil régional de l'environnement du Saguenay–Lac-Saint-Jean inc. (CRE), conjointement avec le Comité organisateur des États généraux de l'environnement.

Rédaction et coordination:
Michel Savard, naturaliste

Recherchiste-adjoint:
Rémy Bouchard

Aide technique:
Suzanne Desbiens
Robert Loiselle
André Morasse

Équipe de révision:
Intervenants siégeant au sein du CRE, de la Table sectorielle sur l'environnement du CRCD et du Comité organisateur des États généraux de l'environnement du Saguenay–Lac-Saint-Jean:

Jean Accolas, CRE
Denis Bergeron, UQCN
Viateur Beaupré, CRE
Raymonde Bouchard, AFEAS
Richard Boudreault, CEC
Alain Boulianne, CRCD-02
Pascal Boulianne, Maire de Saint-Fulgence
Mano Capano, Alcan
Serge Cloutier, OPDQ
Marlène Côté, OPDQ
Raymond Desjardins, Centre écologique du Lac-Saint-Jean
Jean Désy, CRE
Lucien Émond, Abitibi-Price

Équipe de révision (suite)

Jean-Marc Gagnon, CSN
Michèle Gauthier, Entreprises régionales de récupération
Gérald Guérin, MENVIQ
Pierre Gravel, STOP
Annie Harvey, CRE
Benoît Harvey, UPA
Roger Lajoie, CSR Lac-Saint-Jean
Réjean Langlois, MENVIQ
Léon Larouche, DSC Chicoutimi
André Leclerc, UQAC
Renald Lefebvre, MLCP
Jean-Léon Lemieux, CEGEP de Jonquière
Raymond Lemieux, FQGZ
Rodrigue Lessard, FTQ
Roger Potvin, CRE
Jean-Guy Renaud, président de la Table sectorielle sur l'environnement du CRCD-02
Hélène Roche, CRE
Gérald Tremblay, CODERR-02
Gervais Tremblay, CRE
Pierre Tremblay, CRE
Claude Villeneuve, Fédération des caisses populaires Desjardins.
Linda Youde, CRE

REMERCIEMENTS

Le Conseil régional de l'environnement (CRE) et le Conseil régional de concertation et de développement (CRCD), responsables de l'organisation des États généraux de l'environnement, tiennent à remercier tous les intervenants de la Table sectorielle sur l'environnement, le personnel du CRCD, le personnel du CRE ainsi que tous les organismes, entreprises privées, services gouvernementaux provinciaux et fédéraux qui ont participé de près ou de loin à l'organisation des États généraux et à la réalisation de ce document de référence. Nous remercions également tous les participants aux colloques de zone sur l'environnement et tous les délégués aux États généraux pour leur contribution.

De façon particulière, nous tenons à remercier nos commanditaires qui ont rendu possible les premiers États généraux dans la région tant par leur appui moral que par leur soutien financier:

Gouvernements
Le Gouvernement fédéral
(Programme développement de l'emploi)
Le ministre de l'Environnement du Québec,
M. Clifford Lincoln

Les députés
Monsieur Gaston Blackburn
Monsieur Lucien Bouchard
Monsieur Jacques Brassard
Monsieur Hubert Desbiens
Monsieur Francis Dufour

Entreprises et organismes

Le Cégep de Saint-Félicien
La Compagnie Abitibi-Price inc.
La Compagnie Consolidated-Bathurst inc.
(division Port-Alfred)
Le Conseil central des syndicats nationaux du
Saguenay–Lac-Saint-Jean (CSN)
Le Conseil régional de concertation et de développement
(Fonds d'interventions régionales)
La Fédération des caisses populaires Desjardins du
Saguenay–Lac-Saint-Jean
La Financière, Services Financiers, Services immobiliers
La Fondation québécoise en environnement (FQE)
La Société d'électrolyse et de chimie Alcan
La Société Hydro-Québec
Le Service de l'éducation aux adultes, C.S.R.
Lac-Saint-Jean
L'Université du Québec à Chicoutimi
La Compagnie Domtar

Municipalités

Alma
Albanel (Village)
Albanel (Canton)
Anse-Saint-Jean
Canton Tremblay
Chicoutimi
Desbiens
Hébertville-Station
Labrecque
Lac-à-la-Croix
Lac-Bouchette

Larouche
Laterrière
Normandin
Rivière-Éternité
Roberval
Saint-Ambroise
Saint-Félicien
Saint-Fulgence
Saint-Gédéon
Saint-Henri-de-Taillon
Saint-Prime

INTRODUCTION

Conscient de l'importance de l'environnement pour maintenir le développement socio-économique de notre milieu, le Conseil régional de l'environnement (CRE) et le Conseil régional de concertation et de développement (CRCD), par l'entremise de sa table sectorielle sur l'environnement, se sont associés à l'automne 1987 dans une démarche concertée visant la réalisation des premiers **États généraux de l'environnement du Saguenay–Lac-Saint-Jean.**

Inspirés de la *Stratégie mondiale de la conservation* (ONU) et du Rapport de la Commission mondiale sur l'environnement et le développement (rapport Bruntdland) et mettant pour la première fois en pratique les recommandations du Groupe de travail national (canadien) sur l'économie et l'environnement, les États généraux avaient adopté le concept du *développement durable* pour amorcer le dialogue entre tous les intervenants concernés, afin de favoriser une croissance économique compatible avec l'environnement. Cet événement régional a été tenu le 26 novembre 1988 et représente une première au Québec et au Canada, car il a favorisé la concertation pour un développement soutenable et fait ressortir les véritables préoccupations environnementales d'une région.

Les États généraux ont également permis de rassembler une foule d'informations permettant de dresser un véritable portrait de la situation environnementale, fidèle aux préoccupations du milieu régional. Dans le suivi de cet exercice de concertation, le CRE conjointement avec le Comité organisateur des États généraux ont entrepris l'édition d'un premier «bilan» de l'environnement au Saguenay–Lac-Saint-Jean. Cet outil d'information de base, adapté à notre réalité régionale, dresse un portrait d'ensemble sur l'état de notre environnement.

Pour que demain soit est un document faisant l'objet d'un large consensus. Il servira à des fins pédagogiques et constituera un outil majeur d'intervention régionale et municipale dans l'élaboration d'une stratégie régionale de la conservation pouvant aider à s'engager sur la voie du développement durable.

Jusqu'à tout récemment, la Commission mondiale sur l'environnement et le développement a produit un rapport intitulé *Notre avenir à tous* (1987). D'autre part, Environnement Canada a publié un *rapport sur l'état de l'environnement au Canada* (1986) et le ministère de l'Environnement du Québec un *premier bilan sur l'état de l'environnement au Québec* (1988). Ces réflexions aux niveaux mondial, national et provincial dressent un portrait d'ensemble de la qualité de notre environnement et des défis à relever pour assurer le maintien de la qualité de vie des êtres humains. *Pour que demain soit* s'inscrit dans cette direction en présentant une réflexion au niveau régional pour susciter une action au niveau local. Cette initiative régionale est une première en son genre au Québec. Elle a permis le développement d'un processus original exportable en matière de concertation environnementale.

PRÉSENTATION

La *première partie* du document donne quelques **notions de base** afin de bien saisir la portée des informations de nature régionale et la signification de termes qui reviennent souvent dans le texte: environnement, développement, écosystème, action-réaction, pollution, pH et norme.

La *deuxième partie* présente de façon simplifiée et générale le **cadre naturel** très particulier à la région du Saguenay–Lac-Saint-Jean afin de mieux situer et de mieux comprendre la problématique environnementale. Cette partie décrit brièvement les caractéristiques physiques et/ou biologiques des principaux bassins versants, du climat régional, des phénomènes naturels et des grands écosystèmes terrestres et aquatiques sur lesquelles se fondent les activités socio-économiques de la région.

La *troisième partie* reprend le concept d'**action-réaction** et décrit la nature et l'évolution des activités humaines, entourant l'exploitation, la transformation et l'utilisation des ressources à une échelle régionale, et les pressions que ces actions exercent sur l'environnement. Cette partie vise à aider à l'évaluation des impacts des activités humaines sur l'environnement et les écosystèmes et décrit l'état des bases de ressources de l'environnement qui soutiennent le développement, lorsque l'état des connaissances le permet.

La *quatrième et dernière partie* propose comme élément de solution aux nombreux et complexes problèmes d'environnement que connaît la région, le **développement durable**. Après avoir défini cette notion fondamentale, on rappelle le rôle de l'éducation et les expériences originales entreprises dans la région dans ce domaine. On termine en insistant sur l'urgence d'intervenir pour améliorer, protéger et conserver la qualité de l'environnement et des bases de ressources naturelles pour que les générations futures puissent aussi en bénéficier.

PRÉFACE

Voici le portrait d'une région, le Saguenay–Lac-Saint-Jean, de ses ressources, de ses habitants et des ses exploitants. Portrait choc, s'il en est, résultante d'une gestion insouciante de cette nature utilisée avec le minimum de ménagement et le maximum de profits. Si l'on étudie le moindrement l'histoire du Québec – et cette région en fait partie – on est frappé par la dimension de la dévastation qui a été accomplie en si peu de temps.

L'ignorance, l'égoïsme ou l'indifférence envers les générations à venir, le manque de courage et d'amour véritable pour ce pays ont permis cela. Aujourd'hui, on ne peut plus feindre l'ignorance; la catastrophe écologique est devenue une évidence. Tout doit être fait pour mesurer la dimension des saccages, réfléchir à des solutions pour les limiter et pour y remédier.

Nous en avons les moyens, nous en avons le devoir! C'est présisément la mission que se fixe cet ouvrage lucide, sans doute courageux et, espérons-le, à l'avant-garde d'une longue série de bilans similaires, qui amorceront partout la démarche, aiguiseront les consciences et fixeront en même temps le but à atteindre.

Il faut redonner à ce pays une santé et une beauté dont nous puissions être vraiment fiers.

Frédéric Back
20 septembre 1989

TABLE DES MATIÈRES

LISTE DES ABRÉVIATIONS

ACFAS	Association canadienne-française pour l'avancement des sciences
AFEAS	Association féminine d'éducation et d'action sociale
CPTA	Commission de la protection du territoire agricole
CRCD	Conseil régional de concertation et de développement
CRE	Conseil régional de l'environnement
CSN	Confédération des syndicats nationaux
DSC	Département de santé communautaire
FQGZ	Fédération québécoise des gestionnaires de ZEC
GERLED	Groupe d'étude pour la restauration des lieux d'élimination des déchets
MAPAQ	Ministère de l'Agriculture, des Pêcheries et de l'Alimentation du Québec
MENVIQ	Ministère de l'Environnement du Québec
MER	Ministère de l'Énergie et des Ressources
MLCP	Ministère du Loisir, de la Chasse et de la Pêche
MRC	Municipalité régionale de comté
OPDQ	Office de planification et de développement du Québec
RQV	Regroupement pour un Québec vert
STOP	Société terrestre pour l'obtention de la paix
UPA	Union des producteurs agricoles
UQAC	Université du Québec à Chicoutimi
UQCN	Union québécoise pour la conservation de la nature
ZEC	Zone d'exploitation contrôlée (chasse et pêche)

LISTE DES FIGURES

LISTE DES TABLEAUX

AVERTISSEMENT

Les unités de mesure se réfèrent au système métrique international. L'emploi des majuscules dans les noms d'espèces vivantes est conforme aux règles de nomenclature zoologique. Les statistiques incluses dans ce document proviennent des compilations gouvernementales et de la littérature existantes et accessibles en 1988. Lorsque des changements importants ont été portés à notre attention au début de 1989, les éléments d'informations ont été ajoutés. La notion de *développement durable* (définie dans la partie 4) est considérée comme un synonyme de *développement soutenable*.

Pour faciliter la lecture, le genre masculin inclut également le féminin.

1

NOTIONS
DE BASE

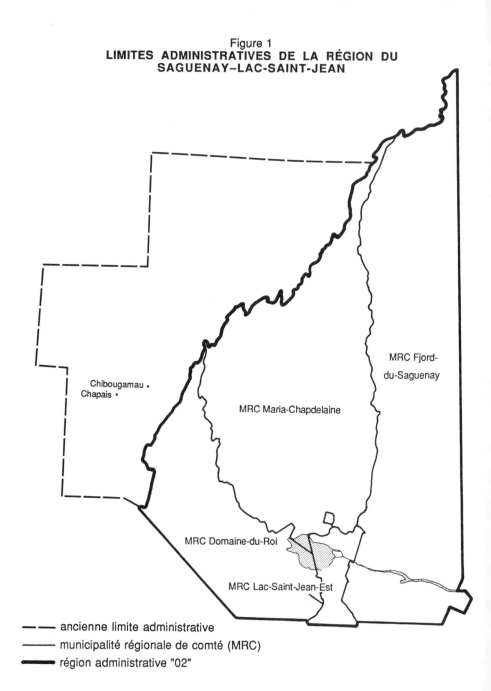

Figure 1
**LIMITES ADMINISTRATIVES DE LA RÉGION DU
SAGUENAY–LAC-SAINT-JEAN**

MRC Fjord-
du-Saguenay

Chibougamau .
Chapais .

MRC Maria-Chapdelaine

MRC Domaine-du-Roi

MRC Lac-Saint-Jean-Est

— — — ancienne limite administrative

———— municipalité régionale de comté (MRC)

━━━━ région administrative "02"

SOURCE: CRE (1989)

28

QUELQUES DÉFINITIONS

Définissons d'abord huit termes importants qui reviennent souvent dans ce document: région, environnement, développement, écosystème, action-réaction, pollution, pH et norme.

Région
C'est le territoire que nous délimitons.

Les limites administratives de la région du Saguenay–Lac-Saint-Jean (région 02) englobent les territoires de quatre municipalités régionales de comté: MRC Domaine-du-Roy, MRC Maria-Chapdelaine, MRC Lac-Saint-Jean-Est et MRC Fjord-du-Saguenay. Depuis 1988, le territoire de Chibougamau–Chapais a été retranché de la région 02. À moins d'une indication contraire, la portée du présent document se limite à la région administrative. Cependant, les données décrivant l'état de l'environnement sont parfois plus pertinentes lorsqu'elles sont organisées d'après les limites naturelles plutôt que suivant les délimitations administratives et juridiques. Ainsi, dans cette publication, les limites des bassins versants et des écosystèmes régionaux donnent un cadre géographique naturel de base permettant aux lectrices et lecteurs de mieux comprendre l'état de l'environnement et de mieux cerner la problématique environnementale.

Environnement
C'est là où nous vivons tous.

La signification du mot «environnement» remonte au début des années 1960. Ce terme s'applique à l'ensemble des conditions naturelles (physiques, chimiques, biologiques) et culturelles (sociologiques) susceptibles d'agir sur les organismes vivants et les activités humaines. Les composantes de l'environnement sont: l'air, l'eau, le sol, les sédiments, le climat, la flore, la faune, les processus écologiques (habitats, chaînes alimentaires, introduction d'espèces), la qualité de vie humaine (santé, récréation, aménagement) et les intérêts humains (beauté des paysages, sites historiques, éléments uniques). La qualité de l'environnement influence donc directement la qualité de la vie.

L'environnement et l'écologie sont deux termes fréquemment galvaudés et utilisés indistinctement. Il est vrai que ces deux concepts se superposent, le premier ayant une signification plus sociale et plus humaine, le second une signification plus scientifique. L'écologie est en fait la science qui étudie les conditions d'existence des êtres vivants et les interactions de toute nature entre ces êtres vivants et leur milieu. Par exemple, l'étude des populations et des habitats constitue un domaine propre à l'écologie. L'écologiste ne sépare pas l'être vivant de son contexte et il l'étudie dans sa totalité.

Développement
C'est ce que nous faisons tous.

Le «développement», c'est l'évolution de nos activités humaines. Par exemple, le développement économique permet la croissance économique, le développement d'un réseau routier permet l'augmentation des possibilités de transport. Le développement se fonde sur la qualité de l'environnement et sur une base de ressources (forêt, eau, sol). Un développement dit «à court terme» répond à un besoin ponctuel et ne tient pas compte du caractère renouvelable des ressources ni de l'impact à long terme des activités sur l'environnement. Un développement à long terme, ou encore développement durable, implique un processus de conservation (maintien des processus écologiques essentiels et des systèmes entretenant la vie, préservation de la diversité génétique, utilisation durable des espèces et des écosystèmes), une planification environnementale et un aménagement intégré du territoire.

Écosystème
C'est l'ensemble des êtres vivants
d'un même milieu et des éléments non
vivants qui leur sont liés vitalement.

Forme abrégée de l'expression «système écologique», le mot «écosystème» s'emploie pour désigner l'ensemble des éléments vivants et non vivants qui créent dans la nature un milieu particulier. Selon le niveau de perception écologique, un écosystème peut être très petit (un gazon par exemple) ou très vaste (la forêt boréale). Quelle que soit sa dimension, il comprend à la fois un milieu physique (eau, air, sol, climat, topographie) et une communauté vivante formée de toutes les plantes, tous les animaux, tous les hommes, tous les micro-organismes en interaction constante et en équilibre avec ce milieu.

Nous pouvons parler de façon générale d'écosystèmes terrestres, aquatiques et même d'écosystèmes urbains. Plus précisément, une tourbière constitue un écosystème facile à reconnaître et à délimiter, de même qu'une zone littorale de sable fin. Mais dans d'autres cas, comme les écosystèmes forestiers, les limites deviennent plus subtiles et forment des mosaïques. Parce que les différentes parties d'un écosystème agissent les unes sur les autres, les changements importants qui touchent une de ces parties ont également des répercussions sur toutes les autres et peuvent ainsi causer un déséquilibre généralisé. Nous devons prendre cette interdépendance en considération lorsque nous évaluons l'effet des activités humaines sur son environnement.

Action-réaction
C'est le phénomène selon lequel tout
développement entraîne inévitablement des
modifications dans les écosystèmes.

Le concept «action-réaction» reprend le concept «agression-réaction» qui nous permet d'évaluer la relation entre les activités humaines et les modifications de l'environnement. Par exemple, le rejet de substances toxiques dans une rivière constitue une agression, et la contamination des poissons, une réaction. Mais ce n'est pas tout; si la chaîne des réactions se prolonge, les poissons contaminés deviennent à leur tour une source d'agression pour ceux qui s'en nourrissent, la réaction probable chez ces derniers étant la maladie.

La complexité de la relation agression-réaction et nos connaissances encore limitées sur l'environnement nous empêchent de comprendre totalement le processus de cause à effet. Néanmoins, nous savons que les écosystèmes sont constamment modifiés par les activités humaines (exploitation des ressources, modification de l'utilisation des terres, production de déchets), mais aussi par les éléments naturels (changements climatiques, transformations géologiques, migrations animales, maladies). Les activités humaines peuvent avoir une influence sur la réaction d'un écosystème aux agressions naturelles, parfois en réduisant les effets, mais le plus souvent en les exagérant.

Jusqu'à un certain point, les écosystèmes s'adaptent aux agressions; celles-ci peuvent même, dans une certaine mesure, être favorables au bon état de l'environnement. Un prédateur, par exemple, peut éliminer les animaux plus faibles dans un troupeau de caribous, au profit de l'ensemble du troupeau.

Le principe selon lequel toute agression entraîne une réaction nous enseigne aussi que nous devons nous inquiéter quand un écosystème démontre, par la nature de ses réactions, qu'il ne peut plus faire face à une agression. C'est peut-être alors à notre tour de réagir, en régissant les activités humaines à l'origine du problème.

Pollution
C'est la dégradation d'un milieu par l'introduction d'un agent physique, chimique ou biologique.

Par pollution (de l'air, de l'eau, des sols ou des sédiments), nous entendons une introduction directe ou indirecte, reliée aux activités de l'homme, d'une substance ou d'un facteur physique (ex.: augmentation de la température, bruit), chimique (ex.: pesticides, BPC) ou biologique (ex.: espèces exotiques, bactéries) qui entraîne une nuisance ou une altération de l'environnement dans un milieu. Les polluants proviennent des effluents (ex.: eaux usées rejetées par une ville ou une usine), des émissions (ex.: polluants projetés dans l'air), des résidus (ex.: déchets solides ou pâteux disposés sur ou dans le sol) et des activités mécaniques d'un environnement donné (ex.: ondes sonores, vibrations).

pH
C'est l'unité de mesure de la concentration en ions hydrogène dans l'eau ou dans une solution

Lorsqu'on mesure le pH de l'eau ou d'une solution, on évalue sa concentration en ions hydrogène. Cette concentration est exprimée sur une échelle logarithmique qui varie de 0 à 14. Ainsi, une solution peut être *acide* (pH < 7), *neutre* (pH = 7) ou *basique* (pH >7) (figure 2). Une diminution d'une unité de pH signifie que l'acidité s'est accrue d'un facteur de dix. Par exemple, une pluie qui a un pH de 4 est dix fois plus acide qu'une autre dont le pH est de 5.

Figure 2
L'ÉCHELLE de pH

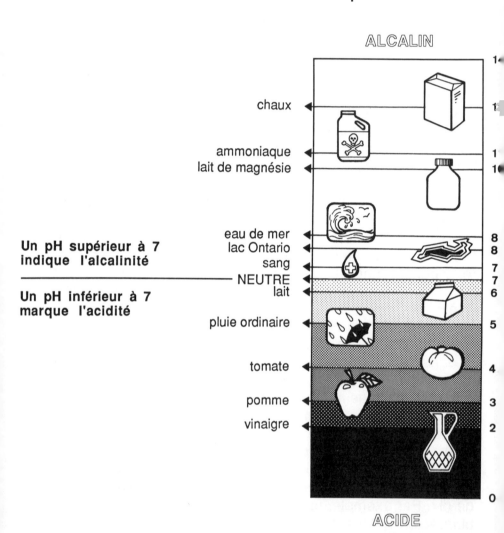

ALCALIN

chaux ← 1[

ammoniaque ←
lait de magnésie ← 1
← 1

eau de mer ← 8
lac Ontario ← 8
sang ← 7
NEUTRE ← 7
lait ← 6

pluie ordinaire ← 5

tomate ← 4

pomme ← 3
vinaigre ← 2

0

ACIDE

Un pH supérieur à 7 indique l'alcalinité

Un pH inférieur à 7 marque l'acidité

Les précipitations dites "acides" ont un pH inférieur à 5,6

SOURCE: SVP (1981)

Norme
*C'est la limite juridique de tolérance
fixée en fonction des préoccupations
humaines.*

Les gouvernements, les entreprises, les organismes-conseils et les institutions scientifiques déterminent au besoin des normes dans un cadre législatif ou de recommandation, en fonction des préoccupations économiques (maintien de la productivité et de la compétitivité des entreprises), technologiques (limitation des performances techniques), sociales (protection de la santé humaine) et écologiques (protection des écosystèmes).

Les normes juridiques concernant le rejet de polluants sont établies ponctuellement et ne tiennent pas nécessairement compte de la capacité de soutien des milieux récepteurs ni des interactions entre les différentes variables retenues (ex.: quantité de matières rejetées; concentration d'une substance toxique dans l'air, l'eau, le sol ou les sédiments). Ainsi, pour une même variable, une norme dite «environnementale» différera beaucoup selon l'état des connaissances, l'évolution technologique et l'objectif poursuivi. Elle constitue néanmoins un point de référence dans l'évaluation du niveau de tolérance d'une société par rapport au rejet de polluants dans l'environnement et à la protection de la vie.

Quant aux normes utilisées pour le contrôle de la qualité des eaux, la valeur de chacune des variables retenues sera différente s'il s'agit d'une norme s'appliquant à l'eau potable, à la baignade, à la vie aquatique en eau douce, à l'irrigation ou à l'abreuvage des animaux d'élevage. Il en est de même pour les normes utilisées pour le contrôle de la qualité du sol et des sédiments.

2

CADRE NATUREL

LES BASSINS VERSANTS

L'importance de l'eau

L'eau douce est l'une des principales ressources naturelles de la région du Saguenay–Lac-Saint-Jean. Elle couvre 10 % de la surface du territoire et son volume représente environ 6 % des réserves d'eau douce de la province. D'énormes quantités d'eau sont utilisées à des fins industrielles, agricoles, récréatives et domestiques. L'eau est aussi indispensable à l'être humain pour sa consommation, pour la production d'énergie, la navigation, les activités récréatives (pêche sportive, baignade, plein air) ainsi que le maintien de la faune et de la flore aquatique. L'eau conditionne donc l'existence et l'environnement des humains.

Au point de vue géologique, l'eau joue un rôle essentiel dans la formation des sols et est le principal agent d'érosion et de transport. L'eau intervient en tant que facteur écologique par ses propriétés physiques et chimiques (variations de densité, tension superficielle, pouvoir de dissolution, acidité, salinité, température) et par ses mouvements (brassages, vagues, eaux dormantes, eaux courantes). Les substances dissoutes ou en suspension dans l'eau déterminent sa qualité pour le maintien de la vie et pour la santé humaine.

Les polluants rejetés dans l'environnement influencent la qualité de l'eau. Ces polluants sont dispersés ou transportés sur de grandes distances par le biais du ruissellement, des ruisseaux et des rivières jusqu'au milieu récepteur. Il peut alors s'y produire une accumulation et un mélange des polluants dans l'eau et les sédiments, jusqu'à atteindre des concentrations toxiques pour la faune et les êtres humains.

Le bassin versant

Lorsque l'intensité de la pluie est supérieure à la capacité d'infiltration des eaux dans le sol, les eaux s'écoulent à la surface en suivant les pentes des terrains. L'eau s'accumule ainsi pour former des filets, qui à leur tour forment des ruisseaux et des rivières appelés «cours d'eau». En fait, la formation d'un cours d'eau résulte aussi de l'apport des eaux d'infiltration qui regagnent la surface terrestre.

On nomme «bassin versant» le territoire drainé par l'ensemble des cours d'eau et des lacs qui recueillent les eaux. Les différents bassins versants sont séparés par des «lignes de partage des eaux». Chaque bassin versant possède donc une quantité d'eau, une configuration et une superficie propres. On parle ainsi du bassin versant de la rivière Saguenay, subdivisé en de nombreux sous-bassins, dont les plus importants en superficie sont ceux des rivières Péribonka, Mistassini et Ashuapmushuan (figure 3). La forme, la surface, le relief, la longueur des cours d'eau, le type de sol, le couvert végétal, les conditions climatiques et l'aménagement du bassin versant influencent le régime d'écoulement des eaux et par conséquent les phénomènes d'inondation, d'érosion et de concentration des polluants.

La notion de «bassin versant» ou encore de «bassin hydrographique» fournit donc un cadre géographique naturel qui permet de mieux saisir l'ampleur et la portée des problèmes environnementaux amenés par le rejet de polluants et par les travaux de construction à l'intérieur d'un territoire. Pour un même type d'intervention humaine, la dégradation ou l'amélioration de la qualité de l'eau potable et des écosystèmes aquatiques différeront considérablement d'un bassin versant à l'autre. Dans le cadre de la production du *Rapport sur l'état de l'environnement au Canada*, Statistique Canada a réuni une foule de statistiques environnementales selon les grands bassins versants, dont celui du Saguenay.

Le réseau hydrographique du Saguenay–Lac-Saint-Jean

Les innombrables cours d'eau et lacs parsemant la région

du Saguenay–Lac-Saint-Jean forment un réseau hydrographique qui se déverse directement dans le fleuve et l'estuaire du Saint-Laurent. Les limites administratives de la région englobent presque totalement le bassin versant de la rivière Saguenay qui occupe une superficie de 87 970 km2 (voir tableau 1), soit le deuxième en importance se déversant dans le Saint-Laurent. Les délimitations politiques recoupent également deux autres régions hydrographiques, soit celles de la Côte-Nord (la tête de cinq sous-bassins du secteur du réservoir Pipmuacan) et de la Mauricie (le sous-bassin de la rivière Saint-Maurice).

La figure 3 illustre les principaux sous-bassins versants qui se déversent dans le lac Saint-Jean, la rivière Saguenay et le fleuve Saint-Laurent. Pour des applications locales, chaque sous-bassin peut à son tour être subdivisé selon le nombre de ramifications du cours d'eau principal.

L'écoulement des eaux de surface au Saguenay–Lac-Saint-Jean se caractérise par le plus fort débit saisonnier au Québec. Le débit moyen annuel du bassin du Saguenay représente 1 698 m³/s, valeur pouvant tripler en période de crue printanière. Les besoins en eau douce de la population régionale ne représentent que 0,07 % de ce volume disponible. La topographie a cependant favorisé l'aménagement de la ressource pour fin de la production d'énergie hydro-électrique (puissance installée totalisant 2 550 mégawatts).

La population du bassin versant du Saguenay totalisait 285 111 habitants en 1986. Elle est concentrée sur les basses terres défrichées du lac Saint-Jean et du Haut-Saguenay qui comptent 51 habitants par kilomètre carré. Le milieu forestier, très peu peuplé (un habitant par dix kilomètres carrés), recouvre le reste du territoire (92 % de la superficie du bassin) et fait l'objet d'une exploitation forestière intensive.

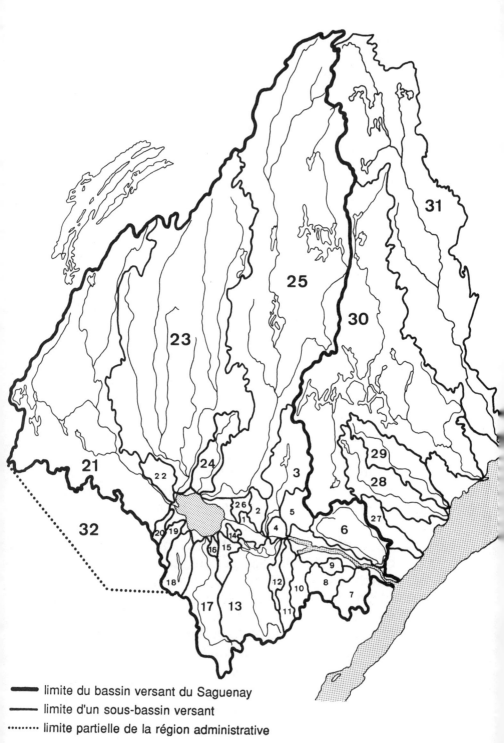

Figure 3
LES BASSINS VERSANTS DU SAGUENAY–LAC-SAINT-JEAN

limite du bassin versant du Saguenay
limite d'un sous-bassin versant
limite partielle de la région administrative

BASSIN HYDROGRAPHIQUE DU SAGUENAY

No	Nom du cours d'eau (sous-bassin versant)	Superficie (km²)
Secteur nord du Saguenay		
1	Gervais	89
2	des Aulnaies	399
3	Shipshaw *Abitibi-Price	2 274
4	aux Vases & Tremblay	252
5	Valin	756
6	Sainte-Marguerite	2 131
Secteur sud du Saguenay		
7	Petit-Saguenay	816
8	Saint-Jean *Hydro-Québec	756
9	Éternité	350
10	des Ha! Ha! *Consol	607
11	à Mars	660
12	du Moulin	373
13	Chicoutimi *Menviq	3 496
Secteur sud du lac Saint-Jean		
14	Bédard	130
15	Belle-Rivière	502
16	Couchepaganiche	98
17	Métabetchouane	2 326
18	Ouiatchouane *Menviq	956
19	Ouiatchouaniche	352
20	aux Iroquois	208

No	Nom du cours d'eau (sous-bassin versant)	Superficie (km²)
Secteur nord du lac Saint-Jean		
21	Ashuapmushuan	15 746
22	Ticouapé	666
23	Mistassini	21 884
24	Petite Péribonka	1 277
25	Péribonka *Alcan	26 934
26	Mistouk	215

BASSIN HYDROGRAPHIQUE DE LA CÔTE-NORD

No	Nom du cours d'eau (sous-bassin versant)	Superficie (km²)
Secteur du réservoir Pipmuacan**		
27	des Escoumains	798
28	Portneuf	2 642
29	du Sault aux Cochons	2 033
30	Betsiamites *Hydro-Québec	18 698
31	aux Outardes *Hydro-Québec	19 061

BASSIN HYDROGRAPHIQUE DE LA MAURICIE

No	Nom du cours d'eau (sous-bassin versant)	Superficie (km²)
Secteur du réservoir Gouin**		
32	Saint-Maurice *Hydro-Québec	43 250

* régime du cours d'eau influencé par l'exploitation d'un ouvrage hydro-électrique (gestionnaire en indice).

** sous-bassins chevauchant la région administrative du Saguenay–Lac-Saint-Jean (02).

SOURCES: MRNQ (1975), Michaux et al. (1977), Potvin (1978) et Statistique Canada (1986).

Références bibliographiques

André Marsan & Ass. (1983) «Hydrologie et sédimentologie», Annexe 3, *Programme de stabilisation des berges du lac Saint-Jean; étude d'impact sur l'environnement et le milieu social*, Alcan, 32 p.

Environnement Québec (1985) *Le bassin versant du lac Saint-Jean, une ressource à préserver*, Direction des études du milieu aquatique, 32 p.

Environnement Québec (1985) *Le Saguenay, une rivière à valoriser*, Direction des études du milieu aquatique, 32 p.

Environnement Québec (1988) *L'environnement au Québec, un premier bilan*, 429 p.

Michaux, J.-L. et L. Proulx (1977) *Bassin hydrographique Saguenay-Lac-Saint-Jean (1); Introduction à l'élaboration d'une problématique du secteur eau*, Québec, Service de protection de l'environnement, 99 p.

Min. des Richesses naturelles du Québec (1975) *Bassins versants du Québec*, Carte 021.

Min. des Richesses naturelles du Québec et Min. de l'Environnement du Québec (1977-1980) *Répertoires hydrologiques* (annuels), Direction des inventaires.

Potvin, L. (1978) *Aspects géographiques du bassin hydrographique du lac Saint-Jean en fonction de la qualité du milieu aquatique*, INRS-Eau, 62 pages.

Statistique Canada (1986) *Activité humaine et l'environnement, un compendium de statistiques*, 375 p.

Tableau 1
SUPERFICIE DU BASSIN VERSANT DU SAGUENAY

DESCRIPTION (sous-bassins)	SUPERFICIE (km^2)	%
Sous-bassins du secteur nord du lac Saint-Jean	66 722	75.8
Sous-bassins du secteur sud du lac Saint-Jean	4 572	5.2
Autres sous-bassins (plaine du lac Saint-Jean)	657	0.7
Lac Saint-Jean	1 059	1.2
TOTAL (sous-bassin du lac Saint-Jean)	**73 010**	**83.0**
Sous-bassins du secteur nord du Saguenay	5 901	6.7
Sous-bassins du secteur sud du Saguenay	7 058	8.0
Autres sous-bassins (rivière et fjord du Saguenay)	2 001	2.3
TOTAL (bassins tributaires du Saguenay)	**14 960**	**17.0**
GRAND TOTAL	**87 970**	**100.0**

SOURCES: adapté de Statistique Canada (1986), MRNQ (1977) et Potvin (1978)

LE CLIMAT RÉGIONAL

L'importance du climat

Les conditions climatiques agissent directement sur le développement des être vivants, y compris l'humain. Leurs réactions physiques et psychologiques sont d'ailleurs fortement conditionnées par l'environnement climatique. Le climat régit également les activités humaines. L'agriculture est particulièrement sensible au climat. Le choix des matériaux de construction et d'isolation ainsi que la forme des structures sont généralement prévus en fonction des caractéristiques climatiques de la région. Les précipitations jouent un rôle des plus importants dans la gestion des lacs-réservoirs pour l'alimentation en eau potable, l'irrigation des terres, la production d'énergie électrique ou la prévision des crues. Au rythme des saisons, la nature du temps a un impact certain sur le tourisme et les activités de loisir. L'ampleur des problèmes environnementaux relatifs à la qualité de l'air et au transport de polluants dans l'atmosphère, dans les cours d'eau, dans le sol et les sédiments est aussi fortement influencée par les conditions météorologiques.

Les réseaux d'observation météorologique pour la prévision du temps et le réseau de cueillette de données pour l'étude du climat sont établis en fonction des besoins des agronomes, des biologistes, des écologistes, des forestiers, des géologues, des géographes, des hydrologues, des hydrauliciens, des ingénieurs, des météorologues, des puisatiers et autres personnes qui se préoccupent de la protection, de la restauration et de l'exploitation des ressources en eau. À ces diverses fins, environ 70 stations météorologiques sont en activité au Saguenay–Lac-Saint-Jean, dont une trentaine sont destinées uniquement à enregistrer l'accumulation de la neige au sol. Les cinq stations régionales suivant un programme d'observation plus étendu (précipitations, taux de la pluie, température de l'air, humidité, insolation, radiation, vent, évaporation, nivométrie) sont celles de Bagotville (depuis

1942), de Lac-Sainte-Croix (depuis 1958), de Normandin (depuis 1936), de Roberval (depuis 1956) et de l'Université du Québec à Chicoutimi (depuis 1976).

Au Québec, la gestion des stations météorologiques et climatologiques se fait par la Direction de la météorologie du ministère de l'Environnement du Québec, en vertu d'une entente avec le gouvernement fédéral (Service de l'environnement atmosphérique). Certaines entreprises gestionnaires de réservoirs hydro-électriques (ex.: Abitibi-Price, Alcan, Hydro-Québec) exploitent des stations hydrométriques et météorologiques.

Le climat régional

La région du Saguenay–Lac-Saint-Jean, étant sous l'action des vents dominants d'ouest, subit les influences climatiques du continent nord-américain. Ainsi, le climat régional est à caractère continental, mais il est aussi influencé par des masses d'air maritime qui pénètrent à l'intérieur du continent, amenant ainsi des précipitations plus abondantes.

À une plus petite échelle, des facteurs géographiques et les transformations du milieu naturel par l'homme peuvent, par leur action, modifier les climats locaux. Le relief, le couvert forestier, les plaines agricoles, les grandes zones urbanisées et la grande étendue d'eau du lac Saint-Jean sont à l'origine des particularités climatiques régionales (figure 4).

Les caractéristiques topographiques du relief de la région déterminent des zones thermiques bien définies. L'altitude, allant du niveau de la mer (plaine du Haut-Saguenay) à plus de 900 mètres (massifs des monts Valin et des Hautes-Laurentides), agit sur la température, influence la saison de croissance des végétaux et détermine indirectement la nature des écosystèmes forestiers. Ainsi, les faibles altitudes des basses terres du lac Saint-Jean et du Haut-Saguenay, par rapport au massif des Laurentides qui les entoure, rendent

Figure 4

PRINCIPAUX FACTEURS INFLUENÇANT LE CLIMAT RÉGIONAL DU SAGUENAY–LAC-SAINT-JEAN

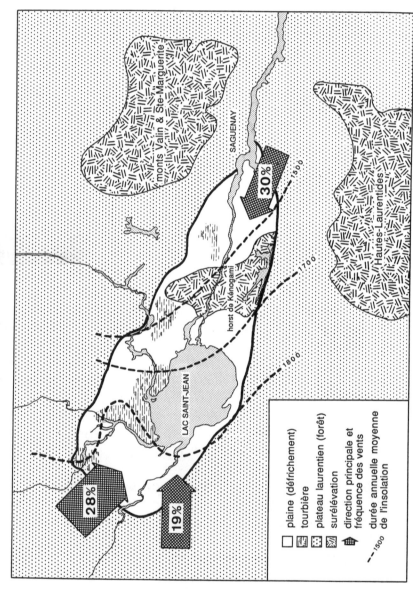

plaine (défrichement)

tourbière

plateau laurentien (forêt)

surélévation

direction principale et fréquence des vents

durée annuelle moyenne de l'insolation

SOURCES: Grenon (1983), Jurdant & al. (1981), Dufour (1981).

les températures annuelles analogues à celles de la région de Québec située à près de 200 km plus au sud. Les températures moyennes annuelles pour l'ensemble des basses terres varient de 1,1 à 3,3°C, alors que les valeurs se situent autour de 0,9 à -0,3°C sur le plateau laurentien. Le climat continental des basses terres se caractérise par un été chaud (maximum moyen de juillet: 24 à 25°C) et un hiver froid (minimum moyen de janvier: -22 à -20°C). En résumé, sur le plan des températures, les basses terres de la région constituent une véritable oasis au cœur du massif des Laurentides, ce qui a favorisé entre autres l'établissement d'une enclave agricole.

Les formes locales du relief et la nature du territoire (couvert forestier, terrain défriché, vaste tourbière, lac Saint-Jean), traversées par les masses d'air continental en provenance de l'ouest provoquent des mouvements verticaux de l'air: vers le bas dans l'ouest, du lac Saint-Jean (causant un assèchement partiel de l'air) et vers le haut sur le territoire du Haut-Saguenay (favorisant la formation des nuages). Ce dernier secteur est également beaucoup plus touché par l'influence des masses d'air maritime en provenance de l'est. Les massifs montagneux des monts Valin et des Hautes-Laurentides ainsi que, dans une moindre mesure, le horst de Kénogami canalisent quant à eux les précipitations. Ainsi, l'insolation (durée d'ensoleillement) est en moyenne de 1 800 heures dans l'ouest du lac comparativement à 1 500 heures dans le Haut-Saguenay. Les précipitations totales ont tendance à augmenter avec l'altitude, totalisant en moyenne 100 cm sur les plateaux montagneux au nord de la rivière Saguenay. C'est dans le secteur des monts Valin et de la rivière Sainte-Marguerite qu'elles sont les plus abondantes (environ 140 cm). Les basses terres reçoivent environ de 25 à 30 % moins de précipitations: à peine 80 cm annuellement dans les plaines du nord-ouest du lac Saint-Jean et plus de 90 cm dans la plaine du Haut-Saguenay.

De par sa taille et en raison de la direction des vents dominants d'ouest, le lac Saint-Jean agit comme source d'humidité et comme régulateur des températures (refroidissement de l'air au printemps; réchauffement de l'air en automne). Son influence peut se faire sentir jusqu'à une distance de 45 kilomètres des rives vers les terres. En plus de précipitations plus fréquentes vers l'est, il en résulte que la longueur de la saison sans gel (au-dessus de 0°C) est plus importante dans le secteur sud-est du lac (113 jours, avec une probabilité de 80 %), que n'importe où ailleurs dans les basses terres de la région (de 74 à 99 jours).

Les milieux urbanisés, par la chaleur qu'ils dégagent, modifient la température, les vents, l'ennuagement et les précipitations. Par exemple, la saison sans gel est allongée d'environ deux semaines autour des agglomérations de Chicoutimi et Jonquière. Cependant, ces modifications ont peu d'influence sur le climat environnant. Ainsi, selon la taille de la ville, le climat urbain contraste plus ou moins avec celui du milieu rural avoisinant et constitue le siège de phénomènes climatiques spéciaux encore mal connus.

Les changements climatiques

Il y a 10 000 ans, le Québec était recouvert par la calotte glaciaire dont le retrait fut suivi par l'invasion de la mer Laflamme dans la dépression du Saguenay–Lac-Saint-Jean. Des recherches spécialisées (étude des pollens accumulés dans les sédiments, étude des anneaux de croissance des arbres) démontrent que de grands changements climatiques se produisirent au cours des millénaires suivant la retraite des glaciers. Ces variations climatiques affectèrent ou favorisèrent la croissance et l'établissement de différents types de forêt (tableau 2). Le plus récent changement climatique notable, qui dura environ 300 ans, fut ce que l'on a nommé le «Petit âge glaciaire». Cette période se caractérisa par un refroidissement général du climat qui affecta considérablement la croissance des arbres. C'est également ces temps de froidure que connurent les premiers colons venus d'Europe.

Tableau 2
ÉVOLUTION CLIMATIQUE ET DE LA VÉGÉTATION AU SAGUENAY–LAC-SAINT-JEAN DEPUIS LA DERNIERE GLACIATION

| RETRAIT DU GLACIER | -10 000 ans |

Établissement de la première végétation
(toundra)

| RETRAIT DE LA MER LAFLAMME | -8 500 ans |

Établissement de la forêt
(pessières, pinèdes, sapinières)

| GENÈSE DU LAC SAINT-JEAN | -7 500 ans |

Climat froid
(favorisant la sapinière à bouleau blanc)

-5 500 ans

Climat chaud et sec
(favorisant la sapinière à bouleau jaune et
l'établissement de l'ormaie-frênaie)

-2 500 ans

Climat froid et humide
(favorisant la sapinière et la pessière à bouleau blanc
et à sphaigne)

-400 ans

Climat plus froid ("Petit âge glaciaire")
(diminution de la croissance des arbres)

-125 ans

Climat chaud (déboisement, cultures, barrages)

ACTUEL

SOURCES: d'après Ouellet (1978) et Leavy (1989)

51

Au cours des 100 dernières années, période marquée par la colonisation et le développement industriel, il s'est produit un réchauffement significatif du climat. Par exemple, dans la région de Québec, on constate une hausse des températures d'environ 3°C de 1885 à 1955, puis une baisse de 1°C jusqu'en 1980. Les précipitations totales observées à Québec indiquent une faible hausse depuis le début du siècle, jusque vers 1975. Plusieurs causes peuvent expliquer ces récentes variations à l'échelle régionale. Par exemple:

— une variation de l'intensité du rayonnement solaire;
— une augmentation de la quantité de poussière contenue dans l'atmosphère, provenant d'éruptions volcaniques et de la pollution;
— la déforestation;
— la création d'immenses lacs-réservoirs;
— la chaleur résiduelle des grandes villes.

En outre, à l'échelle planétaire, on observe une augmentation constante de la concentration dans l'atmosphère d'un certain nombre de gaz, notamment le dioxyde de carbone (CO_2), l'oxyde nitreux (N_2O), le méthane (CH_4), les chlorofluorocarbones (CFC) et l'ozone au niveau du sol (O_3). Malgré leur concentration très faible, ces gaz retiennent à la surface terrestre l'énergie du soleil sous forme de chaleur: c'est «l'effet de serre». L'accroissement de la concentration de gaz provoquant l'effet de serre entraîne un réchauffement de la surface de la Terre et de la couche inférieure de l'atmosphère, d'où un changement général progressif du climat, notamment dans les régions tempérées.

Les recherches actuelles indiquent que l'effet de serre provoquerait un réchauffement global de la planète de l'ordre de 2 à 4°C au cours des 40 à 60 prochaines années. Les conséquences écologiques et socio-économiques d'une telle variation climatique seront considérables et deviennent dès lors fort préoccupantes. Selon le *Worldwatch Institute*, le réchauffement de la planète constitue le problème mondial le plus urgent et sa capacité de perturber les écosystèmes et les sociétés humaines se compare à celle de la guerre nucléaire! Par exemple, on parle du rehaussement possible du niveau des océans, de l'intensification du phénomène de désertification, d'une saison de croissance plus longue en agriculture et de la dégénérescence des forêts coniférien-nes. Le manque de compréhension des experts relativement aux phénomènes climatiques ne permet pas une évaluation précise des répercussions de ces changements d'importance vitale. De nombreuses études sur les incidences climatologiques sont présentement en cours dans divers pays.

Références bibliographiques

André Marsan & Ass. (1983) «Régime des vents», Annexe 1, *Programme de stabilisation des berges du lac Saint-Jean*, Alcan, 32 p.

André Marsan & Ass. (1983) «Géomorphologie du littoral», Annexe 2, *Programme de stabilisation des berges du lac Saint-Jean*, Alcan, 62 p.

Bregha, F. (1989), *L'état du Monde en 1989*, Rapport sur l'état de l'environnement, n° 4, Environnement Canada, p. 5.

Centre canadien du climat, (1987), *Sommaire du changement climatique*, Environnement Canada.

Dufour, J. (1981), «Le climat (I et II), 1941-1970, températures et précipitations; moyenne des précipitations», *Atlas régional du Saguenay–Lac-Saint-Jean*, Chicoutimi, Gaëtan Morin éditeur.

Environnement Québec, (1988) *L'environnement au Québec, un premier bilan*, Document technique, 429 p.

Ferland, M.G. et R.M. Gagnon, (1974) *Climat du Québec méridional*, Service de la météorologie, min. des Richesses naturelles du Québec, 93 p.

Gauthier, M.J. (1977) *L'agriculture au Lac-Saint-Jean (P.Q.)*. *Étude géographique*, Travaux géographiques du Saguenay n° 1, UQAC (Université du Québec à Chicoutimi), 331 p.

Grenon, M. (1983) *Classification génétique des climats du Saguenay–Lac-Saint-Jean,* Travaux géographiques du Saguenay, nº 8, UQAC, p. 50-70.

Jaeger, J. (1988) «Les conséquences de l'effet de serre», Franc-Nord, 5(4): 26-30.

Lasalle, P. et G. Tremblay (1978) *Dépôts meubles Saguenay–Lac-Saint-Jean,* Rapport géologique 191, min. des Richesses naturelles du Québec, 61 p.

Leavy, N. (1989) «Des arbres à remonter le temps», *Québec-Science,* 27(11): 18-23.

Leduc, R. et R. Gervais (1985) *Connaître la météorologie,* Presses de l'université du Québec, 299 p.

Ouellet, M. (1978), *Géochimie et paléolimnologie du lac Saint-Jean. Bassin hydrographique Saguenay–Lac Saint-Jean,* INRS-Eau, 76 p.

LES PRINCIPAUX PHÉNOMÈNES NATURELS

Les phénomènes naturels imprévisibles, tels les tremblements de terre, les glissements de terrain et les phénomènes météorologiques violents, représentent de véritables contraintes environnementales. Dans l'affectation du territoire et les constructions humaines, on tient généralement compte des probabilités de manifestation de ces événements naturels.

Les tremblements de terre

Les séismes bouleversent la disposition des terrains (glissements de terrain, déformations des sols) de même que la structure des constructions (édifices, ponts, barrages, remblais, réseaux d'aqueducs, lignes de transmission, gazoducs, etc.). La compilation des données sur les séismes et les informations géologiques ont permis un découpage des régions habitées du Canada en zones sismiques (figure 5). À partir de ces informations de base, des cartes de zonage du risque sismique destinées aux ingénieurs et architectes chargés de la conception et de la construction des bâtiments sont produites.

Dans le *Code national du bâtiment du Canada*, les exigences minimales relatives aux effets des séismes dépendent des probabilités des dommages causés par un séisme éventuel, du type de structure, des matériaux de construction utilisés et du type de sol sur lequel reposent les fondations. En règle générale, on insiste sur la protection des personnes dans les bâtiments plutôt que sur la prévention des dommages structuraux. Le séisme majeur du 25 novembre 1988 qui a affecté principalement la région du Saguenay–Lac-Saint-Jean a permis aux spécialistes de vérifier la fiabilité des normes du *Code national du bâtiment*.

Les glissements de terrain (coulées d'argile)

Les sols argileux recouvrant en partie les basses terres du Saguenay–Lac-Saint-Jean sont particulièrement sensibles aux glissements de terrain. Ces glissements ont le caractère d'une «coulée d'argile», c'est-à-dire l'effondrement instantané d'une masse argileuse saturée d'eau et devenue liquide. Les secteurs les plus fragiles au Saguenay–Lac-Saint-Jean apparaissent à la figure 6.

Les facteurs qui contribuent directement à déclencher les glissements ou les coulées d'argile sont variés. Les glissements survenant dans les versants abrupts (pentes supérieures à 12 %) des falaises argileuses de Desbiens, de Delisle (Saint-Cœur-de-Marie) et de Saint-Charles sont généralement le résultat de l'érosion produite au bas des pentes (sapement), amplifiée par l'exhaussement des eaux du lac Saint-Jean et de la rivière Saguenay. En outre, un mauvais égouttement des eaux de surface et une nappe d'eau souterraine élevée saturent le sol en permanence et constituent un facteur déterminant. L'origine de la catastrophe survenue à Saint-Jean-Vianney en est un exemple classique. D'autres facteurs, comme les vibrations (causées par exemple par la circulation lourde et le dynamitage), le déboisement d'un talus, la modification du tracé d'un cours d'eau, l'érection de barrages, les tremblements de terre, peuvent provoquer des coulées d'argile. Les principales coulées argileuses survenues au Saguenay–Lac-Saint-Jean depuis 1924 sont indiquées au tableau 3.

Les petits glissements de terrain sont beaucoup plus fréquents que les coulées majeures; on en rapporte une quinzaine par année. Lorsque la sécurité des personnes est compromise, des mesures de correction et de prévention sont habituellement prises par les responsables de la protection civile avec l'aide des spécialistes du Service de géotechnique du ministère de l'Environnement du Québec (anciennement au ministère de l'Énergie et des Ressources). De 1971 à 1981,

Figure 5
ÉPICENTRES DES TREMBLEMENTS DE TERRE ENREGISTRÉS DANS LE SUD DU QUÉBEC

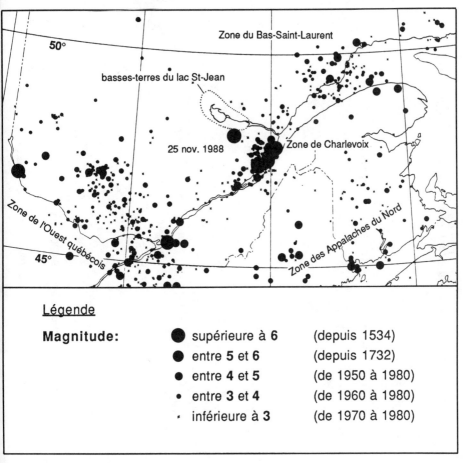

Légende

Magnitude:

●	supérieure à **6**	(depuis 1534)
●	entre **5** et **6**	(depuis 1732)
●	entre **4** et **5**	(de 1950 à 1980)
•	entre **3** et **4**	(de 1960 à 1980)
·	inférieure à **3**	(de 1970 à 1980)

SOURCES: adapté de Landry & Mercier (1984), UQAC (1989).

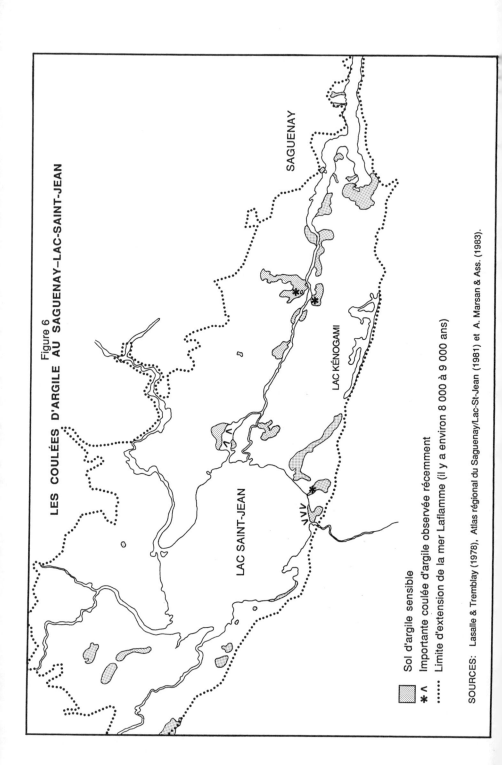

LES COULÉES D'ARGILE AU SAGUENAY–LAC-SAINT-JEAN
Figure 6

SAGUENAY

LAC SAINT-JEAN

LAC KÉNOGAMI

Sol d'argile sensible

Importante coulée d'argile observée récemment

Limite d'extension de la mer Laflamme (il y a environ 8 000 à 9 000 ans)

SOURCES: Lasalle & Tremblay (1978), Atlas régional du Saguenay/Lac-St-Jean (1981) et A. Marsan & Ass. (1983).

Tableau 3

LES PRINCIPAUX GLISSEMENTS DE TERRAIN
(COULÉES ARGILEUSES) AU SAGUENAY–LAC-SAINT-JEAN

DATE		LOCALITÉ	EMPLACEMENT	SUPERFICIE
1 oct.	1924	Kénogami	riv. aux Sables	10,0 ha
?	1964	Desbiens	rive du lac Saint-Jean	6,7 ha
?	1947	Desbiens	rive du lac Saint-Jean	3,8 ha
13 juin	1964	Desbiens	rive du lac Saint-Jean	1,5 ha
? nov.	1988	Desbiens	rive du lac Saint-Jean	0,6 ha
4 mai	1971*	St-Jean-Vianney	riv. Petit-Bras	32,0 ha
30 mars	1962**	Métabetchouan	riv. Couchepaganiche	? ha

* causa 31 pertes de vie.
** mit en danger un hôpital.

SOURCES: Lasalle & Tremblay (1978), Landry & Mercier (1984) et CRE (1989).

le service ministériel a répondu à 115 demandes d'enquête au Saguenay–Lac-Saint-Jean. Les secteurs les plus touchés sont Desbiens, Chicoutimi, Jonquière, La Baie et canton Tremblay. Comme mesure de correction, on emploie couramment les méthodes de la «butée de pied», de l'«adoucissement de pente» et de la «plantation de végétaux» pour stabiliser le versant instable.

S'il est impossible de prédire les glissements de terrain argileux, on peut cependant délimiter les zones où le danger est élevé. Jusqu'à tout récemment, les municipalités et certaines administrations publiques responsables de l'émission de permis de construction ne se préoccupaient guère du problème. Les schémas d'aménagement élaborés et adoptés par les municipalités régionales de comté (MRC) comblent maintenant cette lacune en identifiant les aires à risques de glissement de terrain. Dans la révision des plans d'urbanisme municipaux, on devrait prendre en considération ces contraintes physiques qu'impose la nature à l'aménagement du territoire.

Les phénomènes météorologiques violents

Les phénomènes météorologiques, tels les ouragans, les tornades, les orages violents et les pluies torrentielles causant des inondations, affectent très peu le Saguenay–Lac-Saint-Jean.

Ainsi, la région subit peu d'influence des ouragans venant mourir au large de l'Atlantique Nord. Les tempêtes d'hiver, les pluies verglaçantes et les orages d'été causent surtout de fâcheux désagréments, perturbant le transport routier et l'approvisionnement en énergie électrique. La seule façon dont la population peut minimiser ces ennuis est de demeurer à l'affût des prévisions météorologiques et d'agir en conséquence.

Quant aux imprévisibles tornades, les statistiques sur leur fréquence au Québec indiquent la probabilité d'une tornade tous les deux ans dans les basses terres du lac Saint-Jean et d'une tous les cinq ans dans le Haut-Saguenay. Elles se produisent généralement au début de l'été et leur intensité ne dépasserait pas F2 (vitesse des vents de 180 à 250 km/ h, pouvant arracher les toitures des bâtiments), selon l'échelle de Fujita qui varie de F0 à F5. Ces tornades se manifestent généralement en milieu forestier, créant des chablis et de légers dommages matériels dans les zones habitées.

Références bibliographiques

André Marsan & Ass. (1983) «Géomorphologie du littoral», Annexe 2, *Programme de stabilisation des berges du lac Saint-Jean,* Alcan, 62 p.

Dufour, J. (1981) «Les glissements de terrain, critères majeurs 1974», *Atlas régional du Saguenay–Lac-Saint-Jean,* Chicoutimi, Gaëtan Morin éditeur.

Gouvernement du Québec (1983) *Loi sur l'aménagement et l'urbanisme,* Éditeur officiel du Québec, 80 p.

Landry, B. et M. Mercier (1984) *Notions de géologie avec exemples du Québec,* Modulo Éditeur, 437 p.

Lasalle, P. et G. Tremblay (1978) *Dépôts meubles Saguenay–Lac-Saint-Jean,* Rapport géologique 191, ministère des Richesses naturelles du Québec, 61 p.

Leduc R. et R. Gervais (1985) *Connaître la météorologie,* Presses de l'Université du Québec, 299 p.

Tremblay, G. (1971) «Conséquences géomorphologiques du relèvement artificiel du niveau du lac Saint-Jean», *Cahiers de géographie du Québec,* 15(34): 115-130.

LES ÉCOSYSTÈMES RÉGIONAUX

Les caractéristiques géologiques, topographiques, hydrographiques, climatiques, floristiques et fauniques de la région du Saguenay–Lac-Saint-Jean sont très variées. Le potentiel agricole, forestier, faunique et récréatif ainsi que la capacité du territoire à soutenir les différentes activités humaines changent considérablement d'un milieu à l'autre. L'aménagement intégré du territoire et l'exploitation rationnelle des ressources naturelles commandent une vision écologique globale intégrant l'ensemble des éléments vivants et non vivants qui composent un milieu naturel en équilibre. L'interdépendance de ces différents éléments doit être prise en considération dans l'évaluation de l'effet des activités humaines sur l'environnement. En effet, les changements importants qui touchent l'une des constituantes du milieu naturel ont également des répercussions positives ou négatives sur toutes les autres. Dans la grande majorité des cas, la diminution de la qualité de l'environnement provient de l'utilisation abusive d'une ressource, provoquant le déséquilibre de l'écosystème.

La cartographie écologique du territoire

Depuis une vingtaine d'années, il s'est développé au Québec une expertise en cartographie écologique et en classification écologique du territoire, et ce, à différents niveaux de perception écologique. Par ses caractéristiques naturelles uniques au Québec, la région du Saguenay–Lac-Saint-Jean a été le premier laboratoire naturel pour le développement de cette expertise, dont la méthodologie est maintenant adaptée et appliquée partout au Canada. L'équipe multidisciplinaire, dirigée par Michel Jurdant (pour le Centre de recherche forestière des Laurentides), a produit une carte écologique du territoire décrivant l'environnement de la région du Saguenay–Lac-Saint-Jean (voir références bibliographiques). Cette carte fait découvrir les relations entre les caractéristiques biologiques et physiques de cet environnement et les possibilités de son utilisation par l'homme et pour l'homme, notamment en ce qui concerne la forêt, l'agriculture, la récréation, la faune, la ressource en eau, l'ingénierie, les risques d'érosion et du potentiel des ressources. La cartographie écologique permet également la confection d'une multitude de cartes interprétatives permettant une meilleure compréhension de la problématique entourant l'affectation multiple du territoire (par exemple: schémas d'aménagement des MRC; évaluation de la sensibilité du territoire aux précipitations acides). Il s'agit d'un outil inestimable pour les aménagistes, les planificateurs et les gestionnaires désirant contribuer à la mise en valeur de l'environnement et de ses ressources au Saguenay–Lac-Saint-Jean. Très peu de régions du Québec possèdent un tel cadre de référence écologique couvrant l'ensemble de leur territoire. Ce cadre est essentiel dans l'atteinte des objectifs du développement durable (voir le chapitre intitulé «La notion de développement durable»).

Les écosystèmes du Saguenay–Lac-Saint-Jean

Ce chapitre expose une vue globale des richesses naturelles de la région du Saguenay–Lac-Saint-Jean. Les écosystèmes décrits représentent des ensembles relativement homogènes composés des caractéristiques physiques et vivantes liées sur le plan écologique. Le tableau 4 indique les différents niveaux de perception ou de généralisation relatifs à la classification écologique des terres cette classification établit le lien entre les petits écosystèmes (ex.: cordon littoral de Saint-Gédéon) et les grands (ex.: plaine du lac Saint-Jean).

Pour permettre une représentation simplifiée des écosystèmes du Saguenay–Lac-Saint-Jean, nous avons divisé dans ce chapitre le territoire régional en cinq unités géographiques: un *massif montagneux,* un *contrefort,* une *plaine,* un *lac* et un *fjord.* En outre, ces zones sont subdivisées en secteurs présentant des caractéristiques écologiques particulières, notamment en regard du relief, de la géomorphologie et de l'utilisation humaine des terres. Ces divisions respectent les

Tableau 4
NIVEAUX DE PERCEPTION OU DE GÉNÉRALISATION DANS L'ÉTUDE ÉCOLOGIQUE D'UN TERRITOIRE

CADRE ÉCOLOGIQUE GÉOGRAPHIQUE	STRUCTURE ÉCOLOGIQUE [terme usuel]	NIVEAU DE PERCEPTION (échelle d'expression*)	NOTION CORRESPONDANTE**
Vue d'ensemble des grands écosystèmes	ÉCOZONE	niveau national (1: 5 000 000)	région physiographique
Cadre écoclimatique (mêmes chronoséquences végétales)	ÉCORÉGION	niveau provincial (1: 1 000 000)	région naturelle
Unité écologique reliable aux réalités socio-économiques	ÉCODISTRICT	niveau régional (1: 250 000)	type de paysage
Division d'un écodistrict par unités géomorphologiques homogènes	ÉCOSECTION***	niveau intermunicipal (1: 125 000)	paysage local
Combinaision de sols et de végétation uniformes	ÉCOSITE	niveau municipal (1: 20 000)	site naturel
Ensemble d'éléments physiques et biologiques caractéristiques du milieu	ÉCOÉLÉMENT	niveau local (1:5 000)	élément naturel

* ces échelles sont à titre indicatives; elles peuvent varier selon l'endroit étudié et les objectifs de l'étude.
** ces notions ne tiennent pas compte des interrelations entre les éléments biophysiques du territoire.
*** correspond aux "systèmes écologiques" définis dans Jurdant et al. (1972).

SOURCES: adapté de Jurdant et al. (1972) et Wiken (1986).

unités écologiques de base (écodistricts et écorégions) et les grands écosystèmes aquatiques (lac Saint-Jean et fjord du Saguenay). À ce niveau de perception, qui correspond à celui de l'écorégion, l'utilisation de l'information est plus appropriée à de vastes perspectives régionales. Ces divisions servent de point de départ à une analyse écologique plus localisée. Les lectrices et les lecteurs pourront consulter l'étude de Gilbert *et al.* (1985), qui présente un niveau de perception plus détaillée donnée par les écodistricts terrestres, chacun caractérisé par le climat, le type de végétation, le relief, l'altitude, la géologie, la géomorphologie et l'eau. Ces variables constituent un système dynamique en équilibre précaire et, prises dans leur ensemble, fournissent les renseignements nécessaires à des applications reliables aux activités socio-économiques régionales, comme la planification du paysage et l'évaluation environnementale. La carte des «systèmes écologiques» de Jurdant *et al.* (1976) fournit encore plus de précisions pour des applications à l'échelle intermunicipale et municipale. Inversement, les écozones terrestres du Canada (Wiken, 1986) et les écorégions du Québec (Gilbert *et al.,* 1985) nous permettent de situer dans le contexte canadien et québécois la réalité régionale.

La connaissance des écosystèmes terrestres de la région se limite actuellement à leurs principales caractéristiques écologiques. Aucune analyse écologique en fonction de ce cadre géographique ne dresse l'état des ressources. Ainsi, la description des écosystèmes terrestres inscrits à l'intérieur du massif montagneux, du contrefort et de la plaine (figure 7) est inspirée des bases de données écologiques actuellement disponibles et de diverses sources (voir les références bibliographiques).

Contrairement aux écosystèmes terrestres, les deux principaux écosystèmes aquatiques de la région, le lac Saint-Jean (figure 8) et le fjord du Saguenay (figure 10), ont cependant fait l'objet à la fin des années 1970 de plusieurs études scientifiques axées sur l'identification et l'évaluation des

LES PRINCIPAUX ÉCOSYSTÈMES RÉGIONAUX

Figure 7

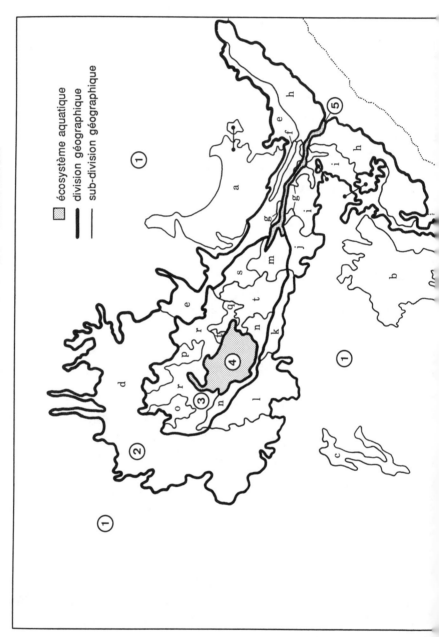

LÉGENDE

DIVISIONS & SUB-DIVISIONS   NB. D'ÉCODISTRICTS

(1) Le massif montagneux   **67**
a massif des monts Valin et Sainte-
   Marguerite   1
b Hautes-Laurentides   5
c vallée du Saint-Maurice   1

(2) Le contrefort   **35**
d collines de l'ouest du lac Saint-Jean   10
e contrefort nord du Saguenay   8
f vallée de la rivière Sainte-Marguerite   1
g vallées du fjord du Saguenay   1
h collines du Bas-Saguenay   7
i contrefort sud du Saguenay   4
j hautes-terres de Ferland-et-Boilleau   1
k contrefort du lac Kénogami   2
l hautes-terres du lac Bouchette   1

DIVISIONS & SUB-DIVISIONS   NB. D'ÉCODISTRICTS

(3) La plaine   **11**
m plaine argileuse de Chicoutimi/Jonquière   1
n plaines argileuses d'Hébertville et de
   Saint-Prime   1
o plaine argileuse de Normandin   1
p plaine argileuse de Saint-Augustin   1
q plaine argileuse de Delisle   1
r plaine sableuse du nord du lac Saint-Jean   1
s plaine sableuse du nord du Saguenay   2
t horst de Kénogami   3

ÉCOSYSTÈMES AQUATIQUES

(4) Le lac Saint-Jean

(5) Le fjord du Saguenay

SOURCES: adapté de Gilbert & al. (1985)
          et de Jurdant & al. (1976).

problèmes affectant la qualité de leurs eaux. À ces travaux s'ajoutent notamment l'étude du milieu marin du fjord du Saguenay commandée par Parcs Canada en 1986 et les études d'impact sur l'environnement (berges du lac Saint-Jean en 1983, dragage à La Baie en 1980-1981) qui représentent une contribution notable sur le plan des connaissances des milieux touchés par les projets de développement, sans toutefois en tracer un portrait écologique. La description écologique et le survol sur l'état des écosystèmes aquatiques du lac Saint-Jean et du fjord du Saguenay que nous ferons sont inspirés de ces travaux.

Le massif montagneux

Le massif montagneux s'inscrit dans la chaîne des Laurentides. À l'intérieur des limites régionales, on compte près de 70 écodistricts différents, faisant partie de sept écorégions.

Le relief est accidenté et se présente sous forme de collines arrondies, de vallées glaciaires larges et profondes, et de deux dômes surélevés dominant le plateau environnant (massif des monts Valin et Sainte-Marguerite; massif des Hautes-Laurentides). L'altitude varie de 500 à 1000 mètres. Le massif montagneux est parsemé de milliers de lacs (surtout vers l'ouest) et de petites tourbières.

Le paysage est dominé par les affleurements rocheux, constitués de gneiss, de roches granitiques et d'un peu d'anorthosite (secteur nord-est). Les dépôts glaciaires (moraines, sables d'origine fluvio-glaciaire et lacustre) sont d'épaisseur variable. On trouve des terrasses alluviales particulièrement dans la vallée du Saint-Maurice.

Le climat froid et humide entraîne une saison de croissance variant de 130 jours (vers les sommets du nord-est) à 155 jours (près du contrefort à l'ouest). C'est le domaine de la forêt boréale; la végétation se caractérise par des groupements de résineux, dominés par l'Épinette noire. Les sites en régénération après feu sont généralement colonisés par le Bouleau blanc (parfois par le Peuplier faux-tremble) ou par le Pin gris sur les sols secs. Les hauts sommets sont dépourvus d'arbres et recouverts d'une végétation de type alpin.

La faune est caractérisée par des espèces habitant les régions boréales conifériennes.

Le massif montagneux possède une vocation forestière, hydro-électrique (lacs-réservoirs) et récréative (chasse et pêche).

Le contrefort laurentien

Le contrefort s'appuie au massif montagneux des Laurentides et ceinture la plaine du lac Saint-Jean et du Haut-Saguenay. On y compte 35 écodistricts, inclus dans quatre écorégions.

Le relief est très accidenté (surtout au nord et à l'est), parfois ondulé (au sud et à l'ouest), mais l'altitude ne dépasse pas 500 mètres. Comparativement au massif montagneux, les tourbières sont rares, les lacs sont moins nombreux et de plus faible superficie, mais la dimension des rivières est beaucoup plus importante.

Le contrefort est parsemé d'affleurements rocheux constitués généralement de gneiss granitique. La dominance des dépôts glaciaires et marins varie d'un secteur à l'autre. On y trouve en particulier de grandes étendues morainiques (hautes terres du lac Bouchette et de Ferland), des terrasses alluviales (vallée de la rivière Sainte-Marguerite) et des dépôts argileux datant de l'invasion marine (vallées du fjord du Saguenay). Les dépôts fluvio-glaciaires et morainiques sableux, d'épaisseur variable, dominent dans les grandes vallées glaciaires des autres secteurs au relief ondulé (collines de l'ouest du lac Saint-Jean), accidenté (collines du Bas-

Saguenay) ou très accidenté (contreforts du lac Kénogami, du nord et du sud du Saguenay).

Les groupements végétaux très diversifiés s'expliquent par les variations du climat régional, allant de froid et sec (collines de l'ouest du lac Saint-Jean) à chaud et humide (vallée de la rivière Sainte-Marguerite par exemple). La saison de croissance varie de 150 à 170 jours à l'intérieur des terres et jusqu'à 180 jours près du fleuve Saint-Laurent (collines du Bas-Saguenay). C'est le domaine de la sapinière, associée soit à l'Épinette noire, soit au Bouleau blanc ou au Bouleau jaune. Les groupements de transition sont constitués de peuplements de Bouleaux blancs ou jaunes, de Peupliers faux-trembles, et aussi de Frênes noirs sur les alluvions humides des basses vallées. À ces derniers endroits, l'érablière à Bouleau jaune peut se développer sur les versants secs; les sommets seront colonisés par le Pin blanc et le Pin rouge, et plus rarement par le Chêne rouge.

La faune se compose d'un mélange d'espèces de la forêt boréale et de la forêt mixte et est par conséquent très diversifiée.

Les hautes terres du lac Bouchette et de Ferland-et-Boilleau ainsi que les vallées donnant sur le fjord du Saguenay sont occupées par de petites agglomérations urbaines (totalisant respectivement 3 440, 695 et 4 465 habitants), où l'activité agricole fait graduellement place à la sylviculture (plantation). Les autres secteurs du contrefort ont une vocation forestière et récréative (notamment la pêche au saumon).

La plaine

La plaine englobe les basses terres du lac Saint-Jean et du Haut-Saguenay, formant une enclave climatique au cœur des Laurentides. La plaine compte 11 écodistricts et forme une écorégion bien définie, qui contraste avec celles situées en périphérie.

Le relief est généralement plat, à l'exception d'une sur-élévation transversale moyennement accidentée, appelée «horst de Kénogami», qui sépare nettement la plaine argileuse de Chicoutimi–Jonquière de celles situées à l'est du lac Saint-Jean. L'altitude de la plaine s'approche du niveau moyen de la mer en bordure du fjord du Saguenay et atteint 180 mètres en bordure du contrefort. Les affleurements rocheux du horst de Kénogami atteignent une altitude maximale de 260 mètres. Le contact entre les basses terres et le contrefort suit au sud un escarpement plutôt linéaire (ligne de faille) qui va de Saint-Félicien à La Baie, en suivant la rive sud du lac Kénogami. On remarque un escarpement semblable dans la partie nord de la plaine, partant du lac Tchitogama (Notre-Dame-du-Rosaire) jusqu'à l'extrémité est du lac Sébastien (Saint-David-de-Falardeau). Les lacs sont rares et sont situés près des escarpements.

La plaine correspond à une dépression dans le massif laurentien qui fut jadis baignée par la mer Laflamme, dont le retrait a laissé d'épais dépôts d'argile (plus de 20 mètres), de limon et de sable fin, formant les plaines dites «argileuses». De grandes quantités de sable, provenant du retrait des glaciers, furent transportées par trois grandes rivières: la Péribonka, la Mistassini et l'Ashuapmushuan, et formèrent les grandes plaines sableuses dans le secteur nord du lac Saint-Jean et du Saguenay. Sur les sables deltaïques, de grandes tourbières se sont développées dans les dépressions du sol. L'assise rocheuse de la plaine se compose surtout de gneiss granitique avec des lambeaux de calcaire et de schiste au sud du lac Saint-Jean et dans le secteur de Saint-Honoré. Les affleurements rocheux du horst de Kénogami se composent essentiellement d'anorthosite, recouverte d'un mince dépôt morainique aux altitudes dépassant 180 mètres.

Le climat chaud de la plaine permet une saison de croissance de 165 à 170 jours. La végétation, dominée par les feuillus, a été très perturbée par le feu (Grand Feu de 1870), le défrichement et l'exhaussement des eaux du lac Saint-

Jean, du lac Kénogami et de la rivière Saguenay. La tremblaie occupe les sols humides et évolue vers la sapinière à Érable rouge. Dans la partie inférieure des versants entourant la plaine, les groupements végétaux sont stables et sont représentés par la bétulaie jaune et des érablières. Sur les sols sableux et secs, la pineraie grise forme des peuplements purs qui évoluent vers la pessière noire. L'Orme d'Amérique, et le Frêne noir poussent sur les plaines inondables bordant les rivières. L'Épinette blanche et le cèdre (Thuya occidental) peuplent les affleurements d'anorthosite et de calcaire.

La composition faunique est typique de la forêt mixte; plusieurs espèces, vivant dans les milieux marécageux et champêtres, proviennent de la plaine du Saint-Laurent et se trouvent ainsi à la limite nord de leur distribution géographique.

Les plaines argileuses forment des écodistricts bien définis. Elles sont largement occupées par les agglomérations urbaines et ont une vocation agricole et industrielle. Les autres écodistricts correspondent aux plaines sablonneuses et au horst de Kénogami. Ils ont surtout une vocation sylvicole (plantation), récréative (villégiature, tourisme), culturale (pommes de terre et bleuets) et minière (exploitation des tourbières et du sous-sol). En tout, 97 % de la population régionale (291 000 habitants) se concentrent dans la plaine.

Le lac Saint-Jean

Les écosystèmes aquatiques

Le lac Saint-Jean se classe au cinquième rang parmi les plus grands lacs du Québec, avec une superficie de 1 058 km². D'une longueur de 43,8 km et d'une largeur moyenne de 24 km, le lac présente une forme arrondie dont le périmètre est d'environ 210 km. Sous l'action des vents de tempête, les vagues peuvent atteindre 2,5 mètres au large et, selon les endroits, jusqu'à 1,2 mètre près du rivage. En hiver,

L'ÉCOSYSTÈME DU LAC SAINT-JEAN

Figure 8

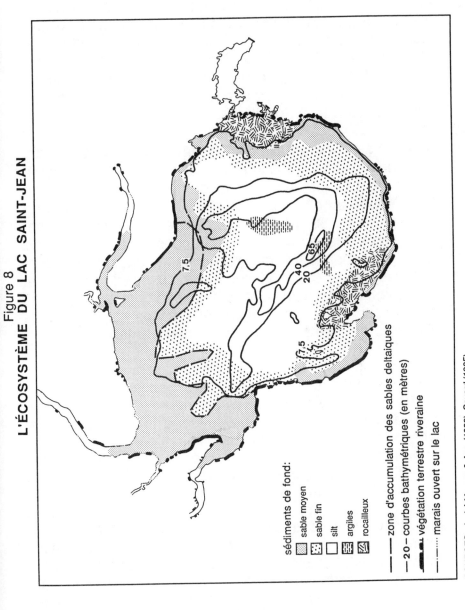

sédiments de fond:

▨ sable moyen

⊡ sable fin

□ silt

▦ argiles

▨ rocailleux

— zone d'accumulation des sables deltaïques

—20— courbes bathymétriques (en mètres)

⌐ végétation terrestre riveraine

······ marais ouvert sur le lac

SOURCES: André Marsan & Ass. (1983), Savard (1985).

l'épaisseur maximale de la glace est de 1,2 mètre. La surface se libère de 70 % de ses glaces entre les 8 et 16 mai (probabilité de 55 %). Le lac Saint-Jean est exceptionnellement peu profond, compte tenu de sa superficie: la profondeur moyenne est de 11,3 mètres, mais elle atteint un maximum de 68,1 mètres au large de Desbiens. Les eaux se réchauffent plus rapidement dans la partie peu profonde à l'ouest du lac, la température des eaux de surface dépassant 20°C vers la fin de l'été.

Le lac Saint-Jean est alimenté par un bassin versant couvrant une superficie de 73 600 km² (voir dans la Partie 2, chapitre sur les bassins versants). En raison de sa faible profondeur et de l'important débit des rivières qui s'y jettent (moyenne annuelle de 1 453 m³/seconde), ses eaux se renouvellent en moyenne quatre fois l'an. Les grandes rivières forestières du nord (Péribonka, Mistassini, Ashuapmushuan) représentent près de 75 % de la superficie du bassin versant et fournissent à elles seules 90 % des apports d'eau. Ainsi, les eaux de surface sont fortement influencées par les rivières tributaires se jetant dans le nord-ouest du lac.

Les grandes rivières du nord fournissent 90 % des apports de sédiments (du sable), soit un volume théorique de 276 000 m³/an. Tout ce sable s'accumule dans la partie nord-ouest et s'étend vers le centre du lac. Une infime partie est transportée le long des rives par l'action des vagues et des courants littoraux. La nature des sédiments de fond du lac varie donc en fonction de la profondeur de l'eau. Ainsi, de la zone littorale vers la partie la plus profonde du lac, les sables grossiers à moyens se succèdent aux sables fins puis aux argiles (silt). Par ailleurs, les activités humaines ont augmenté la teneur en plomb et en mercure dans les sédiments (respectivement 20 et 7 fois plus élevée par rapport au niveau naturel) de même que la teneur en cuivre, en zinc et en manganèse. Suivant le transport des sédiments vers le fond, les valeurs les plus élevées de ces métaux se localisent dans la partie la plus profonde du lac. Des chercheurs ont démontré que cette contamination récente de l'écosystème aquatique du lac Saint-Jean semblait faire partie d'un phénomène généralisé à la grandeur de la planète.

La qualité des eaux du lac Saint-Jean est en grande partie conditionnée par celle des nombreuses rivières qui l'alimentent. Quant à la qualité des eaux des rivières, elle est directement conditionnée par les facteurs naturels tels que la géologie du bassin versant, son relief, ses conditions climatiques, la nature de ses sols et le recouvrement de la végétation. À l'état naturel, la capacité d'auto-épuration des rivières suffit habituellement à maintenir un excellent équilibre de la qualité de leurs eaux. Par contre, les activités humaines (agriculture, coupe forestière, flottage du bois, effluents des usines de transformation de la fibre de bois, eaux usées des agglomérations urbaines, travaux de stabilisation des berges) ont engendré localement divers problèmes de pollution qui ont détérioré la qualité générale des eaux du lac.

Une étude sur la productivité biologique du lac Saint-Jean réalisée en 1978 indique que les apports de substances nutritives (azote et phosphore) provenant des activités humaines a favorisé la fertilisation des eaux et la prolifération des algues (phénomène d'eutrophisation), amenant ainsi des modifications au sein des peuplements animaux et végétaux. En général, selon la classification trophique des lacs, l'écosystème du lac Saint-Jean est donc passé de l'état oligotrophe (pauvre en nutriments sous les conditions naturelles) à l'état mésotrophe (moyennement riche en nutriments sous les conditions actuelles). Les activités humaines ont aussi accéléré de façon marquée le vieillissement du milieu aquatique, bien que la majeure partie des apports de phosphore (74 %) soit d'origine naturelle. Cette situation pourrait se redresser si les eaux usées municipales et industrielles subissaient un traitement à 90 % et si les apports agricoles étaient réduits de 50 %. D'autre part, l'étude révèle que les eaux du lac ne présentent pas globalement d'indices évidents de forte toxicité. À cause de la fréquence élevée du renouvellement de ses eaux, la qualité des eaux du lac Saint-Jean peut s'améliorer ou s'altérer très rapidement.

La faune aquatique vertébrée du lac Saint-Jean comprend 27 espèces de poissons, dont une récemment introduite par l'homme (la Barbotte brune). Plus particulièrement, les populations de l'Ouananiche (Saumon atlantique), du Poulamon atlantique et de l'Éperlan arc-en-ciel se sont vues isolées des eaux salées à l'époque du retrait de la mer Laflamme.

Le lac Saint-Jean détient une vocation industrielle (utilisation hydro-électrique [lac-réservoir], touage du bois) et récréo-touristique.

Les écosystèmes riverains

Le milieu riverain naturel du lac Saint-Jean a subi des modifications majeures occasionnées par le développement agricole, l'exhaussement des eaux, l'urbanisation et l'établissement de la villégiature.

Les variations du niveau des eaux déterminent les conditions écologiques du milieu riverain. L'érection des barrages sur la Petite Décharge et la Grande Décharge en 1926 marqua le début d'un changement radical des conditions hydrologiques (figure 9) et écologiques du lac Saint-Jean. Le niveau moyen maximal du lac au printemps fut retenu artificiellement à la cote de 101,26 mètres [16.5 pi] (maximum 101,62 m [17.5 pi]), comparativement à 100,49 m [14.0 pi] sous les conditions naturelles. Depuis ce temps, la date moyenne d'atteinte du niveau maximal printanier est retardée artificiellement de plus de deux semaines. Les niveaux moyens en été et en automne sont de trois mètres [10 pi] supérieur comparativement à l'état naturel. Au printemps, la date moyenne du départ des glaces est retardée d'environ une semaine.

L'érosion des berges est un facteur déterminant quant au maintien de la végétation et de la productivité biologique du

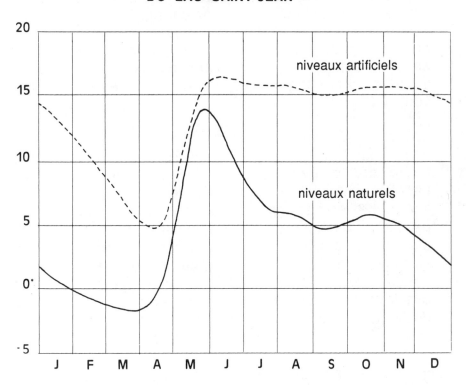

Figure 9
COMPARAISON ENTRE LA MOYENNE DES NIVEAUX NATURELS ET LA MOYENNE DES NIVEAUX ARTIFICIELS DU LAC SAINT-JEAN

niveaux artificiels

niveaux naturels

Le "zéro" correspond à une élévation de 96,51 mètres au-dessus du niveau de la mer. Pour convertir les niveaux en pieds en unité du système géodésique international, on convertit en mètre et on ajoute 96,51.

SOURCE   D'après les données hydrologiques de 1943 à 1984 (Alcan, 1985).

lac. L'érosion des berges de sable était de 3 à 6 fois supérieure durant la période de 1926 à 1964, comparativement à la période de 1964 à 1981. Par exemple, après les 40 premières années suivant l'exhaussement, le recul des berges pouvait atteindre 185 mètres à l'est du lac, alors que le taux d'érosion est demeuré plus ou moins constant par la suite, soit de 5 à 30 mètres de terrain sur près de 50 kilomètres de berges. Les travaux de stabilisation des berges du lac Saint-Jean entrepris depuis 1986 par Alcan diminueront considérablement le recul des berges et apporteront de nouvelles conditions écologiques sur le littoral.

Les conséquences de l'exhaussement des eaux du lac Saint-Jean sur la végétation riveraine d'origine ont été majeures. Les plantes poussant près du niveau moyen maximal des eaux se sont vues inondées à l'année. Celles établies jadis sur les grèves sablonneuses ont péri par suite de l'érosion excessive des berges; certaines espèces ont disparu et d'autres, qui croissaient au-dessus du niveau maximal du lac, se trouvent maintenant disséminées et confinées dans des espaces restreints à l'abri des grandes vagues de tempêtes ou sur les dunes littorales. Les variations artificielles du niveau du lac ont encore des répercussions diverses sur le développement et la croissance des plantes littorales.

Actuellement, une portion de plus de 85 kilomètres du périmètre du lac Saint-Jean (40 %) est sans végétation (figure 8). Celle qui reste est surtout du type arborescent dense sur la berge (30,9 % du périmètre) ou herbacée dense sur la berge ou la grève (15,7 %). La végétation marécageuse et aquatique se trouvant dans la zone riveraine du lac couvre une superficie d'environ 3 000 hectares. Ces milieux humides se situent surtout dans les deltas ou à l'embouchure des grandes rivières, notamment la Mistassini, l'Ashuapmushuan, la Ticouapé et la Péribonka (68 % de la superficie totale); mais ils forment aussi des marais ouverts sur le lac, subissant une érosion sévère par les vagues (17 % de la superficie totale); des marais littoraux dessinant un mince arc de terres humides dans la partie sud-est du lac, protégés de l'érosion des vagues par un cordon littoral de sable fin (15 % de la superficie totale). Une bonne partie de ces habitats correspond à d'anciennes basses terres qui se sont transformées en marais permanents depuis l'exhaussement des eaux. Parmi les trois catégories décrites, les marais littoraux sont de loin les milieux naturels les plus diversifiés et les plus productifs du lac Saint-Jean. Ainsi par rapport à la reproduction de la sauvagine (canards), les marais littoraux sont environ 5 fois plus productifs que les embouchures des grandes rivières et 20 fois plus productifs que les marais ouverts sur le lac.

La très grande productivité et la variété des écosystèmes riverains permettent l'établissement et le maintien d'une faune terrestre et aquatique très diversifiée. Les écosystèmes riverains du lac Saint-Jean constituent notamment des sites de reproduction, des lieux de concentration et des refuges pour plus de 195 espèces d'oiseaux migrateurs dont une centaine sont intimement liées au milieu riverain. Ils sont aussi des habitats essentiels pour le frai et l'alimentation de 14 espèces de poissons et des sites de reproduction pour quatre espèces d'amphibiens.

Le fjord du Saguenay

Le fjord du Saguenay est une ancienne vallée glaciaire envahie par la mer. Des marais salés de Saint-Fulgence à son embouchure, le fjord du Saguenay a une longueur de 104 kilomètres et une largeur moyenne de 2,5 kilomètres. La baie des Ha! Ha! constitue le seul embranchement du fjord. D'une profondeur moyenne de 210 mètres et maximale de 275 mètres, le milieu marin du fjord comprend trois bassins profonds (supérieur, intermédiaire et inférieur) et un seuil peu profond (25 m) situé à 4 kilomètres de l'embouchure sur le Saint-Laurent (figure 10). Les sédiments de fond, d'une épaisseur de 10 à 30 mètres, sont constitués de vase (dépôts argileux) dans le bassin supérieur et de sables et graviers dans les autres bassins.

Figure 10
L'ÉCOSYSTÈME DU FJORD DU SAGUENAY

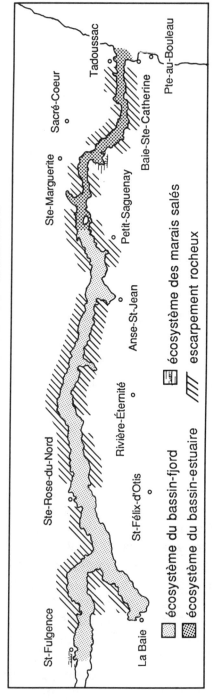

St-Fulgence

La Baie

Ste-Rose-du-Nord

St-Félix-d'Otis

Rivière-Éternité

Anse-St-Jean

Ste-Marguerite

Petit-Saguenay

Sacré-Coeur

Baie-Ste-Catherine

Tadoussac

Pte-au-Bouleau

☐ écosystème du bassin-fjord

▨ écosystème du bassin-estuaire

▤ écosystème des marais salés

/// escarpement rocheux

COUPE LONGITUDINALE
▼ St-Fulgence

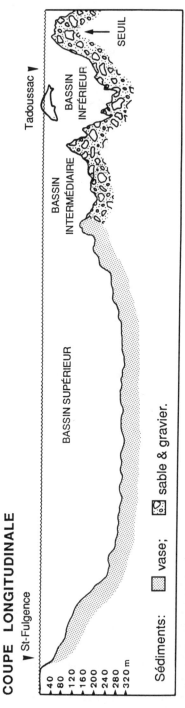

Tadoussac ▼

BASSIN SUPÉRIEUR

BASSIN
INTERMÉDIAIRE

BASSIN
INFÉRIEUR

SEUIL

40
80
120
160
200
240
280
320 m

Sédiments: ☐ vase;   ▨ sable & gravier.

SOURCES: Parcs Canada (1986).

80

Les eaux s'écoulent entre des abrupts rocheux presque dénués de végétation et dont les caps culminent à 457 mètres. Ces escarpements correspondent à des miroirs de faille, rappelant l'origine de la formation du fjord. Dans les baies et les anses, d'étroites plages de sable et de galets se sont formées. À l'embouchure des principales rivières tributaires (Petit-Saguenay, Saint-Jean, Éternité et Sainte-Marguerite), des deltas de sable fin et d'argile ont pris place. Le milieu riverain du fjord compte très peu de marais intertidaux (subissant l'influence des marées). Les deux plus importants sont les marais salés de l'anse aux Foins à Saint-Fulgence, un site régional unique au point de vue biologique et géomorphologique, et les marais salés de l'anse Saint-Étienne non loin de l'agglomération de Petit-Saguenay.

Le fjord du Saguenay reçoit les eaux d'un immense bassin versant (87 970 km²) qui porte son nom et se classe parmi les fjords ayant les plus grands débits d'eau douce au monde. Le débit moyen annuel d'eau douce est de 1 300 m³/sec, et le débit maximal de 3 000 m³/sec en juin. Le débit est régularisé par des aménagements hydro-électriques qui ont pour effet d'atténuer les variations saisonnières, en augmentant notamment les débits hivernaux.

Lors de la saison estivale, les eaux superficielles du Saguenay (couche d'eau douce de 20 mètres d'épaisseur) sont relativement chaudes (17°C en juillet) et glissent littéralement sur la nappe d'eau profonde, très salée, très froide (0 à 1,5°C) et bien oxygénée. Les marées du Saguenay sont plus fortes que celles du fleuve Saint-Laurent. L'amplitude de la marée augmente doucement de Tadoussac à La Baie, passant d'une valeur moyenne de 4 à 4,3 mètres; au printemps, la hauteur des marées excède 6 mètres.

La faible profondeur du seuil à sa sortie, peu commune chez les fjords de même dimension, est à l'origine d'un phénomène de remontée des eaux profondes à chaque cycle de marée. Par ce phénomène, les eaux profondes sont donc grandement mélangées et renouvelées par les eaux froides et denses de l'estuaire du Saint-Laurent qui pénètrent dans le fjord. Les courants de marée descendante sont d'ailleurs très forts à l'embouchure du Saguenay (supérieurs à 3 mètres/sec). Le fait que ces remontées, d'une intensité et d'une importance primordiales pour la productivité de l'ensemble du golfe du Saint-Laurent, se produisent directement à son embouchure est unique au monde. Il s'ensuit que la couche profonde du fjord est exceptionnellement bien oxygénée et beaucoup plus productive que dans les autres fjords du même type. Cette dynamique des échanges entre l'estuaire et le fjord fait en sorte que l'écosystème du fjord du Saguenay est intimement lié à celui de l'estuaire du Saint-Laurent.

La zone fortement industrialisée en amont du fjord du Saguenay – comportant des alumineries, des usines de pâtes et papiers et une usine d'extraction du niobium – contribue à des rejets élevés de contaminants et de matières organiques qui se mélangent aux sédiments et qui sont transportés en direction de l'estuaire du Saint-Laurent. Ainsi, de façon générale, la teneur de certaines substances toxiques (par exemple le mercure, le cadmium, le cuivre, le plomb, le zinc et les HAP) dans les sédiments de fond du fjord du Saguenay, diminue graduellement de l'extrémité ouest vers l'embouchure. Par ailleurs, les sédiments de la partie profonde de la baie des Ha! Ha! sont fortement contaminés par l'arsenic (métal toxique), dont l'origine est encore inconnue. À La Baie, les organismes vivants sont presque absents dans un rayon de trois kilomètres entourant les installations portuaires en activité depuis 60 ans. Les effets à très long terme de cette détérioration de la qualité du milieu se feront sentir sur tout l'écosystème du fjord. Dans de nombreuses études, on confirme la présence de substances toxiques dans l'eau, les sédiments, les plantes aquatiques, les invertébrés, les poissons et les mammifères marins, sans toutefois évaluer précisément les effets de la contamination du milieu sur le maintien des espèces et sur l'intégrité de leurs habitats. Malgré son état de contamination actuel, le milieu marin du fjord du Saguenay demeure un écosystème de qualité susceptible d'être maintenu et probablement restauré.

Le fjord du Saguenay compte plus de 248 espèces d'invertébrés et plus de 54 espèces de poissons marins dont au moins 7, associées à la faune arctique, y sont spécifiques. Les espèces généralement intolérantes aux changements de température et de salinité de l'eau habitent dans le bassin supérieur du fjord, les espèces plus tolérantes vivant dans les bassins en aval. Ces derniers bassins représentent une partie de l'habitat critique du Béluga, une espèce menacée de disparition. Le Phoque du Groenland, le Phoque commun et le Petit Rorqual fréquentent à l'occasion le fjord et son embouchure. Une douzaine d'autres mammifères marins, présents dans l'estuaire du Saint-Laurent, dépendent de l'écosystème du fjord du Saguenay pour leur survie.

Le fjord du Saguenay possède une vocation multiple: voie maritime commerciale, pêche commerciale, portuaire, récréo-touristique, et conservation des ressources naturelles (parc marin).

Références bibliographiques

Alcan, (1985) *Niveaux naturels reconstitués du lac Saint-Jean pour la période 1926-84 et comparaison des niveaux naturels reconstitués du lac Saint-Jean avec ceux enregistrés historiquement entre 1943 et 1984,* Document déposé au BAPE, n° 28, 18 p.

André Marsan & Ass. (1983) *Programme de stabilisation des berges du lac Saint-Jean. Étude d'impact sur l'environnement et le milieu social,* Alcan, 3 tomes et 19 annexes.

Beak, (1980) *Étude des répercussions environnementales dues au dragage et à l'élimination des déblais à l'usine de la Consolidated-Bathurst de Port-Alfred* (La Baie), 66 p., 5 annexes.

Beak (1981) *Analyse des eaux et des sédiments en rapport avec les opérations de dragage de l'usine de la Consolidated-Bathurst de Port-Alfred (La Baie) et le déversement des déblais dans la baie des Ha! Ha!,* 19 p.

Beak (1981) *Étude des répercussions environnementales dues au dragage et à l'élimination des déblais aux installations portuaires de l'Alcan, à La Baie, Baie des Ha! Ha!, Québec*, 122 p., 8 annexes.

Béland & Demers inc. (1979) «La teneur en métaux traces dans les plantes aquatiques du lac Saint-Jean et de la rivière Saguenay», *Bassin hydrographique Saguenay–Lac-Saint-Jean* nº 10, Gouvernement du Québec, 164 p.

BIOREX G.C. inc. (1987) *Analyse de l'unicité des caractéristiques océanographiques du fjord du Saguenay*, Parcs Canada, 68 p.

Bisson, M. *et al.* (1978) *Étude de la qualité du milieu aquatique du lac Saint-Jean et de la rivière Saguenay*, INRS-Eau, rapport scientifique nº 92, 55 pages.

Environnement Québec (1988) *L'environnement au Québec, un premier bilan*, Document technique, 429 p.

Gilbert *et al.* (1985) «Écorégions et écodistricts du Québec» *Sensibilité de l'écosystème aux précipitations acides au Québec*, (partie A), Série de la classification écologique du territoire, nº 20, Environnement Canada, 86 pages.

Jones *et al.* (1980) *Étude physico-chimique et biologique des eaux du lac Saint-Jean: 1978*, INRS-Eau, Rapport scientifique nº 122, 350 p.

Jurdant *et al.* (1972) *Carte écologique de la région du Saguenay–Lac-Saint-Jean*, Rapport d'information Q-F-X-31, Centre de recherches forestières des Laurentides, Environnement Canada, 3 volumes.

Jurdant *et al.* (1976) «Inventaire écologique de la région Saguenay–Lac-Saint-Jean: les systèmes écologiques», *Carte*, Environnement Canada.

Lasalle, P. et G. Tremblay (1978) *Dépôts meubles Saguenay–Lac-Saint-Jean*, Rapport géologique nº 191, min. des Richesses naturelles du Québec, 61 pages.

Leclerc, M. (1978) *Quelques caractéristiques limno-physiques du lac Saint-Jean*, INRS-Eau, Rapport provisoire, 49 p.

LMBDS-SIDAM Inc. (1986) *Étude de faisabilité pour la protection et la mise en valeur du milieu marin du Saguenay; étude d'inventaire et d'analyse des ressources, des potentiels et des contraintes,* Parcs Canada, 498 p. + atlas cartographique.

Mamarbachi, G. (1980) «Résidus d'insecticides organochlorés et de biphényles polychlorés dans les poissons», *Bassin hydrographique Saguenay–Lac-Saint-Jean* n° 13, Gouvernement du Québec, 55 p.

Marie-Victorin (1925) *Études floristiques sur la région du lac Saint-Jean,* Contribution lab. de botanique de l'Université de Montréal, n° 4, 173 p.

Markowski, F. (1988) «Description et évolution de la population», *Profil socio-sanitaire de la région du Saguenay– Lac-Saint-Jean,* document n° 2, DSC Chicoutimi, 120 p.

Martel, L. (1985) *Analyse spatio-temporelle des hydrocarbures polycycliques aromatiques (HPA) dans les sédiments du fjord du Saguenay, Québec,* Mémoire de maîtrise en productivité aquatique, UQAC, 87 p.

Michaud, J.L. (1977) *Bassin hydrographique Saguenay–Lac-Saint-Jean; introduction à l'élaboration d'une problématique du secteur eau,* Service de protection de l'environnement du Québec, 99 p.

Ouellet, M. (1979) *Géochimie et paléolimnologie du lac Saint-Jean,* INRS-Eau, Rapport scientifique n° 76, 76 p.

Ouellet, M. (1979) *Géochimie et granulométrie des sédiments superficiels du lac Saint-Jean et de la rivière Saguenay,* INRS-Eau, Rapport scientifique n° 104, 209 p.

Raymond, R. *et al.* (1965) *Pédologie de la région du Lac-Saint-Jean,* min. de l'Agriculture et de la Colonisation du Québec, Bull. technique n° 11, 159 p.

Rousseau, C. (1974) *Géographie floristique du Québec-Labrador,* Les Presses de l'Université Laval, 798 p.

Sarrazin, R. *et al.* (1983) *La protection des habitats fauniques au Québec,* Groupe de travail pour la protection des habitats, MLCP, 256 p. + annexe B (175 p.).

Savard, M. (1985) «Mémoire concernant la conservation de certaines espèces de plantes reliques menacées de disparition au lac Saint-Jean», *Bull. SAJIB*, 9(4): 44-56.

Savard, M. (1988) «L'importance de la conservation des marais littoraux de la plaine d'Hébertville à l'est du lac Saint-Jean (Québec)», *Le Harfang*, 11(3): 106-110.

Statistique Canada (1986) *Activité humaine et l'environnement, un compendium de statistiques*, Nº cat. 11-509F, 375 p.

Sylvain, L. (1979) «Apports de substances nutritives au lac Saint-Jean», *Bassin hydrographique Saguenay–Lac-Saint-Jean* (nº 14), min. des Richesses naturelles du Québec, 75 p.

Talbot, L. (1980) «Mercure et autres métaux dans le poisson», *Bassin hydrographique Saguenay–Lac-Saint-Jean* (nº 12), gouvernement du Québec, 104 p.

Thibault, M. (1985) *Les régions écologiques du Québec méridional (deuxième approximation)*, min. de l'Énergie et des Ressources du Québec, Carte 1:1 250 000.

Tremblay, V. (1979) *La tragédie du lac Saint-Jean,* Publ. de la Société historique du Saguenay nº 36, Éditions Sciences Modernesz, 231 p.

Wiken, E. (1986) *Écozones terrestres du Canada,* Série de la classification écologique du territoire, nº 19, Environnement Canada, 26 p.

3

ACTION-RÉACTION

Figure 11
LES DOMAINES FORESTIERS DU SAGUENAY–LAC-SAINT-JEAN

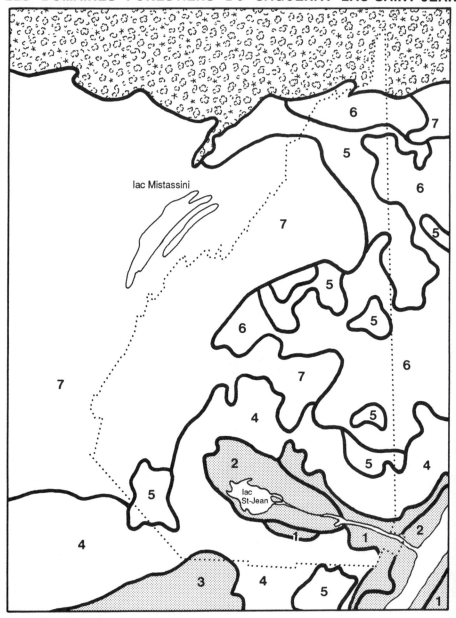

SOURCE: MER (1987)

▨ **FORET MIXTE**   ☐ **FORET BOREALE**   ▧ **TAIGA**

1. Sapinière à bouleau jaune
2. Sapinière à bouleau blanc ou
   à érable rouge
3. Bétulaie jaune à sapin

4. Sapinière à bouleau blanc
5. Sapinière à épinette noire
6. Pessière noire à sapin et mousses
7. Pessière noire à mousses

······ LIMITE DE LA REGION ADMINISTRATIVE DU SAGUENAY/LAC-SAINT-JEAN

L'EXPLOITATION FORESTIÈRE

LE MILIEU FORESTIER

Le milieu forestier de la région du Saguenay–Lac-Saint-Jean se compose d'une multitude d'écosystèmes ou d'unités homogènes de vie dont la connaissance approfondie est fondamentale pour l'aménagement intégral des ressources forestières et fauniques de ce territoire. La cartographie écologique met en relief deux grandes zones forestières, la forêt boréale et la forêt mixte. Elles se subdivisent en sept domaines forestiers qui sont caractérisés par des groupements végétaux stables qui sont en équilibre avec le climat régional (figure 11 et tableau 5).

La forêt boréale s'étend essentiellement sur les hautes terres du massif montagneux. Il s'agit d'une forêt coniférienne dominée par l'Épinette noire et le Sapin baumier, et caractérisée par l'absence du Bouleau jaune, de l'Érable à sucre, de l'Érable rouge, du Pin rouge, du Pin blanc, du Frêne noir et de l'Orme d'Amérique. Les forêts secondaires, résultant de feux ou de coupes, sont dominées par le Peuplier faux-tremble, le Bouleau blanc et le Sapin baumier sur les sols humides et par le Pin gris sur les sols secs. Les domaines de la sapinière à Bouleau blanc, de la pessière noire à sapin et mousse et de la pessière noire à mousse sont marqués par l'exploitation forestière.

La forêt mixte apparaît comme une zone transitoire entre la forêt feuillue (au sud du Québec) et la forêt boréale. Elle recouvre les basses terres du Haut-Saguenay et du lac Saint-Jean ainsi que les basses vallées donnant sur le fjord du Saguenay. C'est une forêt, dominée par le Sapin baumier associé à l'Épinette noire, au Bouleau jaune ou à l'Érable rouge. On note en particulier la présence du Pin rouge, du Pin blanc et du Frêne noir. L'Orme d'Amérique s'associe au Frêne noir dans la plaine argileuse. Les feuillus, notamment le Peuplier faux-tremble et le Bouleau blanc, composent les

Tableau 5
DOMAINES DE LA FORÊT MIXTE

No des domaines	Domaines	Superficies (km²) Québec	Degrés-jours de croissance degrés C	Indices d'aridité	Répartition géographique	Occupation du sol	Remarques
1	Sapinière à bouleau jaune	28 000	1 000 à 1 440	50 à 225	Majeure partie des terres de l'est de la province faisant la transition entre le domaine de l'érablière à bouleau jaune et la sapinière à bouleau blanc.	Moins du dixième de la superficie est défrichée. L'agriculture est marginale. Les jeunes forêts sont deux fois plus importantes que les	Le climat est plus humide que dans les autres domaines de la forêt mélangée. Meilleur potentiel pour la production du bouleau jaune et des épinettes. forêts mûres.
2	Sapinière à bouleau blanc ou à érable rouge	11 000	1 110 à 1 440	50 à 175	Basses-terres de la plaine du lac Saint-Jean et collines du bas Saguenay.	Majorité des forêts sont jeunes, le reste du territoire est en régénération.	Le climat et la nature des dépôts de la plaine expliquent la différence floriste avec le domaine "4" de la sapinière à bouleau blanc.
3	Bétulaie jaune à sapin	50 000	1 220 à 1 390	75 à 150	Réservoir Cabonga Lac Nomininque Lac Kempt	40 % de forêts mûres. 40 % de forêts jeunes. 20 % en régénération et coupe totale.	Le climat qui paraît plus sec que dans les régions montagneuses du massif des Laurentides, pourrait expliquer la dominance du bouleau jaune sur le sapin.

DOMAINES DE LA FORÊT BORÉALE

No des domaines	Domaines	Superficies (km²) Québec	Degrés-jours de croissance degrés C	Indices d'aridité	Répartition géographique	Occupation du sol	Remarques
4	Sapinière à bouleau blanc	108 000	890 à 1 330	50 à 150	Dépression du lac Saint-Jean. Massif des Laurentides. Partie de la Vallée du Saint-Laurent.	40 % en forêts jeunes. 20 % à 25 % en forêts mûres. 30 % en coupes totales en régénération ou brûlis.	Sapinière à bouleau blanc sur les sites mésiques. Les groupements de transition aident à distinguer plusieurs régions écologiques.
5	Sapinière à épinette noire	55 000	890 à 1 000	50 à 100	Hautes-terres des Monts Notre-Dame et du massif des Laurentides. Altitude supérieure à 700 m..	Forêts mûres plus de 60 %. Jeunes forêts 10 à 15 %. Brûlis, terres en régénération et coupes totales 15 %. Le reste est en terres dénudées humides.	Paysage dominé par les sapinières et les pessières noires.
6	Pessière noire à sapin et mousses	131 000	670 à 940	50 à 75	Transition entre les basses terres du Nord-ouest et les hauts sommets des Laurentides . Altitude varie de 300 à 600 m...	65 % en forêts mûres. 20 % en brûlis et terres en régénération. 15 % jeunes forêts et terrains dénudés.	Les précipitations estivales sont plus élevées qu'à l'ouest.
7	Pessière noire à mousse	270 000	670 à 1 170	50 à 100	Nord-ouest du lac Saint-Jean.	40 % forêts mûres. 20 % terrains dénudés et semi-dénudés secs. 30 % forêts jeunes, en régénération et brûlis. 10 % terres dénudées humides et coupe totale.	Il couvre le tiers de la forêt commerciale au sud du 52° degré nord. Landes sèches et tourbières couvrent 25 % de la superficie.

SOURCE: MER (1987)

forêts «de seconde venue» et dominent dans les zones où il y a eu une coupe ou un feu. Dans les hautes terres, la tremblaie et la bétulaie blanche évoluent vers la sapinière à Bouleau jaune sur les sols sablo-limoneux et vers la pessière noire sur les sols sableux. Dans les basses terres, la tremblaie évolue vers la sapinière à Érable rouge sur les sols sablo-limoneux et la pineraie grise vers la pessière noire sur les sols sableux. Le domaine de la sapinière à Bouleau blanc ou à Érable rouge est marquée par l'expansion urbaine et agricole.

Forêts publiques et privées

Le territoire forestier du Saguenay–Lac-Saint-Jean couvre 166 080 km². La majeure partie (96,3 %) est sous juridiction provinciale et constitue les forêts du domaine public, le territoire forestier fédéral ne couvrant que 52 km².

Les forêts publiques sous juridiction provinciale sont gérées par le MER (gestion des terres publiques), le MENVIQ (réserves écologiques), le MLCP (parcs) et le secteur privé. Pour son exploitation forestière, le MER a divisé le territoire forestier de la région en sept unités de gestion, dont celle de Chibougamau (figure 12).

En 1986-1987, le MER a accordé 191 permis de coupe. Le nombre de petits propriétaires privés s'élevait à 1 047 en 1986-1987 et la dimension moyenne des terrains boisés de chacun totalisait environ 60 hectares. De 1985 à 1988, dans le cadre de sa politique régionale de privatisation de près de 900 lots publics épars situés sur des territoires municipaux, le MER a remis à la propriété privée 20 000 hectares (200 km²) de lots intramunicipaux à vocation forestière.

La polyvalence du milieu forestier

Le milieu forestier ne représente pas seulement une réserve en matière ligneuse, mais il est de plus l'habitat d'une faune

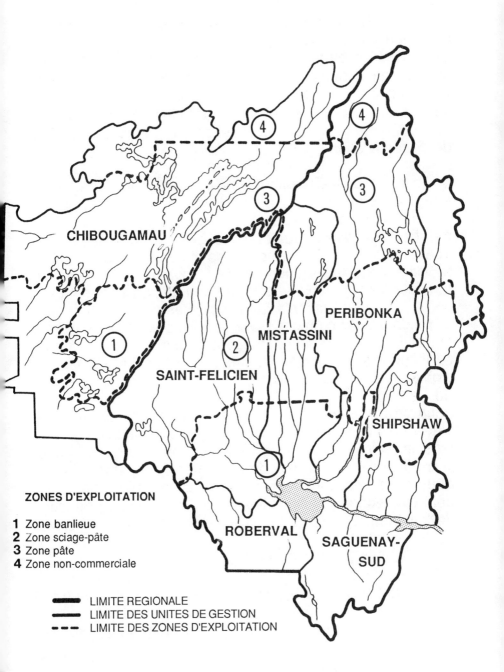

Figure 12
CARTE DES UNITÉS DE GESTION FORESTIÈRE AU SAGUENAY–LAC-SAINT-JEAN

CHIBOUGAMAU

PERIBONKA

MISTASSINI

SAINT-FELICIEN

SHIPSHAW

ROBERVAL

SAGUENAY-SUD

ZONES D'EXPLOITATION

1 Zone banlieue
2 Zone sciage-pâte
3 Zone pâte
4 Zone non-commerciale

LIMITE REGIONALE
LIMITE DES UNITES DE GESTION
LIMITE DES ZONES D'EXPLOITATION

SOURCE: MER (1988).

diversifiée. Il présente une grande variété de paysages et se prête à de multiples activités économiques et récréatives. Le milieu forestier joue avant tout un rôle de premier plan dans la préservation des ressources renouvelables (oxygénation de l'air, protection des sols, filtration de l'eau, maintien du climat, abri de la faune, etc.). Un milieu forestier en santé limite entre autres les répercussions des méga-problèmes environnementaux, comme l'effet de serre et le phénomène de désertification.

On trouve en milieu forestier un grand nombre d'infrastructures récréo-touristiques: pistes de randonnée, de motoneige ou de ski de fond; équipements de camping; bases de plein air; réserves, pourvoiries et parcs; des milliers d'habitations de villégiature en bordure des lacs et des rivières. Le milieu forestier constitue également une source de formation et d'initiation inestimable à la nature pour le public, que ce soit par le biais des réserves fauniques, des centres d'interprétation de la nature ou des parcs provinciaux. Chaque année, des milliers de personnes fréquentent le milieu forestier pour se livrer à des activités de chasse, de pêche, de trappe, d'observation et de plein air.

La présence et la coexistence sur un même territoire de plusieurs ressources et activités sont souvent des causes de tension, voire d'incompatibilité et de conflits. Par exemple, la qualité de certains lieux de villégiature, habitats fauniques ou rivières poissonneuses a pu être altérée par un manque de prévention et par l'insuffisance de mesures de protection de l'environnement dans la réalisation des coupes forestières.

LA RÉCOLTE FORESTIÈRE

En 1988, l'industrie forestière de la région comprenait 106 scieries (bois d'œuvre, copeaux, bois de chauffage, bardeaux), 6 usines de transformation de la fibre (Abitibi-Price – usines d'Alma et de Kénogami –, Domtar, Consol, Cascade, Donohue), 1 usine de panneaux agglomérés (Normick Chambord inc.), 1 entreprise de fabrication de poteaux (Domtar inc.) et 1 petite entreprise de fabrication de bardeaux (Jos-Paul-Saint-Gelais ltée). Ces industries récoltent, dans les forêts publiques, en moyenne 7,6 millions de mètres cubes de bois par an (1983-1984 à 1986-1987), soit en moyenne 85 % de leur demande. Le volume récolté se répartit comme suit: 96 % de résineux et 4 % de feuillus.

Le territoire forestier de la région est divisé en quatre zones d'exploitation (figure 12). La zone «banlieue», ceinturant les agglomérations urbaines, comprend de 20 à 30 % de forêts matures. La zone «sciage-pâte» renferme environ 55 % de forêts matures. La zone «pâte», non encore exploitée, est recouverte à 65 % de forêts matures. Enfin, la zone dite «non commerciale» n'offre actuellement aucun intérêt pour l'exploitation forestière.

Le procédé de récolte le plus largement utilisé au Saguenay–Lac-Saint-Jean est celui des arbres entiers par abattage mécanique ou manuel et débusquage par câbles ou grappin. Les résidus de coupe sur les parterres représentent environ 40 % du volume des arbres, réparti comme suit: 20 % dans la souche, 10 à 15 % dans les branches et 5 % dans la cime.

La méthode de coupe adoptée depuis 1965 est la coupe à blanc conventionnelle, pratiquée sur 97 % de la superficie annuelle couverte par les coupes (1985-1987). Les forêts des hautes terres ont été coupées à blanc sur environ 50 % de leur superficie. La méthode de coupe en bandes, à l'essai depuis quelques années, s'implante très lentement. On l'a pratiquée sur moins de 2 000 hectares en 1986-1987.

Le transport du bois depuis les aires de coupe jusqu'aux lieux de transformation (scieries, papetières, cartonnerie et fabrique de pâtes) se fait par flottage à billes perdues et par camions. L'organisation du réseau routier en forêt comporte actuellement 6 173 km de chemins principaux et secondaires (voir le chapitre concernant «Les corridors de transport»). On

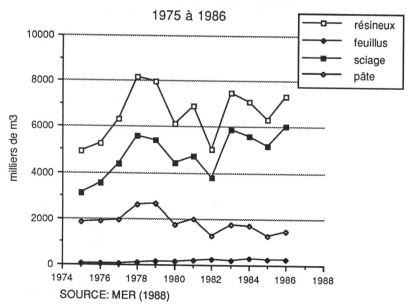

Figure 13
RÉCOLTE FORESTIÈRE ET UTILISATION DU BOIS
SAGUENAY-LAC-SAINT-JEAN

1975 à 1986

SOURCE: MER (1988)

Tableau 6
LA RÉCOLTE FORESTIÈRE EN RÉSINEUX
PAR RAPPORT À LA POSSIBILITÉ DE COUPE*
AU SAGUENAY–LAC-SAINT-JEAN
(mètres cubes)

UNITÉ DE GESTION	POSSIBILITÉ DE COUPE	RÉCOLTE 1985-1986	%	RÉCOLTE 1986-1987	%
SAGUENAY-SUD	464 794	531 425	114**	499 117	107
ROBERVAL	365 393	215 633	59	401 355	110
SHIPSHAW	995 225	346 351	35	279 785	28
PÉRIBONKA	892 507	813 000	91	830 284	93
SAINT-FÉLICIEN	2 159 211	2 387 604	111	2 777 816	129
CHIBOUGAMAU	1 301 699	1 084 639	83	1 554 322	119
MISTASSINI	594 799	911 398	153	964 629	162
TOTAL	6 773 631	6 290 050	93	7 307 368	108

* Service de la planification et de l'aménagement forestier, MER, avril 1986 (zone pâte exclue).
**Une valeur supérieure à 100% indique une surexploitation en résineux.

SOURCE: MER (1988)

96

a évalué que la superficie couverte par les chemins et les jetées représentait environ 10 % du territoire déboisé.

La productivité limite de la forêt

La ressource forestière a un caractère renouvelable mais, si l'on veut assurer le renouvellement de la ressource, il faut éviter d'extraire plus que l'accroissement net de la forêt sans quoi on gruge le capital. Au Saguenay–Lac-Saint-Jean, la superficie boisée productive constitue 77,5 % du territoire forestier, soit 128 707 km². Le MER évalue la possibilité de coupe pour approvisionner les entreprises forestières à 8 256 710 m³. Ce volume de bois comprend 82 % de résineux (Sapin baumier, Épinette noire, Épinette blanche et Pin gris surtout) et 18 % de feuillus (Bouleau blanc et de Peuplier faux-tremble surtout). Il s'agit de la somme des possibilités et des disponibilités dans le cadre du programme de reboisement en vigueur en 1986, la «zone pâte» étant exclue. Avant ce programme, la possibilité de coupe de résineux n'était que de 5,05 millions de m³, comparativement à 6,77 millions de m³ en 1986.

Au cours de la dernière décennie, le niveau des coupes de bois au Saguenay–Lac-Saint-Jean a oscillé entre 5,2 et 8,2 millions de m³, dépassant généralement la possibilité de coupe de résineux (figure 13). Plus particulièrement, les forêts de résineux saturés dans les unités de gestion de Saint-Félicien et de Mistassini subissent actuellement la plus forte surexploitation (tableau 6). Cette situation inquiète des grandes entreprises forestières qui ne pourront dès lors assurer leur approvisionnement à long terme.

La forêt publique régionale demeure menacée puisque, compte tenu des pratiques forestières actuelles et de la localisation des peuplements matures, le volume de matière ligneuse en résineux alloué aux exploitants est supérieur à la possibilité naturelle de production de la forêt. En 1987, les allocations du MER totalisèrent 7,9 millions de m³, alors que la possibilité de coupe de résineux n'est que de 6,8 millions de m³ par année. Par contre, le volume de matière ligneuse en feuillus alloué aux exploitants est bien inférieur à la possibilité naturelle de production de la forêt. Les allocations du Ministère totalisent actuellement 584 000 m³ par année, alors que la possibilité de coupe de feuillus est environ trois fois supérieure. Les entreprises de pâtes et papiers effectuent des recherches pour revoir leurs procédés de fabrication en vue d'utiliser une plus grande proportion de feuillus.

Devant la diminution des volumes de bois résineux disponibles à proximité des usines, les industries forestières doivent récolter le bois dans les parterres de coupe situés de plus en plus loin au nord ou dans les hauts plateaux. En raison des contraintes climatiques, ces endroits sont occupés par des forêts matures moins denses et moins productives, mais offrant une excellente qualité de fibre de bois. Ainsi, le volume de bois récolté par hectare est passé de 135 m³/ha en 1977 à 96 m³/ha en1986, soit un rendement de près de 30 % inférieur (figure 14). On doit donc déboiser une plus grande superficie de forêt pour obtenir un même volume de bois. Ainsi, la superficie annuelle couverte par les coupes a atteint son plus haut niveau en 1987, avec près de 80 000 hectares (800 km²).

La qualité du bois, en matière de dimension des tiges (troncs), diminue également et inquiète les dirigeants de l'industrie du sciage. On estime qu'il y a 20 à 25 ans, le diamètre moyen des tiges devait être à peu près de 25 cm, alors que de nos jours il se situe probablement entre 15 et 18 cm (ACFAS, 1987). Au Saguenay–Lac-Saint-Jean, le volume moyen d'une tige est passé de 170 dm³ en 1976-1977 à 142 dm³ en 1983-1984 (figure 15). L'industrie du sciage a donc dû modifier ses installations afin d'utiliser des arbres de plus petites dimensions. Notons que le MER ne fait plus de distinction entre les bois de sciage et les bois à pâtes dans les garanties d'approvisionnement et les calculs de possibilités du territoire forestier.

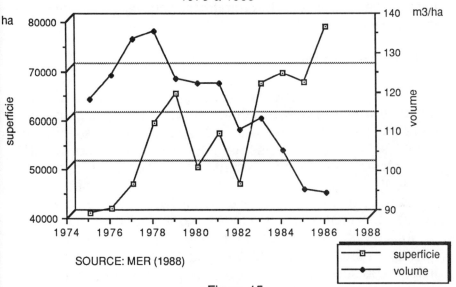

Figure 14

**SUPERFICIE COUVERTE PAR LES COUPES
ET VOLUMES DE LA RÉCOLTE DES BOIS**

SAGUENAY-LAC-SAINT-JEAN

1975 à 1986

SOURCE: MER (1988)

Figure 15

**ÉVOLUTION DU VOLUME MOYEN BRUT PAR TIGE
DANS LES PERMIS DE COUPE DE BOIS DE SCIAGE***
SAGUENAY-LAC-SAINT-JEAN
1976-77 à 1983-84

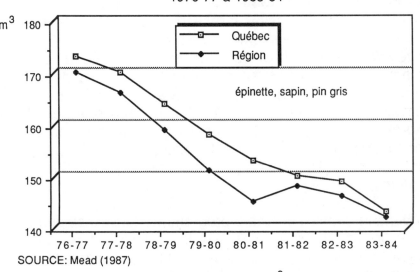

SOURCE: Mead (1987)

*Les volumes sont exprimés en dm^3. Ces chiffres ont été tirés des
exploitations dont les bois sont mesurés en longueur seulement.
Il n'incluent donc pas les bois mesurés à la pièce ou au masse-volume.

99

La productivité naturelle de la forêt subit aussi l'influence des précipitations acides. Ce phénomène suscite une inquiétude généralisée (voir le chapitre concernant «Les précipitations acides»).

Le reboisement

Pour assurer un renouvellement satisfaisant de la forêt en essences désirées afin de soutenir le volume de coupe nécessaire aux industries, on a procédé à plusieurs travaux d'aménagement reliés au reboisement. Par exemple, le sol dénudé de forêt est dégagé puis scarifié. La préparation des sites de plantation comprend également à titre expérimental des techniques de brûlage dirigé et de brûlage des aires d'ébranchage. L'utilisation de procédés mécaniques et chimiques (emploi de phytocides) permettant le dégagement de la régénération naturelle et le contrôle de la végétation sur les superficies reboisées deviendra de plus en plus fréquente. Ces travaux d'entretien sont souvent rendus nécessaires pour éliminer la compétition provenant des espèces herbacées ou ligneuses dites «indésirables» (framboisiers, feuillus). Il existe peu de recherches sur l'impact de ces pratiques sur la faune. Au cours des années 1985-1986 et 1986-1987, le MER, l'industrie et les coopératives forestières ont effectué le traitement du sol et des peuplements en régénération sur 300 km² de terrain public. En 1987-1988, ces travaux se répartissaient comme suit: 160 km² de scarifiage et 100 km² de plantation. À partir de 1989, le gouvernement entrevoit la levée du moratoire sur l'utilisation des phytocides chimiques en milieu forestier et prévoit en faire une application généralisée pour l'entretien des plantations. Par contre, là encore, il existe peu de recherches sur l'impact de l'utilisation de ces phytocides sur la faune.

Dans le cadre d'un vaste programme de reboisement, la plantation d'arbres sur les terrains publics et privés au Saguenay–Lac-Saint-Jean poursuit une croissance accélérée; d'à peine 3 millions de plants en 1980, le reboisement

100

Tableau 7
LES PLANTATIONS SUR TERRAINS PUBLICS ET PRIVÉS
AU SAGUENAY–LAC-SAINT-JEAN
(en milliers de plants)

ENURE	1970-1974 1971-1975 moyenne	1975-1979 1976-1980 moyenne	1980-1984 1981-1985 moyenne	1985-1986 total	1986-1987 total
ERRAINS UBLICS*	-	-	1 729	7 705	15 626
ERRAINS RIVÉS	761	1 125	1 797	1 453	3 303
OTAL	761	1 125	3 526	9 158	18 929

Unités de gestion numéros 21 à 27

SOURCE: MER (1988).

s'est élevé en 1986-1987 à près de 19 millions de plants (tableau 7). Pour s'adapter à cette croissance, la pépinière de Normandin, par exemple, a plus que triplé sa production de plants, passant d'une moyenne de 4,4 millions de plants en 1980-1985 à 14,6 millions en 1986. On a également procédé à des ensemencements de conifères, et ce, sur 310 hectares entre 1985 et 1987.

Le MER estime que les efforts de reboisement effectués jusqu'à maintenant ont permis d'augmenter la possibilité de coupe de résineux à 7,1 millions de m³ annuellement.

Les perturbations naturelles

Les maladies, les insectes, le feu, le vent, le verglas, la neige et les animaux sont tous des agents qui influencent la croissance et le renouvellement de la forêt.

Certains insectes ravagent sporadiquement la forêt régionale. Les dommages qu'ils causent affaiblissent l'arbre, ralentissent sa croissance et peuvent, si l'infestation est sévère et se poursuit durant quelques années consécutives, entraîner la mort de l'arbre. Par exemple, l'infestation de la Tordeuse des bourgeons de l'épinette, dont la chenille attaque principalement le sapin, a entraîné au cours des quatre dernières années un ralentissement évident. Rappelons qu'au plus fort de l'infestation, qui a débuté au début des années 1970, la tordeuse avait affecté 20 000 km² de notre forêt de conifères. Quant à la Livrée des forêts (la chenille d'un papillon), elle s'est attaquée sévèrement aux peuplements de Peupliers faux-trembles de la région de 1974 à 1982. La livrée s'est de nouveau manifestée en 1987 en infestant plus de 2000 km² de forêt. La chenille du Diprion de Swaine s'attaque aux aiguilles du Pin gris et cause des dégâts depuis le début des années 1980 aux pinèdes situées à l'ouest du lac Saint-Jean. Pour combattre les épidémies de tordeuse, de livrée, de diprion et autres défoliateurs, on a organisé des programmes de lutte qui ont nécessité l'emploi d'insecticides chimiques et biologiques (bacille et virus). Les plantations effectuées sur d'anciennes terres agricoles sont particulièrement sensibles aux insectes ravageurs. Des recherches sont également en cours pour permettre aux spécialistes de mieux comprendre l'écosystème forestier et les interactions entre les différents prédateurs naturels et les insectes ravageurs, afin de mieux contrôler les épidémies.

Les maladies causées par des champignons microscopiques peuvent accompagner le vieillissement des arbres ou encore être favorisées par de mauvaises pratiques sylvicoles, par les changements des conditions climatiques locales ou par l'expansion d'un insecte vecteur. Sur ce dernier point, signalons l'introduction récente de la maladie hollandaise de l'orme dans les basses terres de la région. Il s'agit d'un champignon microscopique qui a décimé les populations d'Ormes d'Amérique de la vallée du Saint-Laurent et qui, maintenant, menace sérieusement nos rares peuplements d'ormes.

Les incendies forestiers favorisent l'installation de nombreux peuplements de Bouleaux blancs, de Peupliers faux-trembles, de Pins gris et, selon l'état des recherches effectuées à l'UQAC, d'Épinettes noires. Ils peuvent détruire une forêt en santé, mais le plus souvent ils viennent compléter la destruction entamée par les maladies, les insectes ravageurs, le vent et l'homme. Au Saguenay–Lac-Saint-Jean, 2 055 feux de forêt ont sévi entre 1972 et 1986 et causé la destruction de plus de 2 000 km² de forêt. En une seule année (1987), 153 incendies ont brûlé 740 km² de forêt. Les feux de forêt sont principalement causés par les activités humaines individuelles (50 à 60 % des cas), ainsi que par la foudre (15 à 30 % des cas), les activités forestières et industrielles.

Les répercussions des coupes forestières

L'exploitation de la forêt est l'une des causes importantes expliquant les modifications majeures du couvert forestier.

Laissées à elles-mêmes, les forêts présentent des caractéristiques physionomiques qui deviennent relativement stables. Cet état de stabilité contribue au maintien des espèces animales qui se sont spécialisées dans les communautés végétales matures (exemple: peuplements d'Épinettes noires). Tout bris de la stabilité occasionne un stress très important pour ces espèces et dans certains cas signifie la disparition pure et simple d'une population. Par exemple, la population de Caribous au nord du Saguenay ne subsiste qu'en vertu de certains îlots de forêt mature où abondent encore les lichens nécessaires à l'alimentation de ces grands cervidés. On associe également les problèmes actuels que rencontrent le Tétras des savanes, la Martre d'Amérique et le Pékan, à la diminution en superficie des forêts matures d'épinettes. En effet, on constate que ces espèces ont disparu des forêts du sud et qu'avec la progression des grandes coupes totales, leurs habitats s'éloignent de plus en plus vers le nord.

Heureusement, toutes les espèces ne se trouvent pas dans un tel état de dépendance aux forêts conifériennes matures. Bien au contraire, la plupart des espèces, à commencer par l'Orignal, le Lièvre d'Amérique ou la Gélinotte huppée, abondent là où il y a présence d'ouvertures et de jeunes pousses. L'effet de bordure, indispensable pour nombre d'espèces de mammifères et d'oiseaux, est avantageusement fourni par une coupe forestière planifiée en conséquence. Cependant, l'occupation des aires en régénération se fera graduellement au fil des ans et les espèces fauniques se succéderont. Par exemple, les petits mammifères peuvent passer de 10 à 40 individus à l'hectare dans les 5 premières années suivant une coupe, mais la Martre d'Amérique sera absente dans un peuplement de moins de 15 ans. Chaque espèce a ses exigences particulières (reproduction, abri, nourriture) qui doivent être satisfaites pour assurer sa subsistance. Dans les coupes de plus de 75 hectares par exemple, on doit préserver des îlots de boisé mature qui pour l'Orignal, deviennent en hiver plus importants que la bordure autour des coupes. La méthode de coupe en bandes favorise généralement le maintien de la faune puisqu'elle s'applique sur de petites superficies et répond davantage aux exigences fauniques.

La coupe à blanc sur de grandes superficies (supérieures à 250 hectares) nuit en général au développement de la faune par la perte de leur habitat, causant par exemple la disparition de l'Orignal. Mais elle donne aussi naissance à une série de problèmes environnementaux. L'utilisation de machinerie lourde, la construction de chemins et l'empilement du bois compactent les sols, altèrent l'humus et favorisent l'érosion hydrique. Les petits cours d'eau, nombreux en forêt, sont liés de très près au milieu terrestre et ont une grande influence sur la qualité et la quantité des eaux qui couleront par la suite dans les cours d'eau d'ordre supérieur. Ainsi, l'intensification de l'écoulement d'eau du parterre de coupe, l'érosion accrue des berges des ruisseaux et la remontée du niveau d'eau des lacs entraînent une dégradation des plans d'eau et diminuent la qualité de l'eau par l'ajout de matières en suspension et d'éléments nutritifs.

Le maintien de lisières boisées et de bandes de végétation non perturbées sur les abords des cours d'eau et des lacs constitue probablement une des mesures les plus efficaces pour la conservation de la faune et pour la sauvegarde de la qualité de l'eau en milieu forestier. En effet, une bande de protection riveraine réglementée à 20 mètres (MER) assure un minimum de protection pour l'habitat du poisson et pour le milieu riverain sec, abritant 45 % de la faune vertébrée du Québec. Plus particulièrement, les rivières Ashuapmushuan et Mistassini, de même que leurs cours d'eau tributaires jouissent présentement d'une bande riveraine de protection de 60 mètres (règlement en vigueur depuis septembre 1988 et pour une période de cinq ans) afin de protéger l'Ouananiche, un saumon vivant en eau douce. Pour les populations d'Ouananiches introduites dans le lac Kénogami, les rivières tributaires, comme la Pikauba, n'ont pas cette protection réglementaire.

Compte tenu des risques de chablis (chutes d'arbres causées par le vent) et pour assurer une protection plus complète, des études démontrent qu'on aurait avantage à aménager une bande riveraine de 75 mètres. La faune terrestre profiterait au plus haut point d'une telle bande de protection, puisque 80 % des espèces «terrestres» dépendent directement de la zone riveraine ou encore l'utilisent intensément en période de migration. En outre, une bande de protection réduit significativement les effets négatifs d'une coupe en milieu riverain pour ce qui a trait à la qualité de l'eau, protégeant ainsi la vie aquatique et, en particulier, les salmonidés. Signalons que le maintien d'une bande riveraine de protection par voie réglementaire vient à peine de remplacer les exigences de protection auparavant incluses dans le permis de coupe, lesquelles n'étaient pas toujours respectées.

D'autre part, les coupes à blanc créent des problèmes de régénération des essences désirées: faible ensemencement, germination réduite des semences, faible survivance des jeunes semis, forte mortalité de la régénération préétablie, envahissement du parterre de coupe par une végétation compétitive non désirable et réduction de la fertilité du sol. De plus, les arbres tarés, laissés debout après la coupe, possèdent un bagage génétique appauvri et produisent, en conséquence, une génération de sujets qui risquent d'être plus faibles et moins productifs. Au Québec, plus de la moitié des superficies exploitées dans les forêts du domaine public présenterait des problèmes de régénération des essences désirées. La situation est particulièrement grave au Saguenay–Lac-Saint-Jean; environ 40 % des forêts coupées à blanc ne se régénèrent pas naturellement (ensoleillement trop fort, inondations causées par des eaux souterraines remontant en surface, etc.). On sait que les grandes coupes à blanc, de même que les plantations de résineux (monocultures), offrent très peu d'attrait pour la faune. L'exécution de certains travaux d'entretien de la régénération tant naturelle qu'artificielle (notamment l'emploi de phytocides pour contrôler la prolifération des feuillus indésirables) perturbe de diverses façons les processus naturels, selon la manière dont le contrôle est effectué. Pour certaines espèces comme le sapin, on fait face à un autre problème, celui d'entraîner la régénération de forêts dont tous les arbres parviennent en même temps à maturité, phénomène qui peut accroître les risques d'infestations par les insectes ravageurs et les risques de maladies. Plusieurs recherches sont actuellement en cours afin d'améliorer nos connaissances sur les processus écologiques soutenant la forêt.

L'état de santé de la forêt commerciale

Le développement des forêts est conditionné, de manière prépondérante, par le climat, les activités reliées à l'exploitation forestière et le temps. Les coupes pratiquées dans le passé ont profondément modifié le couvert végétal et sont la cause de plusieurs problèmes actuels liés à la ressource forestière. La description suivante de l'état de santé de la forêt au Saguenay–Lac-Saint-Jean fait référence à la figure 16, où l'on peut voir les grandes zones de la forêt commerciale qui ont servi à dresser un bilan de santé de la forêt québécoise (MENVIQ, 1988).

Zone 4 (secteur Saguenay–Lac-Saint-Jean). Les coupes à blanc dans la pessière à Bouleau jaune ont souvent engendré des taillis composés d'essences dites indésirables, parce que peu utiles à l'industrie forestière. La régénération des essences commerciales y est alors souvent retardée pour de nombreuses années. Cette zone renferme également une forte proportion de peupliers et de bouleaux, qui se sont développés à la suite de feux et de coupes abusives. Les forêts matures de résineux comptent pour environ 10 % du territoire, notamment au nord et à l'est de la réserve des Laurentides. La régénération trop dense de sapins occasionnera des peuplements matures de faible diamètre moyen. Les épidémies de la tordeuse ont contribué à l'état de perturbation de ces forêts. Les fortes concentrations de Pins blancs et de Pins rouges sont réduites à l'état de vestiges par suite de leur surexploitation au début de la colonisation.

PRINCIPAUX PROBLÈMES LIÉS À LA RESSOURCE FORESTIÈRE

Figure 16

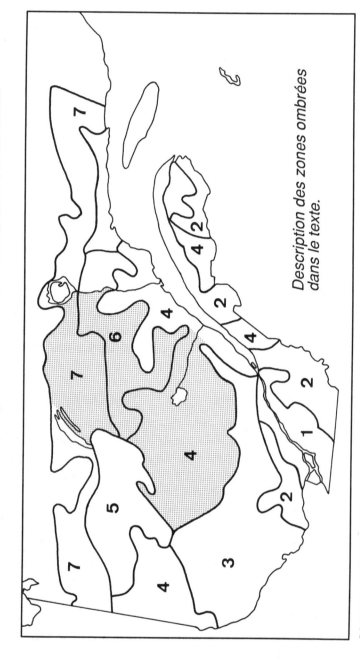

Description des zones ombrées dans le texte.

SOURCE: MENVIQ (1988).

Zone 6 (secteur nord de la région). Cette zone est largement dominée par l'Épinette noire, à l'exception peut-être des territoires les plus au sud où les peuplements à dominance de sapins sont assez fréquents. Elle recèle aussi les plus importantes réserves de résineux du Québec, et ses forêts n'ont guère été touchées par la tordeuse, si ce n'est quelques foyers délimités aux extrémités ouest et sud de la zone, plus près du lac Saint-Jean. Les peuplements de résineux matures couvrent près de 90 % du territoire. Le 10 % qui reste comprend surtout de jeunes résineux et, dans certains bûchés, des résineux mélangés. Cependant, les grandes superficies coupées à blanc semblent se régénérer difficilement. Dans la région du Lac-Saint-Jean, la récolte de la forêt mature et continue d'Épinettes noires et de sapins démontre une surexploitation du bois de sciage, soit entre 1,5 et 2 fois la possibilité officielle.

Zone 7 (forêt nordique marginale). Cette zone est dominée par l'Épinette noire. Les peuplements matures prédominent. La plus faible densité et l'accroissement moindre de la forêt, l'éloignement de la ressource et les conditions plus difficiles du terrain expliquent le coût très élevé d'exploitation de cette zone. On note de sérieux problèmes de régénération après coupe à blanc, favorisant la formation de landes non régénérées.

Le renouveau forestier

Afin d'adapter la gestion forestière aux besoins des années 1990, et ainsi d'assurer l'harmonisation des différentes utilisations du milieu forestier et de solutionner plusieurs problèmes environnementaux, le gouvernement du Québec a adopté plusieurs mesures qui constituent un nouveau Régime forestier.

En premier lieu, il a produit un plan d'affectation des terres publiques comprenant l'identification de la vocation des terres. Il est également sur le point d'adopter un règlement relatif au *Guide des modalités d'intervention en milieu forestier,* qui a pour objectif d'assurer la production de la matière ligneuse, la conservation des habitats de la faune terrestre, le maintien d'une qualité d'eau appropriée pour la faune aquatique et l'être humain, ainsi que l'utilisation harmonieuse des diverses ressources. Le *Guide,* qui est le résultat d'une collaboration entre le MENVIQ, le MER et le MLCP, contient des normes que doivent respecter les exploitants: il traite notamment de bandes de protection le long des cours d'eau et des chemins forestiers, ainsi que de modalités d'intervention relatives aux habitats fauniques à protéger. Partout, l'étendue des coupes à blanc d'un seul tenant est maintenant limitée à 250 hectares et une bande de 60 mètres de forêt doit séparer les différents parterres de coupe. Les sites archéologiques, les réserves écologiques et les parcs font l'objet d'une interdiction totale d'exploitation forestière.

La nouvelle Loi sur les forêts, en vigueur depuis avril 1987, se traduit par l'obligation, pour tout détenteur d'un permis d'intervention en milieu forestier, de remettre en production le territoire où il a fait une intervention (ex.: coupe à blanc). Le niveau de production sur ce territoire doit redevenir au moins égal à celui du peuplement exploité (naturellement ou par plantation), et ce, dans un délai prévu à l'avance dans le plan d'intervention. Mais l'application de ce régime prendra du temps, car le gouvernement devra obliger les compagnies forestières à réduire les coupes d'arbres à cause de la surexploitation des années passées. Au début de 1989, aucun contrat n'avait encore été signé avec les compagnies forestières du Saguenay–Lac-Saint-Jean. Les contrats de coupe ont une durée de 25 ans, mais sont renouvelables tous les 5 ans.

L'ensemble de ces mesures vise le maintien d'un nouvel équilibre ainsi qu'une utilisation et une protection judicieuses de l'environnement forestier. Cependant, comme le milieu forestier renferme plusieurs ressources en interaction, leurs usages multiples entraînent des activités qui peuvent se chevaucher dans le territoire concerné et s'exercer sous la juridiction de différents gestionnaires. Les mécanismes de concertation qui devaient permettre l'intégration des différentes juridictions et activités ne sont pas encore prêts et formalisés.

Certains critères de sélection et de hiérarchisation des activités ainsi que certaines règles d'utilisation ont été établis, mais ils doivent être officialisés et confrontés à leur mise en pratique. C'est le cas notamment de l'utilisation des phytocides et des insecticides. Dans la mise en production des forêts publiques, le système de tarification des droits de coupe n'est pas encore bien adapté aux caractéristiques des écosystèmes. Il encourage la surutilisation des meilleurs sites et des essences les plus profitables, sans favoriser l'aménagement intégré du milieu forestier. D'autre part, les industriels se tournent davantage vers la forêt privée pour combler leur manque d'approvisionnement en bois. En raison des incitations gouvernementales privilégiant la coupe à blanc en forêt privée et du manque de contrôle, l'implication des propriétaires dans la mise en valeur de ces forêts soulève actuellement un problème.

Le gaspillage du papier et du carton entraîné par nos habitudes de consommation engendre aussi une surexploitation de la forêt. La réduction de la consommation du papier et du carton par un usage rationnel et l'utilisation maximale de cette ressource secondaire par le recyclage et la fabrication de produits à partir de fibres recyclées sont des avenues à consolider.

LE FLOTTAGE DU BOIS

Le flottage du bois se pratique depuis le début de l'exploitation forestière au Saguenay–Lac-Saint-Jean. À cette époque, il s'agissait du seul moyen de transport du bois aux usines et aux scieries. Le moindre petit cours d'eau situé à proximité du parterre de coupe était utilisé pour le flottage du bois. De nos jours, avec le développement de la voirie forestière et de la mécanisation des opérations, les petits ruisseaux ne sont plus utilisés. Lorsque, pour des raisons économiques, ce mode de transport est nécessaire, on transporte le bois par camions jusqu'à une rivière relativement importante (figure 17). De cette façon, le flottage se pratique de la mi-mai jusqu'à l'arrivée des glaces.

La compagnie Abitibi-Price utilise actuellement les rivières Péribonka (depuis 1936), Petite Décharge (depuis 1927) et Shipshaw (depuis 1920) pour le flottage à billes perdues. Au cours de la dernière décennie, en moyenne 1 275 000 m³ de bois par an (1 390 000 m³ en 1987) sont transportés par ces rivières. Sur le lac Saint-Jean, on pratique des opérations de touage qui consistent à emprisonner les billes à l'intérieur d'estacades et à les remorquer vers la rivière réceptrice (Petite Décharge).

La compagnie Consolidated-Bathurst (usine Port-Alfred) utilise la baie des Ha! Ha! depuis 1920 pour ses réceptions de bois de drave ainsi que pour le bois livré par bateaux en provenance de l'extérieur de la région (Bas-du-Fleuve), soit environ 600 000 m³ par année. Durant une courte période de l'été en 1988, on a livré à cette usine quelque 80 000 m³ de bois arrivé par barges via la baie, soit 10 % du total des approvisionnements de l'usine Port-Alfred. Tout ce bois a été déchargé dans la baie des Ha! Ha!, à l'intérieur d'estacades dont la superficie représente environ 750 hectares. À l'été 1989, l'approvisionnement par barges a cessé. Le flottage du bois dans la baie des Ha! Ha! sera définitivement abandonné et la compagnie projette la restauration du site.

Domtar, qui a eu recours au flottage du bois de 1926 à 1979, s'approvisionne maintenant par camions. Donohue s'est approvisionnée en copeaux par camions dès le début de sa construction en 1978.

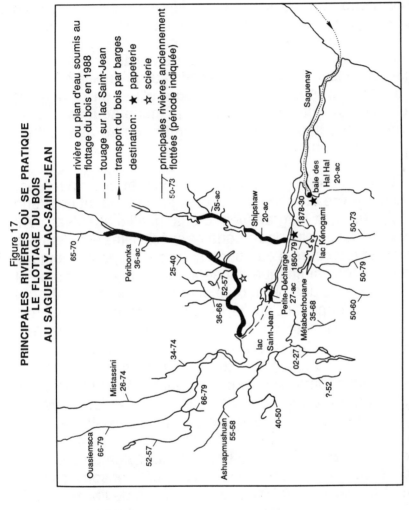

Figure 17
PRINCIPALES RIVIÈRES OÙ SE PRATIQUE
LE FLOTTAGE DU BOIS
AU SAGUENAY–LAC-SAINT-JEAN

rivière ou plan d'eau soumis au
flottage du bois en 1988

— — touage sur lac Saint-Jean

transport du bois par barges

destination: ★ papeterie
☆ scierie

50-73 principales rivières anciennement
flottées (période indiquée)

SOURCE: CRE (1988).

La détérioration des écosystèmes aquatiques

Le flottage du bois demeure donc une activité forestière très répandue au Saguenay–Lac-Saint-Jean avec un volume de bois flotté de plus de un million de mètres cubes par an (figure 18). En plus d'entraîner un conflit d'utilisation très évident sur les plans d'eau affectés par cette activité, le flottage du bois contribue à la détérioration du milieu aquatique, laquelle est consécutive à la dégradation de la qualité de l'eau, aux modifications physiques du cours d'eau (lit et berges) et aux effets directs et indirects sur la faune aquatique. Afin d'en mesurer l'ampleur, on devra entreprendre des recherches dès que possible.

Les pertes de matières solides (écorce et billes perdues) dans une rivière utilisée pour le flottage contribuent pour une bonne part à la dégradation de la qualité de l'eau. Au Saguenay–Lac-Saint-Jean, certains spécialistes estiment que les lacs et les cours d'eau sur lesquels il y a, actuellement, flottage, reçoivent chaque année 40 000 tonnes d'écorce et que de 1 à 3 % des billes qui flottent (13 000 à 38 000 m³) calent et se déposent sur le fond des lacs et des rivières. Ces énormes quantités de matières ligneuses s'accumulent dans les lacs et les sections de rivières à faible courant, colmatent les fonds aquatiques et forment des couches sédimentaires (parfois de plus de quatre mètres d'épaisseur en amont des barrages) dépourvues d'oxygène, menant à l'élimination entière de la faune benthique existante.

Le flottage du bois ajoute une charge d'éléments nutritifs au lac Saint-Jean et contribue ainsi à accélérer son vieillissement. À la baie des Ha! Ha!, l'accumulation de fibres de bois nécessite un dragage régulier de l'aire de déchargement depuis plus de 60 ans. La compagnie Consol n'a maintenant plus d'autorisation pour le faire. La décomposition lente des écorces et du bois a libéré durant plusieurs années des agents ou composés chimiques (lignines, H_2S, acides résineux) toxiques pour certaines espèces appartenant à la faune aquati-

Figure 18
ÉVOLUTION DU VOLUME DE BOIS EN FLOTTAGE
SAGUENAY-LAC-SAINT-JEAN
1974-1987

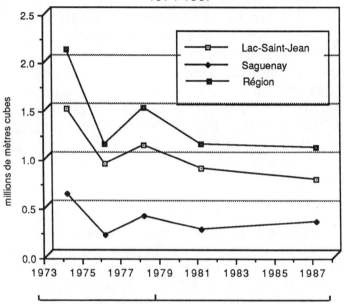

Bassins de la riv. Péribonka, riv. Mistassini, riv. Shipshaw et du lac Kénogami.

Bassins de la riv. Péribonka et de la riv. Shipshaw

SOURCES: Vissier et al. (1977), Vachon et al. (1980), CRE (1984), Price (1987)

que. La transparence et la couleur de l'eau sont aussi affectées, réduisant d'autant la productivité de certains plans d'eau.

Le déversement des billes dans les cours d'eau amène la perturbation des berges (végétation et sol) et du lit de la rivière, l'augmentation de l'érosion et la mise en suspension de quantités importantes de sédiments et de débris de bois et d'écorce. Les billes transportées par le courant érodent les berges, raclent le fond, changent le lit du cours d'eau, charrient le gravier et décapent la roche en place, contribuant à la diminution, voire à l'élimination, des populations d'organismes vivant dans le fond (principale nourriture des poissons), à la destruction de frayères et à la détérioration du milieu riverain.

La concentration de fortes quantités de billes à la surface de l'eau réduit considérablement la pénétration de la lumière, donc la photosynthèse, et peut affecter la migration du poisson. L'encombrement des marécages par les billes errantes (notamment le long de la Péribonka) perturbe les habitats, la nidification des oiseaux aquatiques et les déplacements de la faune. Sur le lac Saint-Jean, bon nombre de billes se dispersent sous l'action des grands vents et s'échouent sur les berges ou dans les baies marécageuses. Le ramassage des billes échouées à l'aide de véhicules tout-terrain, s'il est effectué de façon inadéquate, détériore le milieu riverain. Pour en minimiser les impacts, les compagnies forestières et les petites entreprises privées recherchent des solutions conjointement avec le gouvernement.

Une pratique qui tarde à disparaître

Depuis une vingtaine d'années, le problème du flottage du bois a suscité la réalisation d'un grand nombre d'études scientifiques menées tant au Québec qu'aux États-Unis, et de plusieurs rapports de synthèse produits par le gouvernement du Québec. Le plus récent rapport déposé en juin 1988 par le Comité d'étude sur le flottage du bois, commandé par le Ministre de l'Environnement et le Ministre délégué aux Forêts, témoigne des préoccupations grandissantes entourant cette activité forestière. Le Comité recommande qu'aucune nouvelle rivière ne soit ouverte au flottage et reconnaît les conflits d'usage de ces cours d'eau. Malgré les nombreux travaux sur le sujet, le Comité n'a pu se prononcer sur l'ampleur des impacts environnementaux.

Afin de régler les conflits d'usage de la rivière Péribonka, du lac Saint-Jean et de la Petite Décharge, Abitibi-Price envisage, sans fixer de date d'échéance, de sortir les billes de bois de la rivière Péribonka à la hauteur de l'Ascension et de les transporter par route jusqu'à l'usine d'Alma. Le flottage du bois persisterait donc sur la Péribonka, en amont de l'Ascension. Quant à la rivière Shipshaw, on n'a encore envisagé aucune mesure pour y faire cesser le flottage du bois. Devant l'arrêt de l'approvisionnement par barges et l'interdiction de draguer l'aire de déchargement des billes, la compagnie Consol a pris la décision en 1989 d'abandonner les activités de flottage dans la baie des Ha! Ha!.

LA TRANSFORMATION DU BOIS

De toutes les industries de transformation du bois au Saguenay–Lac-Saint-Jean (scierie, papetière, cartonnerie, fabrique de pâte, bois de chauffage) (figure 19), les industries de transformation de la fibre (secteur de pâtes et papiers) exercent, et de loin, la plus forte pression sur l'environnement.

Le secteur des pâtes et papiers

La venue des premières industries de transformation de la fibre au Saguenay–Lac-Saint-Jean a été principalement motivée par la présence d'une matière première abondante (bois et eau) alliée à la disponibilité de l'énergie hydro-électrique. Encore aujourd'hui, Abitibi-Price et Consolidated Bathurst possèdent leurs propres centrales qui fournissent respectivement 60 % et 1 % de leurs besoins en énergie électrique.

Actuellement, 6 usines de pâtes et papiers sont en activité dans la région, produisant de la pâte, du papier et du carton (tableau 8). Les pâtes mécanique et thermomécanique comptent pour 60 % de la capacité de production de l'ensemble des usines. Comme le dit son nom, la *pâte mécanique* est fabriquée entièrement à partir d'un procédé mécanique. Les billes de bois sont simplement râpées et transformées en pâte, sans additif chimique et à l'aide de meules mécaniques. Dans ce procédé, on utilise surtout des résineux (sapin, épinette), mais on a recours à certaines essences feuillues (peuplier) pour fabriquer la pâte mécanique raffinée. La pâte mécanique, généralement mélangée à d'autres types de pâte, sert à la confection du papier journal et du carton. La pâte *thermo-mécano-chimique* provient d'un procédé comportant un raffinement des copeaux de bois après les avoir imprégnés d'une liqueur de cuisson.

La *pâte kraft* (au sulfite), qui représente 26 % de la capacité de production, est fabriquée à partir d'un procédé chimique à base d'un mélange alcalin de sels de sodium (dont les principaux sont des sulfures et des hydroxydes) pour traiter les copeaux de bois. Certaines essences feuillues et la majorité des résineux peuvent entrer dans la préparation de cette pâte faite de fibres très fortes et plus difficiles à blanchir que la fibre au sulfite. La pâte kraft est utilisée nature (couleur brune) dans la fabrication de différents cartons résistants (ex.: contenants de lait) ou blanchie dans la fabrication du papier.

La *pâte au bisulfite* ou «pâte chimique» représente 14 % de la capacité de production de nos usines. On la fabrique à partir d'un procédé chimique à base d'une liqueur de cuisson acide faite de bisulfite de sodium. Cette pâte, facile à blanchir, est préparée à partir de résineux seulement (sapin, épinette). Mélangée en quantités variables à de la pâte mécanique, elle entre dans la composition du papier journal.

En plus du bois (voir le chapitre «La récolte forestière»), les usines de pâtes, papiers et cartons ont également besoin

BOIS AU SAGUENAY–LAC-SAINT-JEAN

Légende:
- ○ Sciage
- ● Sciage et copeaux/bois-de-chauffage/bardeaux
- ☐ Pâtes, papiers et cartons
- △ Panneaux agglomérés
- ▯ Poteaux

SAGUENAY

LAC SAINT-JEAN

SOURCE: MER (1988)

Tableau 8
LES USINES DE TRANSFORMATION DE LA FIBRE DE BOIS DU SAGUENAY-LAC-SAINT-JEAN

COMPAGNIES	USINE (NOM) ET CAPACITÉ D'APPROVISIONNEMENT	MODE D'APPROVISIONNEMENT	PRODUCTION (CAPACITÉ)	PRODUITS
CONSOL.	usine Port-Alfred 407 000 t.a./an.*	33% de billes par camion 12% de billes par barges 55% de copeaux par camions	pâte thermo-mécanique 129 000 t./an. pâte mécanique 143 000 t./an. pâte chimique 68 000 t./an.	papier journal
DONOHUE	usine de St-Félicien 650 000 t.a./an.	100% copeaux par camions	pâte kraft chimique 290 000 t./an.	pâte
ABITIBI-PRICE	usine d'Alma 784 000 m.^{3}/an.	97% de billes par flottage 3% de copeaux par camions	pâte chimique et mécanique 267 000 t./an.	papier journal et papiers spéciaux
ABITIBI-PRICE	usine Kénogami 650 000 m.^{3}/an.	50% de billes par flottage 50% de copeaux par camions	pâte thermo-mécanique-chimique 235 000 t./an.	papiers spéciaux
DOMTAR	usine de Dolbeau 159 000 t.a./an.	100% de copeaux par camions	pâte thermo-mécanique 157 000 t./an.	papier journal
CASCADES	usine de Jonquière 190 000 t.a./an.	80% de copeaux 10% de planures 10% de résidus d'écorce par camions	pâte thermo-mécanique 20 000 t./an. pâte kraft blanchie 70 000 t./an.	carton et pâte kraft

*tonnes anhydres par année

SOURCE: CRE (1988).

de grandes quantités d'eau et de produits chimiques. Selon la somme des données recueillies auprès des compagnies, les 6 usines de transformation de la fibre dans la région monopolisent entre 375 et 400 millions de litres d'eau par jour, soit l'équivalent des besoins d'environ 600 000 personnes.

Les principaux produits chimiques requis, selon les différents procédés de fabrication (préparation du bois, transformation en pâte, blanchiment de la pâte) sont la soude caustique, l'acide à base de dioxyde de soufre, la chaux, le chlore, le bioxyde de chlore, le sulfate de soude, le peroxyde et le chlorate. L'ensemble des usines de la région utilisent annuellement des dizaines de milliers de tonnes de ces produits chimiques, dont l'utilisation normale se fait dans un système à circuit fermé.

Les effluents

Le volume des eaux usées déversées par les fabriques de pâtes et papiers de la région totalise quelque 400 millions de litres par jour (tableau 9). Les effluents (rejets liquides), après un traitement de base, sont déversés directement dans la rivière Mistassini (Domtar et Donohue), la rivière Petite Décharge (Abitibi-Price), la rivière aux Sables (Cascades), la rivière Saguenay (Abitibi-Price) et la baie des Ha! Ha! (Consolidated-Bathurst) (figure 20). L'effluent de l'usine de la Donohue, sise en bordure de la rivière Ashuapmushuan, emprunte une conduite d'une longueur de 13 kilomètres avant de se jeter dans l'embouchure de la rivière Mistassini. Cette conduite, érigée au moment de la construction de l'usine, est sous la gestion du MENVIQ. Lorsqu'un bris de la canalisation survient, comme c'est arrivé à l'automne 1988, les eaux usées, après traitement, sont alors déversées directement dans la rivière Ashuapmushuan.

Les effluents des usines de pâtes, papiers et cartons contiennent des matières en suspension et des substances plus ou moins toxiques selon le procédé de fabrication (ex.:

des métaux lourds, des sous-produits de dioxine en quantité indéterminée provenant des usines utilisant le chlore comme agent de blanchiment). Les matières en suspension sont en majeure partie des «fines» de bois. Les usines de la région disposent de bassins de sédimentation et de décanteurs, où elles recyclent aussi leur eau blanche pour résoudre une partie du problème. Le tableau 9 donne les moyennes annuelles obtenues au cours des deux dernières années. Les matières solides en suspension augmentent la turbidité des eaux réceptrices et tapissent les fonds aquatiques d'une couche sédimentaire anaérobie (absence d'oxygène et production de H_2S) qui mène à l'élimination entière de la faune benthique existante, base de la chaîne alimentaire.

En matière de demande biologique en oxygène (DBO_5: quantité d'oxygène nécessaire aux bactéries dans une période de cinq jours pour détruire les matières organiques présentes dans une eau), les 6 usines de pâtes, papiers et cartons de la région émettent une charge polluante comparable à celle d'une ville de 1 777 000 habitants, soit 6 fois la population du Saguenay–Lac-Saint-Jean! Les matières polluantes, qui entraînent cette demande en oxygène, sont des matières organiques provenant des procédés de mise en pâte. Pour résoudre ce problème, il faut soit récupérer et recycler les matières dissoutes, soit remplacer les procédés très polluants à bas rendement par des procédés moins polluants à haut rendement. Par exemple, le remplacement de la fabrique de pâte au bisulfite et de pâte mécanique par une fabrique de pâte thermomécanique permet de réduire de deux à cinq fois la demande biologique en oxygène dans les effluents. Les usines de Domtar, de Consolidated-Bathurst, d'Abitibi-Price (Jonquière) et de Cascades fabriquent de la pâte thermomécanique (tableau 8). Le tableau 9 présente les normes du MENVIQ relatives à la demande biologique en oxygène. Même si les usines de la région respectent les allocations du Ministère, on peut se demander si les normes gouvernementales sont suffisantes pour protéger la vie aquatique. À titre d'exemple, la quantité limite permise en Suisse est de 10

LOCALISATION DES USINES DE TRANSFORMATION
DE LA FIBRE DE BOIS ET DE LEURS EFFLUENTS
AU SAGUENAY–LAC-SAINT-JEAN

■ Usine en opération

□ Usine fermée

➤ Effluent

✪ Site d'enfouissement de déchets industriels

DOMTAR

DONOHUE

LAC SAINT-JEAN

ABITIBI-PRICE

CASCADES

ABITIBI-PRICE

CONSOL

SAGUENAY

SOURCE: CRE (1989)

Tableau 9-A
QUALITÉ DES EFFLUENTS
DES USINES DE TRANSFORMATION DE LA FIBRE DE BOIS
DU SAGUENAY-LAC-SAINT-JEAN
1987

COMPAGNIES	nb./jours production	débit m.^{3}/j.	MATIÈRES EN SUSPENSION			DEMANDE BIOLOGIQUE EN OXYGÈNE (DBO$_5$)		
			rejets kg./j.	allocation kg./j.	excédent kg./j.	rejets kg./j.	allocation kg./j.	excédent kg./j.
PRICE (Alma)	361	72 913	6 864	6 831	33	27 126	27 613	-
PRICE (Kéno.)	361	95 389	7 161	5 056	2 105	5 295	12 902	-
CASCADES	356	37 346	5 287	3 953	1 334	6 195	9 892	-
CONSOL.	360	70 525	12 877	11 342	1 535	34 067	47 307	-
DOMTAR	361	54 320	3 641	3 757	-	45 539	17 433	28 106
DONOHUE	335	70 143	8 113	6 917	1 196	6 137	12 374	-
TOTAL	-	400 633	43943	37 857	6 203	124 359	127 521	28 106

SOURCE: MENVIQ (1988).

Tableau 9-B
QUALITÉ DES EFFLUENTS
DES USINES DE TRANSFORMATION DE LA FIBRE DE BOIS
DU SAGUENAY-LAC-SAINT-JEAN
1988

COMPAGNIES	nb./jours production	débit m.^{3}/j.	MATIÈRES EN SUSPENSION			DEMANDE BIOLOGIQUE EN OXYGÈNE (DBO$_5$)		
			rejets kg./j.	allocation kg./j.	excédent kg./j.	rejets kg./j.	allocation kg./j.	excédent kg./j.
PRICE (Alma)	361	72 913	6 640	6 930	-	27 400	28 900	-
PRICE (Kéno.)	361	95 389	3 000	4 450	-	6 400	14 900	-
CASCADES	356	37 346	5 300	3 953	1 347	6 200	9 892	-
CONSOL.	360	70 525	9 600	11 000	-	38 000	47 000	-
DOMTAR	361	54 320	3 600	3 757	-	11 000	17 700	-
DONOHUE	335	70 143	8 000	7 400	600	6 100	12 374	-
TOTAL	-	400 633	36 140	37 490	1 947	95 100	124 766	

Note: Des travaux sont en cours pour remédier au problème
des matières en suspension générées par le traitement secondaire.

SOURCE: MENVIQ (1988).

à 40 fois inférieure pour des rivières de dimension comparable.

Le niveau d'acidité (pH) des effluents varie énormément au cours de l'année selon le type de production en cours (pâtes chimiques à base d'acides; pâtes krafts à base d'alcalins). Des mesures effectuées dans les effluents des papetières de la région ont donné comme résultats des valeurs de pH de 2,9 (très acide) à 9,3 (basique). Pour protéger la vie des poissons, la valeur du pH doit être au moins comprise entre 6,5 et 8,5. Des changements brusques de plus de 0,2 unité de pH survenant dans les milieux récepteurs affectent les écosystèmes aquatiques. Certaines usines utilisent de la chaux vive (jusqu'à 2 600 tonnes par an) pour neutraliser leurs effluents. Le règlement concernant les normes de pH n'est pas encore en vigueur; le MENVIQ envisage une marge de 5,5 à 9,5.

Les effluents des papetières et des fabriques de pâte au Lac-Saint-Jean peuvent avoir des impacts sur la qualité des rivières fréquentées par l'Ouananiche (salmonidé). L'augmentation de la turbidité et les produits qui changent la qualité olfactive de l'eau créent un comportement d'évitement de la part du saumon d'eau douce. Par ailleurs, l'augmentation de la température de l'eau et le déversement de polluants dans l'Ashuapmushuan en période estivale auraient des impacts négatifs sur la montaison de l'ouananiche. C'est pourquoi le gouvernement du Québec a subventionné la construction d'une conduite permettant aux effluents de Donohue de dériver dans l'embouchure de la rivière Mistassini.

En ce qui concerne les substances toxiques, un inventaire est en voie de réalisation par le MENVIQ conjointement avec l'Association des industries forestières du Québec. Y seront identifiés notamment les acides gras et résiniques et les composés phénoliques. L'énumération des matières trouvées, nous donne une idée de la complexité des effluents des usines de pâtes et papiers; on y a décelé entre autres de nombreux composés sulfureux, des sucres, des résidus de lignine, des acides (acétique, gras, formique, résineux), des alcools, de l'acétone et des agents de blanchiment (comme le chlore et, autrefois, l'hydrosulfite de zinc). Aucune compilation n'existe en ce qui a trait à leur niveau de toxicité dans l'environnement et à leur enlèvement par les différents traitements primaires utilisés. De son côté, l'*Environmental Protection Agency* aux États-Unis a conclu que l'utilisation du chlore dans le procédé de blanchiment du papier était la source probable de la pollution aux dioxines. Ces polluants chimiques forment un groupe de substances (organochlorures) soupçonnées d'être cancérigènes, extrêmement toxiques, et qui persistent dans les tissus organiques des humains et des animaux. On en compte en effet pas moins de 1 000 composés différents dans les effluents des usines fabriquant de la pâte blanchie.

Aux effluents s'ajoutent les déversements dits *accidentels*, occasionnés par un bris imprévisible de la tuyauterie ou d'un autre type d'équipement de l'usine (valve d'un réservoir de produits chimiques liquides par exemple). La série de déversements de milliers de litres de liqueur noire (liqueur de lessivage du procédé kraft) dans la rivière aux Sables en 1988-1989 est un exemple bien connu. L'équipement de systèmes préventifs de récupération des déversements accidentels avant leur rejet dans l'environnement solutionnera le problème.

Les émissions atmosphériques

Différentes catégories de polluants sont émis dans l'air par les usines de pâtes et papiers. Les données pour 1986 indiquent que 4 503 tonnes de dioxyde de soufre (SO_2), une des causes des précipitations acides, ont été libérées (tableau 10), soit 24 % des émissions industrielles de la région. Ce polluant provient autant de la combustion que du procédé de fabrication, notamment de la pâte au bisulfite (pâte chimique). Signalons que l'abandon du procédé au bisulfite dans certaines usines a permis la réduction des émissions de (SO_2).

Quatre usines, mais plus particulièrement celle de Cascades, émettent également dans l'atmosphère des particules (poussières) provenant des chaudières de récupération de liqueur noire, des chaudières à résidus et/ou des chaudières à mazout (tableau 10). Notons que les usines utilisant le procédé kraft émettent aussi dans l'atmosphère de l'hydrogène sulfuré (H_2S provenant de la liqueur noire). L'une des principales sources odorantes des usines krafts est l'emploi du four de récupération au-delà de la capacité prévue.

Les déchets solides

Les industries de transformation de la fibre produisent des milliers de tonnes de déchets solides, principalement des écorces et des copeaux, des boues organiques et inorganiques, et des cendres. Actuellement, trois usines de la région brûlent une grande partie de leurs résidus d'écorce (40 % chez Abitibi-Price) dans des chaudières destinées à produire de l'électricité ou de la vapeur. Les boues et autres déchets (entre 3 500 et 16 500 tonnes par année) sont disposés, selon les normes exigées par le MENVIQ, en très grande partie dans des lieux d'enfouissement privés (tableau 11). Les usines de pâtes et papiers disposent de cinq sites d'enfouissement des déchets dangereux, situés non loin des usines, et catégorisés comme étant à faible potentiel de risque pour l'environnement (GERLED).

Vers l'assainissement industriel

Les usines de pâtes, papiers et cartons de la région ont pris plusieurs mesures relatives à la valorisation des déchets d'écorce (ex.: valorisation énergétique, chaudière de récupération), au contrôle des effluents (ex.: recyclage de l'eau blanche, changement de procédé de fabrication de la pâte, bassins de sédimentation, décanteurs) et au contrôle des émissions dans l'air (ex.: conversion du mazout au gaz naturel, amélioration de l'efficacité de combustion des chaudières, remplacement de la fabrication de la pâte au sulfate). Bien

Tableau 10
ÉMISSIONS ATMOSPHÉRIQUES DE DIVERS CONTAMINANTS PAR LES USINES DE TRANSFORMATION DE LA FIBRE DE BOIS AU SAGUENAY–LAC-SAINT-JEAN
1986

COMPAGNIES	LOCALISATION	PARTICULES (par tonne métrique)	SO_2	NO_x
CASCADES	Jonquière	5 278	184	217
CONSOL.	La Baie	558	805	145
DOMTAR	Dolbeau	275	2 085	78
DONOHUE	Saint-Félicien	754	651	1 146
ABITIBI-PRICE	Alma	92	727	151
ABITIBI-PRICE	Jonquière	7	51	134

SOURCE: MENVIQ (1988).

Tableau 11
MODES D'ÉLIMINATION DES DÉCHETS SOLIDES PROVENANT DES USINES DE TRANSFORMATION DE LA FIBRE DE BOIS AU SAGUENAY-LAC-SAINT-JEAN

COMPAGNIES	ENFOUISSEMENT	RÉCUPÉRATION DU MÉTAL	VALORISATION ÉNERGÉTIQUE
DOMTAR	privé	oui	oui
CASCADES	85 % privé 15 % municipal	oui	non
CONSOL.	privé et municipal	non	oui
DONOHUE	privé	oui	oui
ABITI-PRICE (Alma-Jonquière)	privés	oui	oui

SOURCE: CRE (1988)

128

que ces mesures aient permis aux entreprises de récupérer de la matière première et de diminuer la consommation d'énergie, il reste encore beaucoup à faire pour diminuer la charge polluante des effluents (DBO$_5$), contrôler leur pH et les rendre moins toxiques (acides résiniques notamment). Actuellement (1989), les papetières ont répondu à la demande du MENVIQ concernant la réduction des matières en suspension et de la DBO$_5$ (tableau 9-B) mais il leur reste beaucoup à faire pour assurer la protection de la vie aquatique. Les papetières se classent deuxième en importance pour leurs émissions de SO$_2$ et de particules dans l'atmosphère régionale. Au sol, les milliers de tonnes de déchets solides s'accumulant dans les sites d'entreposage privés occupent de plus en plus d'espace à l'intérieur des installations de ces grandes entreprises.

Devant cette situation générale au Québec, le MENVIQ annonçait en 1988 un programme de dépollution industrielle afin de favoriser une réduction accélérée des rejets industriels. Ce programme s'adressant à l'ensemble des industries (Programme de réduction des rejets industriels) touchera en priorité les six usines de pâtes, papiers et cartons de la région. D'après les mesures réglementaires prévues dans le cadre de ce vaste programme, les entreprises visées devront obligatoirement obtenir une attestation d'assainissement qui précisera toutes les conditions imposées quant aux rejets de l'entreprise dans l'eau, dans l'air ou sur le sol. Pour l'entreprise, ce document légal lui permettra de connaître clairement ses exigences d'assainissement. D'après l'échéancier prévu de mise en œuvre, les usines de la région pourraient recevoir leur première attestation d'assainissement pour 1990-1993.

Dans le cadre du Plan d'action Saint-Laurent, les rejets toxiques de quatre industries des pâtes et papiers situées à La Baie, à Jonquière et à Alma feront l'objet d'une intervention prioritaire de la part des deux gouvernements.

Références bibliographiques

Association forestière du Saguenay–Lac-Saint-Jean, (1988) *Projet d'éducation en entretien et en conservation de nos ressources forestières,* Mémoire présenté aux états généraux de l'environnement du Saguenay–Lac-Saint-Jean, 9 p.

Bernatchez, P. (1987) *Statistiques relatives aux scieries d'après les questionnaires aux usines, région Saguenay–Lac-Saint-Jean 1985,* MER, 16 p.

Bernatchez, P. (1987) *Région 02; Statistiques principales; Exercice 1985-1986; Secteur forêt,* MER.

Bernatchez, P. (1988) *Région 02; Statistiques principales; Exercice 1986-1987; Secteur forêt,* MER.

Bordeleau, C. *et al.* (1988) «Insectes et maladies des arbres; Québec 1987», *Forêt-Conservation,* 54(10), supplément, 32 p.

Comité d'étude sur le flottage du bois (1988) *Rapport du Comité d'étude sur le flottage. Présenté au ministre de l'Environnement et au ministre délégué aux Forêts,* 23 p.

Conseil de la conservation et de l'environnement (1988) *Vers une stratégie québécoise de la conservation et du développement,* Document d'information et de consultation, gouvernement du Québec, 90 p.

Côté, M. (1983) *Aperçu de l'aire de distribution de l'Orme d'Amérique (Ulmus americana) au Saguenay–Lac-Saint-Jean, incidence de la maladie hollandaise de l'orme et programme de lutte amorcé en 1983,* Mémoire déposé aux états généraux de l'environnement du Saguenay–Lac-Saint-Jean, 72 p.

CRE (1984) *Le flottage du bois: pour un compromis acceptable,* 41 p.

CRE (1988) *Projet expérimental de récupération et de recyclage du bois noyé dans les lacs et rivières flottées et restauration des cours d'eau affectés,* Mémoire présenté aux états généraux de l'environnement du Saguenay–Lac-Saint-Jean, 28 p.

Domtar inc. (1988) *La société Domtar face à l'environnement,* Mémoire présenté aux états généraux de l'environnement du Saguenay–Lac-Saint-Jean, 6 p.

Drapeau, J.P. (1989) «Flottage du bois: l'économie vs l'environnement?», *Franc-Nord,* 6(2): 6-11.

En collaboration (1988) *L'utilisation polyvalente de la forêt: une utopie?* Actes du colloque organisé par le Regroupement pour un Québec Vert, 233 pages.

Environnement Québec (1986) *Émissions de divers contaminants selon les régions administratives. Année de référence 1986,* Tableau de statistiques.

Environnement Québec (1988) *L'environnement au Québec, un premier bilan,* Document technique, 429 p.

Gauthier, P. (1981) «L'industrie de base, bois et aluminium, 1975-1976», *Atlas régional du Saguenay–Lac-Saint-Jean,* Gaëtan Morin éditeur.

Gauthier, M.J. (1981) «La tenure des terres forestières 1974», *Atlas régional du Saguenay–Lac-Saint-Jean,* Gaëtan Morin éditeur.

GERLED (1984) *Liste des lieux ayant reçu des déchets potentiellement dangereux dans la région du Saguenay–Lac-Saint-Jean,* Jonquière, MENVIQ.

Jurdant *et al.* (1972) *Carte écologique de la région du Saguenay–Lac-Saint-Jean,* Rapport d'information Q-F-X-31, Centre de recherches forestières des Laurentides, Environnement Canada, 3 volumes.

Marier, J.R. (1974) *L'effet des déchets de pâtes et papiers sur la vie aquatique, en portant une attention particulière aux poissons et aux méthodes de tests-témoins employés pour mesurer les effets nuisibles,* Conseil national de recherches du Canada, Rapport nº 13502, 50 p. + 19 appendices.

Mead, H.L. (1987) *L'état de l'environnement au Québec, un bilan des milieux agricole, forestier et aquatique,* Acte du colloque «Vers une stratégie québécoise de la conservation» de l'UQCN, Les Cahiers scientifiques, nº 55, ACFAS, 212 p.

MER (1986) *Modalités d'intervention en milieu forestier,* Guide, 75 p.

MRC Lac-Saint-Jean-Est (1988) *Position de la MRC Lac-Saint-Jean-Est sur le flottage du bois,* Mémoire déposé aux états généraux de l'environnement du Saguenay–Lac-Saint-Jean, 34 p.

Noël, A. (1989) «Les coupes d'arbres devront être réduites dans plusieurs régions», *La Presse*, mardi 7 mars.

Potvin, L. (1978) «Aspects géographiques du bassin hydrographique du lac Saint-Jean en fonction de la qualité du milieu aquatique», *Productivité biologique des eaux du lac Saint-Jean*, INRS-Eau, 62 p.

Riendeau, R. (1989) «Un duo toxique redoutable», *Forêt-Conservation*, n° juillet/août, p. 22-23.

Sarrazin, R. *et al.* (1983) *La protection des habitats fauniques au Québec*, Groupe de travail pour la protection des habitats, MLCP, 256 p. + annexe B (175 p.).

Statistique Canada (1986) *Activité humaine et l'environnement, un compendium de statistiques*, N° cat. 11-509F, 375 p.

Thibault, M. (1985) *Les régions écologiques du Québec méridional (deuxième approximation)*, min. de l'Énergie et des Ressources du Québec, Carte 1:1 250 000.

UQCN (1988) *L'état de l'environnement forestier au Québec*, Supplément n° 4 de Franc-Nord, 8 p.

Vachon *et al.* (1980) *Kénogami, une gestion de l'environnement aquatique à repenser*, Environnement Québec, Rapport n° QE-46, 313 p. + 6 annexes.

Visser, S.A. *et al.* (1977) *Impact du flottage du bois sur les eaux du lac Talbot: évaluation à l'aide de tests bilogiques*, INRS-Eau, Rapport scientifique n° 77, 37 p.

L'EXPLOITATION DE LA FAUNE

Les grandes étendues de forêt et les milliers de lacs et de rivières parsemant le massif et le contrefort montagneux, les habitats riches et variés de la plaine, le vaste lac Saint-Jean de même que le majestueux fjord du Saguenay ont fait de la région non seulement un véritable royaume de la chasse et de la pêche, mais aussi un lieu privilégié pour l'observation de la nature.

La richesse faunique

La faune vertébrée du Saguenay–Lac-Saint-Jean compte 401 espèces dont 250 oiseaux, 74 poissons, 62 mammifères, 11 amphibiens et 3 reptiles. Quant aux invertébrés, comme les insectes et les araignées, on estime leur nombre à environ 18 000 espèces dans la région. Ces derniers jouent un rôle primordial dans les processus écologiques et les relations proies-prédateurs entretenues entre ces différents groupes d'espèces.

Certaines espèces fauniques sont associées exclusivement au milieu forestier, d'autres au milieu ouvert (zones urbaine et agricole). Plusieurs dépendent à la fois de l'eau et du domaine terrestre et, par conséquent, sont liées au milieu riverain. Un dernier groupe d'espèces est associé strictement au milieu aquatique. Bon nombre d'espèces fréquentent cependant deux, trois et même quatre milieux au cours de leur cycle vital. C'est donc la qualité et la quantité de nourriture, d'eau, d'air, d'abris et de sites favorables à la reproduction ainsi que l'abondance et la répartition des autres espèces animales ou végétales auxquelles les premières sont étroitement liées qui déterminent l'importance relative du nombre d'espèces présentes dans un milieu. On parle alors de la richesse faunique ou tout simplement de la richesse d'un milieu. De loin, c'est le milieu riverain qui est le plus riche, tandis que le milieu ouvert (zones agricole et urbaine) est le plus pauvre (figure 21).

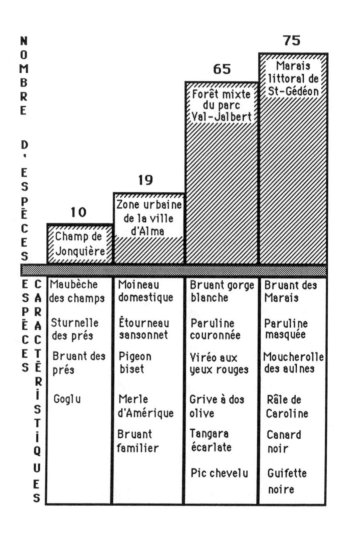

Figure 21
DIVERSITÉ DES OISEAUX NICHEURS DANS DIFFÉRENTS ÉCOSYSTÈMES DE LA PLAINE RÉGIONALE

	Champ de Jonquière (10)	Zone urbaine de la ville d'Alma (19)	Forêt mixte du parc Val-Jalbert (65)	Marais littoral de St-Gédéon (75)
ESPÈCES CARACTÉRISTIQUES	Maubèche des champs	Moineau domestique	Bruant gorge blanche	Bruant des Marais
	Sturnelle des prés	Étourneau sansonnet	Paruline couronnée	Paruline masquée
	Bruant des prés	Pigeon biset	Viréo aux yeux rouges	Moucherolle des aulnes
	Goglu	Merle d'Amérique	Grive à dos olive	Râle de Caroline
		Bruant familier	Tangara écarlate	Canard noir
			Pic chevelu	Guifette noire

SOURCE: Savard (1989)

De toute cette richesse faunique, plus de 80 espèces de vertébrés font l'objet d'un prélèvement par la chasse (5 mammifères et 38 oiseaux), la pêche (environ 24 poissons d'eau douce et salée) et le piégeage (16 animaux à fourrure).

La gestion de la faune

Le ministère du Loisir, de la Chasse et de la Pêche (MLCP), le ministère de l'Agriculture, des Pêcheries et de l'Alimentation du Québec (MAPAQ), Environnement Canada (Service canadien de la faune) et Pêches et Océans Canada sont les principaux ministères responsables des ressources fauniques. Les contrôles s'exercent sur le plan de l'exploitation (permis, périodes et quantités des prélèvements), donc indirectement sur le maintien des populations fauniques dont on ne dispose que de très peu de données, à l'exception de certaines espèces d'intérêt sportif (exemples: Ouananiche, Orignal, Omble de fontaine, Doré jaune, Saumon de l'Atlantique).

Le MLCP supervise plusieurs types de territoires fauniques, aussi bien publics que privés. Pour encadrer les activités de chasse et de pêche, la région renferme 11 zones d'exploitation contrôlée (ZEC), près de 35 pourvoiries dont 16 avec droits exclusifs de chasse et/ou de pêche, 2 réserves fauniques (Ashuapmushuan et la partie nord de la réserve des Laurentides), sans oublier le reste du territoire (tableau 12 et figure 22).

Pour l'activité de piégeage, on a délimité 5 réserves à castors dans le massif montagneux, couvrant 73 % du territoire régional; celle de Roberval est la plus importante, totalisant 58 322 km². L'existence de ces réserves à castors a pour effet de conférer aux autochtones des droits exclusifs de piégeage. Pour le reste du territoire, on retrouve 6 254 km² de sites organisés (terrains de piégeage), principalement situés dans la plaine forestière, en plus d'un territoire libre de 16454 km², situé à l'intérieur de la plaine agro-forestière.

Tableau 12

TYPES D'ACTIVITÉS DANS LES DIFFÉRENTS TERRITOIRES FAUNIQUES DU SAGUENAY-LAC-SAINT-JEAN

Territoire	Superficie (km²)	Exploitation forestière	Chasse gros gibier – contingentée	Chasse gros gibier – non contingentée	Chasse petit gibier – contingentée	Chasse petit gibier – contrôlée	Chasse petit gibier – non contingentée	Pêche – contingentée	Pêche – contrôlée	Pêche – non contingentée	Piégeage – contingenté	Piégeage – droits exclusifs	Piégeage – non contingenté	Act. non cons. – interprétation	Act. non cons. – observation	Act. non cons. – loisir léger	Act. non cons. – recherche
ZONES D'EXPLOITATION CONTRÔLÉE (ZEC)																	
ZEC de la Rivière-aux-Rats	1 781	●	●			●			●		●						
ZEC des Passes	1 491	●	●			●			●		●						
ZEC Onatchiway	1 431	●	●			●			●		●						
ZEC Martin-Valin	1 247	●	●			●			●		●						
ZEC de la Lièvre	974	●	●			●			●		●						
ZEC Chauvin	619	●	●			●			●		●						
ZEC du Lac-Brébeuf	434	●	●			●			●		●						
ZEC Mars-Moulin	410	●	●			●			●		●						
ZEC Lac-de-la-Boiteuse	381	●	●			●			●		●						
ZEC de l'Anse-Saint-Jean	198	●	●			●			●		●						
ZEC Rivière-Sainte-Marguerite	*					●	●		●		●						
POURVOIRIES																	
Avec droits exclusifs (16 pourv.)	1 600	●	●	●	●		●		●			●					
FRANCS-ALLEUX (3 territoires privés)	320	●															
RÉSERVES FAUNIQUES																	
Réserve Ashuapmushuan	4 382	●	●	●		●		●	●			●			●	●	●
Réserve des Laurentides	4 008	●	●	●		●		●	●			●			●	●	●
TERRITOIRE AU NORD DU 50e PARALLÈLE	38 778	●	●	●		●	●		●				●		●		●
RÉSERVES À CASTOR																	
Roberval	58 312	●													●		
Bersimis	14 345	●													●		
Mistassini	2 825	●													●		
Abitibi-Obedjiwan	410	●													●		
Abitibi-Weymontachingue	542	●													●		
Zone non autochtone libre	16 453	●											●				
Zone non autochtone organisée	10 262	●									●						
ZONES DE CONSERVATION																	
Parc Saguenay	283									●					●	●	●
Parc Pointe-Taillon	92														●	●	●
Réserve écologique Couchepaganiche	0,4																●
Réserves écologiques projetées (10)	105																●

SOURCE: MLCP (1988)

136

Figure 22
LOCALISATION DES RÉSERVES FAUNIQUES ET DES ZEC DU SAGUENAY–LAC-SAINT-JEAN

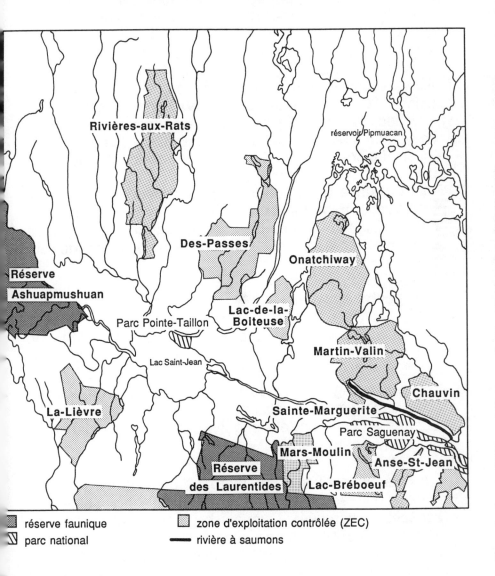

réserve faunique   zone d'exploitation contrôlée (ZEC)
parc national   rivière à saumons

SOURCE: MLCP (1988)

137

Il existe quelques espaces de conservation qui protègent la faune et la flore contre toute exploitation. Les parcs de conservation constitués par le MLCP, soit les parcs Pointe-Taillon et Saguenay, permettent plusieurs activités de plein air dont l'interprétation de la nature. Les réserves écologiques, créées par le MENVIQ pour protéger des espaces naturels de grande valeur écologique, ne sont pas accessibles au public d'après la loi. On ne compte actuellement qu'une seule réserve écologique dans la région, soit celle de Couchepaganiche (Métabetchouan). Le MENVIQ prévoit ajouter neuf nouvelles réserves afin d'assurer la protection de certains écosystèmes représentatifs de la région. De son côté, la direction régionale du MLCP étudie la possibilité d'accorder au Petit Marais de Saint-Gédéon et à l'anse aux Foins de Saint-Fulgence un statut de «refuge faunique», en vue de préserver ces deux habitats dont la faune est particulièrement riche. Soulignons ici que les espaces naturels protégés de la région ne représentent qu'un demi de un pour cent de l'ensemble du territoire!

La pêche sportive

La pêche sportive est la forme d'exploitation de la faune la plus populaire en région; près du quart de la population s'y adonne. Selon Statistique Canada, le nombre de pêcheurs en région atteignait 84 000 en 1985. De plus, on note un récent engouement pour la pêche blanche (sur la glace) 1321 cabanes à pêche ont été érigées sur la surface glacée du Saguenay en 1988-1989.

Au Saguenay–Lac-Saint-Jean, les endroits les plus fréquentés par les pêcheurs sportifs sont le lac Saint-Jean (espèces recherchées: Ouananiche, Doré jaune, Lotte), les milliers de lacs et de rivières parsemant le massif montagneux (Omble de fontaine, Touladi), les rivières à saumon (Saumon de l'Atlantique et Truite de mer) et la rivière Saguenay (Sébaste orangé, Éperlan arc-en-ciel, Morue franche et autres espèces marines).

Les espèces de poissons les plus recherchées par les pêcheurs sportifs vivent dans les milieux d'eau douce et salée: l'Omble de fontaine, l'Éperlan arc-en-ciel, l'Ouananiche, le Doré jaune, le Grand Brochet, le Saumon de l'Atlantique et quelques espèces marines durant l'hiver (Sébaste orangé, Morue franche, Éperlan arc-en-ciel, etc.). Certaines espèces affichent un taux de récolte très élevé (tableau 13), ce qui inquiète les gestionnaires et les associations de pêcheurs (MLCP, Action baieriveraine, Ouananiche-Plus, Associations Chasse & Pêche, etc.) qui craignent l'épuisement de la ressource. D'autres espèces, non prisées par les pêcheurs, font l'objet d'un certain gaspillage, comme la Perchaude, le Grand Brochet, la Lotte et la Barbotte brune.

Les territoires organisés (ZEC, réserves, pourvoiries) jouissent d'un meilleur suivi de l'exploitation de la faune et d'une meilleure protection que les territoires libres où l'on soupçonne une surexploitation de plusieurs plans d'eau. En effet, les territoires libres font l'objet d'une forte fréquentation due à l'absence de frais d'accès et au peu de surveillance.

L'Omble de fontaine

L'Omble de fontaine (ou Truite mouchetée) est de loin l'espèce de poisson la plus pêchée au Saguenay–Lac-Saint-Jean. Les 475 000 jours de pêche annuels représentent près des trois quarts de l'effort de pêche observé en région. Les pêcheurs prélèvent ainsi chaque année un million d'ombles dans les 1 500 lacs exploités à l'intérieur des ZEC (tableau 13), ce nombre ne comprenant pas les quantités recueillies dans les pourvoiries, les réserves fauniques et les territoires non organisés. Le MLCP a constaté une surexploitation et dans certains cas une disparition des populations d'ombles dans plusieurs plans d'eau faciles d'accès, notamment dans les territoires non organisés. À ces excès, s'ajoute le problème du braconnage que certains craignent de voir s'aggraver par suite de l'autorisation en 1988 de la commercialisation de l'Omble de fontaine produite en pisciculture.

Tableau 13
QUELQUES STATISTIQUES DE PÊCHE SPORTIVE DE CERTAINS TERRITOIRES ORGANISÉS AU SAGUENAY–LAC-SAINT-JEAN

ESPÈCES	NOMBRE DE CAPTURES ENREGISTRÉES						NOTE
	1983	1984	1985	1986	1987		
Truite mouchetée	?	971 347	1 027 186	1 093 456	905 970		Captures dans l'ensemble des ZEC
Ouananiche	14 000	15 000	16 000	5 219	5 000		Captures dans les eaux du lac
Doré jaune	?	3 232	3 120	1 529	1 379		Captures dans l'ensemble des ZEC
Grand Brochet	?	562	1 450	1 113	622		Captures dans l'ensemble des ZEC
Saumon atlantique	397	581	566	879	650		Captures dans la rivière Sainte-Marguerite et la riv. Saint-Jean
Sébaste	?	?	?	?	11 274		Captures dans la Baie des Ha! Ha!
Éperlan arc-en-ciel	?	?	?	?	9 327		Captures dans la Baie des Ha! Ha!
Morue	?	?	?	?	1 699		Captures dans la Baie des Ha! Ha!

SOURCES: M.L.C.P. et ACTION-BAIERIVERAINE (1988)

L'introduction d'espèces indésirables de poissons

L'utilisation de poissons-appâts, pratique encore utilisée par certains pêcheurs malgré l'interdiction du MLCP, entraîne indirectement l'introduction d'espèces indésirables dans les lacs et les cours d'eau. Ces introductions, bien qu'elles résultent d'actions très ponctuelles et isolées, ont souvent de lourdes conséquences aux points de vue écologique et récréatif. Introduite au départ dans un seul plan d'eau, l'espèce indésirable finit tôt ou tard par coloniser les plans d'eau adjacents au détriment des espèces sportives, notamment l'Omble de fontaine. Le problème peut s'étendre sur de grandes superficies, voire tout le bassin versant, et ainsi affecter irrémédiablement des potentiels de récolte immenses pour la pêche. C'est pour cette raison que le MLCP interdit l'utilisation de poissons-appâts morts ou vifs en région.

On connaît une quinzaine de cas d'introduction d'espèces dans certains lacs de la région, impliquant sept espèces différentes dont quatre sont étrangères à la région : la Barbotte brune, la Chatte de l'Est, la Truite arc-en-ciel et le Poisson rouge (tableau 14).

Le Meunier noir (appelé aussi «teteux») est l'espèce qui mobilise actuellement les énergies du MLCP. Déjà présente naturellement dans plusieurs lacs de la région, mais introduite accidentellement dans le secteur des monts Valin par la négligence de certains pêcheurs sportifs, elle risque de s'étendre dans les habitats de l'Omble de fontaine. En l'absence d'intervention, le Ministère estime que l'établissement de cette espèce indésirable ferait diminuer de 45 % le potentiel de récolte de ce secteur, évalué actuellement à 1 800 000 ombles. Confrontée à ce problème urgent, la direction régionale a mis en branle, en 1987, un plan d'intervention visant à empêcher l'envahissement des cours d'eau et des lacs à Ombles de fontaine par le Meunier noir. En 1989, par exemple, le MLCP a aménagé trois digues afin d'isoler les bassins versants, et huit seuils afin de créer des chutes artificielles

Tableau 14
INTRODUCTIONS CONNUES D'ESPÈCES DE POISSONS DANS LA RÉGION DU SAGUENAY–LAC-SAINT-JEAN

Barbotte brune
* Lac Saint-Jean
* Lac Dufferin (Pémonka) situé sur la marge sud de la réserve Ashuapmushuan.
* Lac situé au sud de Saint-Thomas-Dydime (empoisonnement en 1979).
* Lac Équerre et le lac Clair, situés dans le bassin de la riv. aux Saumons, au sud de Saint-Félicien.
* Lac Bouchette, situé en amont et au sud la chute de Val-Jalbert, et le lac Prinzéle (empoisonnement en 1987, s'est révélé inefficace).
* Lac à Jim, près de Girardville.

Perchaude
* Bassin de la rivière du Cran situé dans la réserve Ashuapmushuan.
* Lacs Bleuet, Hercule et Jérôme situés à proximité de Jonquière.

Meunier noir
* Bassin de la rivière La Cruche, situé dans le secteur des monts Valin.

* Lac Matinal, lac Bergeron et les lacs avoisinants, situés à la tête du bassinde la riv. Betsiamites dans le secteur des monts Valin.

Chatte de l'Est
* Lac Tommy, près de Saint-Léon.

Poisson rouge
* Étang situé près de Jonquière (empoisonnement en 1982).

Doré jaune
* Lac Huart, lac Dos de Cheval et les lacs avoisinants, situés au sud-est de La Baie.

Truite arc-en-ciel
* Lac à Dyne, dans la ZEC Lac-Brébeuf.

SOURCE: M.L.C.P. (1986)

d'au moins deux mètres de hauteur. L'efficacité de ces interventions dépendra de la vitesse de progression du meunier dans les secteurs à protéger et de l'abandon de l'utilisation de poissons-appâts.

La survie de l'Ouananiche

La population d'Ouananiches du lac Saint-Jean occupe un rang de choix parmi les richesses fauniques de la région. Pour des considérations historiques, socio-économiques et touristiques, l'Ouananiche a été choisie comme emblème animalier de la région.

À l'hiver 1985-1986, dans le cadre d'une consultation publique, le MLCP lançait un cri d'alarme sur la situation précaire de l'Ouananiche au lac Saint-Jean. L'augmentation de l'effort de pêche, qui est passée de 20 000 à 40 000 excursions par saison de 1970 à 1975, constituerait une cause majeure de la détérioration de la situation de l'Ouananiche. Devant le risque imminent d'effondrement de cette population au lac Saint-Jean, le MLCP, avec l'appui général de la population, a appliqué de nouvelles mesures restrictives en 1986. Ces mesures interdisent depuis l'utilisation de poissons-appâts, morts ou vifs, réduisent la limite quotidienne de prises de trois à deux ouananiches et reportent l'ouverture de la pêche vers le premier juin. Ces mesures ont contribué à réduire de moitié l'effort de pêche (environ 15 000 excursions par saison) et de moitié la récolte (5 000 captures en 1986). Il en résulte une augmentation du nombre de géniteurs plus âgés remontant les rivières, et ce, malgré le fait que les autochtones aient continué de pratiquer comme avant la pêche traditionnelle. Toutefois, compte tenu de l'intégration des activités de pêche traditionnelle dans une région où la pêche sportive est intensive, le Conseil de bande de Mashteuiatsh (Pointe-Bleue) a accepté de signer en 1989 avec le MLCP un protocole d'entente limitant les captures d'Ouananiches et de Dorés jaunes dans le lac Saint-Jean à des quotas annuels et limitant la pêche traditionnelle à des limites territoriales restreintes. La signature de cette entente démontre bien le désir des autochtones de participer activement, avec les autres groupes concernés de la région, à la gestion rationnelle de nos ressources fauniques.

Ce redressement de la situation aura nécessairement des répercussions très positives sur la qualité de la pêche au lac Saint-Jean dans un avenir rapproché. De plus, l'implantation de la pisciculture de Saint-Félicien viendra compléter cette restauration, notamment en développant le potentiel de frayères du bassin versant de l'Ashuapmushuan, de la Mistassini et de la Petite Péribonka. Les intervenants locaux seront aussi de plus en plus appelés à participer à la restauration et à la gestion de la ressource.

Les perspectives d'exploitation de l'Ouananiche semblent donc très bonnes pour l'avenir. Cependant, si l'implication du milieu ne se manifeste pas, les activités de braconnage risquent d'affecter ce redressement. En outre, le projet d'aménagement hydro-électrique sur la rivière Ashuapmushuan constitue un doute sérieux quant au devenir de l'Ouananiche au lac Saint-Jean. Selon les données du MLCP, le projet d'Hydro-Québec fera disparaître 40 % des meilleurs habitats d'élevage de cette espèce sur cette rivière laquelle soutient actuellement la pêche sur le lac Saint-Jean. Il faut également tenir compte de la diminution éventuelle du potentiel de frai, beaucoup plus important, que renferme le segment en amont des chutes de la Chaudière ainsi que le potentiel des rivières Chigoubiche, du Chef et Nestaocano.

La pêche commerciale sur le Saguenay et la situation précaire du Saumon de l'Atlantique

La pêche commerciale sur le Saguenay comprend un maximum de quinze sites de pêche à fascines le long de ses rives. Les espèces permises sont le Capelan, l'Éperlan arc-en-ciel, le Poulamon atlantique et quelques autres. Les permis de pêche commerciale ne donnent pas aux pêcheurs le droit de conserver les captures de Saumons atlantiques et de Truites de mer (Ombles de fontaine anadrome); les saumons et ombles emprisonnés dans les engins de pêche doivent être remis à l'eau. Les activités de pêche commerciale sur le Saguenay sont interdites du 16 mai au 31 août; on veut réduire leur impact sur la migration du saumon.

En 1978, la Direction de la recherche faunique du MLCP déclarait que la situation du saumon dans le Saguenay était celle d'une population en voie d'extinction. Les saumons se reproduisant au Saguenay fréquentent la côte du Labrador et, lors de leur migration vers leur rivière natale, peuvent être interceptés par les activités de pêche commerciale sur la Côte Nord et le long du fjord du Saguenay. Dans l'ensemble des rivières à saumons du Saguenay, on a noté une diminution des captures sportives de 1980 à 1983, suivie d'une augmentation de 1983 à 1987. Cette augmentation des captures est directement liée à la popularité grandissante de cette activité en rivière. Le degré d'interception du saumon par les filets maillants et les engins de pêche à fascines préoccupent les gestionnaires de la faune qui s'interrogent sur les répercussions de ces pratiques sur les populations fréquentant le fjord du Saguenay et ses rivières tributaires.

Une étude récente du MLCP (1984) démontre la non rentabilité d'une pêche à fascines sur le Saguenay, si l'on tient compte uniquement des espèces permises. Notons que les propriétaires des poissonneries de Jonquière et de Chicoutimi ne sont pas intéressés à se procurer du poisson en provenance du fjord du Saguenay, doutant de sa qualité. Des milliers de livres de capelans et de poulamons sont ainsi remis à l'eau par certains pêcheurs. Cependant, la vente au noir (capture illégale de Saumons atlantiques et de Truites de mer) rentabilise les activités de pêche commerciale et perpétue la dégradation de la situation de ces espèces dans les rivières à saumons du Saguenay. Avant l'interdiction de pêche en saison estivale, ces activités avaient un impact majeur sur la population de saumons adultes, mais aussi sur

Tableau 15
STATISTIQUES DE CHASSE AU PETIT ET AU GROS GIBIERS DANS L'ENSEMBLE DES ZEC DU SAGUENAY–LAC-SAINT-JEAN

ESPÈCES	NOMBRE D'INDIVIDUS TUÉS RAPPORTÉS			
	1984	1985	1986	1987
Lièvre d'Amérique	14 474	16 216	16 468	18 674
Gélinotte &Tétras	17 329	15 254	7 016	7 816
Oie et canard	492	236	165	?
Orignal	225	269	267	242
Ours noir	22	31	42	19

SOURCE: M.L.C.P. (1988)

celle de jeunes saumons mourant emprisonnés dans les engins de pêche à fascines. Le problème reste cependant entier concernant la Truite de mer.

L'abolition de la pêche à fascines sur le Saguenay est revendiquée depuis longtemps, car elle est perçue comme une activité de braconnage et de gaspillage. En outre, plusieurs autres activités de braconnage ont cours sur le Saguenay. Par exemple, les agents de conservation du MLCP ont saisi en 1988 une trentaine de filets tendus illégalement dans le fjord du Saguenay.

La chasse au petit et au gros gibiers

Au Saguenay–Lac-Saint-Jean, on compte un peu plus de 44 000 chasseurs (1980). Les quantités de mammifères et d'oiseaux prélevés par la chasse et le piégeage sont contrôlées indirectement par la longueur des périodes de chasse et par le nombre de prises autorisé pour chaque espèce (tableau 15).

La réglementation est générale et ne tient compte ni de l'achalandage dans certains territoires de chasse ni du renouvellement des populations fauniques qui varient selon les écosystèmes. Le petit gibier, tel que le Lièvre d'Amérique ou la Gélinotte huppée (perdrix), semble peu affecté à long terme par son exploitation, si l'on fait exception du Tétras des savanes dont les populations sont menacées par les coupes à blanc dans les forêts conifériennes matures. Par contre, des espèces de gros gibier, comme l'Orignal, peuvent réagir négativement à une trop forte pression de chasse. Le braconnage peut aussi avoir des effets néfastes sur les populations de certaines espèces plus recherchées comme l'Orignal.

La gestion de l'Orignal

Le MLCP porte une grande attention à l'exploitation de l'Orignal. Pour ce faire, il a divisé le territoire en zones de chasse, dont deux grandes zones dans la région: la zone 18 (au sud du 50ᵉ parallèle) et la zone 19 (au nord du 50ᵉ parallèle).

La grande superficie de la zone 18 masque les disparités qui existent dans les densités de population d'orignaux. Ainsi, sur une grande partie de cette zone, le niveau d'exploitation excède 20 %, ce qui risque d'annuler les gains d'effectifs d'orignaux constatés au début des années 1980. Conséquemment, le Ministère entend stabiliser la demande à 25 000 chasseurs, et diminuer le prélèvement de 5 à 10 %. Ces objectifs permettraient de maintenir la population d'orignaux au niveau atteint récemment, soit près de 1 orignal par 10 km². En outre, on a observé une baisse sensible de la productivité ces dernières années.

À l'intérieur de la zone 19, l'habitat n'est en général pas propice à l'établissement d'une forte population d'orignaux. On estime que l'espèce n'est présente significativement que depuis une quarantaine d'années tout au plus, et qu'elle a graduellement remplacé le Caribou autrefois beaucoup plus abondant sur le territoire. La productivité du cheptel et la capacité de soutien du milieu naturel sont mal connues. En raison d'une distribution irrégulière des populations d'orignaux et de la pression de chasse, le nombre d'orignaux pouvant être abattus reste donc difficile à évaluer.

Le nombre d'orignaux abattus et non déclarés par les chasseurs, ceux prélevés par les autochtones (pour s'alimenter durant l'hiver) et les victimes du braconnage sont autant d'inconnus qui rendent difficile la gestion de ce grand cervidé. En 1987, le MLCP s'est doté d'un plan de gestion de l'Orignal pour solutionner une partie de ces problèmes. Dans le but d'éviter les abus, on a adopté une mesure, en vigueur à partir de 1989, selon laquelle les chasseurs ne pourront plus se procurer un permis de chasse à l'Orignal après l'ouverture de cette activité, et ce dernier sera limité à une seule zone de chasse.

La chasse à la sauvagine

La chasse à la sauvagine (oies et canards) au Saguenay–Lac Saint-Jean est fondamentalement une activité locale. Selon le Service canadien de la faune, on a vendu dans la région 2 211 permis de chasse à la sauvagine en 1986 et 1992 en 1987. Ce type de chasse débute dans la région vers la troisième semaine de septembre. En 1986, chaque chasseur a consacré en moyenne trois à quatre jours à cette chasse, pour un prélèvement total estimé à environ 11 000 canards. Les espèces les plus chassées sont le Canard noir, le Canard malard, la Sarcelle à ailes bleues, la Sarcelle à ailes vertes et les morillons. La chasse à la Bernache du Canada (outarde) et en partie la chasse aux canards barbotteurs se pratiquent dans les champs de la plaine agricole.

Seulement une dizaine de marécages présentent un très bon potentiel pour la chasse aux canards (marais littoraux de Saint-Gédéon et de Métabetchouan, rivière Ticouapé, delta de la Mistassini, embouchure de la Péribonka et les marais salés de l'anse aux Foins) et font l'objet d'une forte pression de chasse, particulièrement au début de la saison.

La forte fréquentation des chasseurs dans les meilleurs sites occasionne une détérioration graduelle des habitats (coupe des arbres en milieu riverain pour la construction des caches), une accumulation de plombs de chasse dans les sédiments et un stress évident pour la faune environnante (désertion des aires d'alimentation et de repos prémigratoire par les espèces migratrices). L'impact du prélèvement de la chasse sur les populations locales de canards n'est pas connu. D'après le MLCP, il se prélève plus de Canards noirs au lac Saint-Jean que cette zone en produit, car plusieurs individus migrateurs provenant du milieu forestier s'y concentrent en automne. En outre, la gestion de la crue printanière du lac Saint-Jean nuit au succès de reproduction du Canard noir.

Des chercheurs américains ont déterminé que la chasse en Amérique du Nord est responsable de la moitié de toute la mortalité chez le Canard noir, tant chez les adultes que chez les juvéniles des deux sexes. Cette espèce encore abondante dans la région accuse cependant une baisse constante de sa population dans l'est du continent. D'autre part, la date du début de la saison de la chasse à la sauvagine désavantage nettement les populations des espèces nichant tardivement (exemples: Sarcelle à ailes bleues, Petit Morillon). Celles-ci se retrouvent ainsi dans des situations précaires, les canetons de certaines couvées ne pouvant encore soutenir le vol.

Dans les endroits où la densité de chasseurs est élevée (par exemple à Saint-Méthode et à Saint-Gédéon), l'accumulation des billes de plomb dans les sédiments peut s'avérer nocive. Les canards qui fréquentent ces mêmes endroits peuvent ingérer ces billes de plomb et s'intoxiquer. Une étude réalisée par le MLCP en 1987 indique qu'en région, 3,6 % des 548 oiseaux examinés avaient ingéré au moins un plomb de chasse. On considère comme contaminée une zone où le taux d'oiseaux ayant consommé des billes de plomb atteint 5 %. Aux États-Unis, ce problème a été jugé suffisamment grave pour que certains États interdisent l'utilisation de cartouches contenant du plomb dans certains marais. À compter de 1991, l'interdiction s'étendra à tout le territoire nord-américain.

Le piégeage

On compte près de 2 000 trappeurs (1985-1988) au Saguenay–Lac-Saint-Jean, répartis dans les territoires libres (plus de 1 500), dans les terrains de piégeage (environ 320) et dans les réserves à castor (notamment 120 autochtones de Mashteuiatsh dans la réserve à castor de Roberval). Les espèces les plus recherchées sont le Rat musqué, le Castor, la Martre d'Amérique, le Renard roux et le Vison (tableau 16).

Tableau 16
STATISTIQUES DE TRAPPAGE DE CERTAINS ANIMAUX À FOURRURE DANS LES TERRITOIRES DE PIÉGEAGE DU SAGUENAY–LAC-SAINT-JEAN

ESPÈCES	NOMBRE DE PEAUX ENREGISTRÉES			
	1984-85	1985-86	1986-87	1987-88
Espèces trappées dans l'ensemble des territoires de piégeage				
Rat musqué	10 957	10 052	9 034	8 698
Castor	8 369	9 851	10 434	8 898
Martre	2 603	4 995	4 489	3 189
Renard roux	2 249	2 304	1 495	1 013
Vison	970	1 353	1 528	1 223
Lynx du Canada	420	257	194	81
Coyote & loup	143	131	170	94
Pékan	58	71	31	23
Autres espèces trappées dans le secteur nord de la réserve des Laurentides				
Hermine & Belette	104	258	431	191
Écureuil roux	30	124	128	134
Loutre	34	40	26	22
Mouffette rayée	?	22	47	9
Ours noir	6	1	3	1
Lynx roux	0	2	0	1
Raton laveur	0	1	0	0

SOURCE: M.L.C.P. (1988)

Si l'exploitation du Castor fait maintenant l'objet d'un contrôle et d'un suivi serrés dans les territoires organisés, il n'en va pas de même pour les autres espèces trappées. Dans la plupart des cas, on dispose de peu de connaissances sur la densité des populations et sur la dynamique des populations exploitées. Comme leur taux d'exploitation varie selon la demande du marché de la fourrure et de la mode, il y a parfois de fortes augmentations de la pression d'exploitation chez certaines espèces. Par exemple, le Lynx du Canada a fait l'objet d'une surexploitation due à une trappe systématique à cause de sa facilité de capture et de la grande valeur commerciale de sa peau. Pour les mêmes raisons, on soupçonne un problème semblable chez la Martre d'Amérique. Par contre, le nombre de captures du Renard roux a chuté de moitié de 1985 à 1988, par suite d'une baisse de 50 % de la valeur marchande de sa peau. Actuellement, la valeur commerciale de la peau du Pékan est élevée, ce qui rend vulnérable cette espèce située à la limite nord de sa distribution.

Les pièges modernes sont très efficaces. Toutefois, mal tendus, ils peuvent blesser à mort ou amputer l'animal qui s'en échappe. Pour éviter de telles situations et pour apaiser l'opinion publique, on offre maintenant un cours théorique sur les techniques de trappage dites «humanitaires» aux trappeurs. Ce cours deviendra obligatoire en 1991 pour l'obtention d'un permis de piégeage.

L'observation de la faune

Il existe une gamme d'activités reliées à la faune qui sont de plus en plus populaires: il s'agit des activités dites «non consommatrices» de la faune. Contrairement à la pêche, à la chasse et au piégeage, elles se caractérisent par le fait que leur pratique n'entraîne aucun prélèvement dans les populations d'espèces fauniques, sauf dans le cas des collections d'insectes. Dans les activités non consommatrices, le potentiel faunique demeure ainsi nettement plus élevé, les animaux (poissons, oiseaux, mammifères) n'étant pas éliminés par ce type de pratique. Par exemple, un orignal peut permettre la réalisation de 70 jours de récréation par la chasse si, en moyenne, il se prélève un orignal par 70 jours de chasse. Cependant, le même orignal pourrait permettre à beaucoup de personnes, et ce, pendant plusieurs années, de se recréer en l'observant ou en cherchant à le faire. Un autre exemple est celui de la présence d'une espèce d'oiseau très rare (Guifette leucoptère) au Petit Marais de Saint-Gédéon qui, à elle seule, a fait déplacer plus de 600 observateurs dont 40 % provenaient de l'extérieur de la région. Par ailleurs, on estime qu'au cours de 1985, plus de 50 000 touristes auraient profité des croisières d'observation des baleines sur le Saguenay et l'estuaire du Saint-Laurent. Il existe toutefois une limite à certaines formes d'activités non consommatrices de la faune. Cette limite n'est pas la capacité de régénération des espèces, mais leur capacité et celle du milieu naturel à supporter, même temporairement, la présence «d'observateurs» de même que l'aménagement des sites pour les recevoir.

L'observation des oiseaux, l'installation de mangeoires près du domicile en hiver, l'observation des mammifères marins, la photographie des animaux sauvages et les randonnées pédestres et en canot à des fins de contemplation de la nature constituent présentement les activités non consommatrices les plus populaires. Ces activités se déroulent généralement en groupe, à tout moment de l'année, et peuvent entrer en conflit avec les activités de chasse, de pêche ou de piégeage. En dehors de certains endroits où les activités d'observation et d'interprétation de la nature sont encadrées, il est assez difficile d'obtenir des statistiques sur les personnes qui s'y livrent. Toutefois, on estime qu'à chaque année une personne sur deux pratique l'observation d'oiseaux ou d'autres animaux et visite un jardin zoologique ou un aquarium.

La région compte très peu de sites aménagés pour satisfaire aux besoins grandissants amenés par la pratique de l'observation de la faune et par le développement du tourisme-nature (figure 23). La plupart de ces sites sont prévus pour accueillir des activités sportives, culturelles et touristiques. Toutefois les aménagements supportant les activités non consommatrices de la faune sont souvent déficients, ce qui occasionne une dégradation des habitats fragiles et, éventuellement, la désertion de la faune. Il y a quelques années, les programmes d'emplois d'été ont favorisé l'émergence de plusieurs sentiers écologiques, mais l'entretien de beaucoup d'entre eux est, à ce jour, délaissé par les gestionnaires et les promoteurs. De plus, la région ne compte aucun centre éducatif forestier, aucune réserve nationale pour la faune et aucun refuge d'oiseaux migrateurs (presque tous situés le long du Saint-Laurent et de la Côte-Nord). On assiste, depuis quelques années, à des initiatives qui tendent à combler ces importantes lacunes. Par exemple, le MLCP projette de rendre accessible l'observation du Saumon atlantique (et de l'Ouananiche) à certaines passes migratoires. En outre, les municipalités de Saint-Gédéon et de Saint-Fulgence projettent l'établissement d'une structure d'accueil et l'aménagement des sites naturels pour favoriser l'observation des oiseaux migrateurs. Enfin, l'intégration de la rivière Ashuapmushuan, l'une des dernières rivières sauvages de l'Est du Canada, au réseau canadien des rivières du Patrimoine permettrait le développement d'un potentiel tourisme–nature exceptionnel.

Malgré des précautions et de la bonne volonté, l'observateur le mieux intentionné peut contribuer à la destruction de nids d'oiseaux, de plantes, etc. De façon particulière, son passage dans les zones de nidification peut provoquer l'abandon permanent ou temporaire des nids par les oiseaux adultes et ainsi en faciliter l'accès aux prédateurs. Par exemple, les passages répétés des humains dans une héronnière finissent par provoquer l'abandon des nids et la mort de plusieurs héronneaux. Les canards désertent les zones marécageuses trop fréquentées et des colonies entières d'oiseaux aquatiques peuvent abandonner leur site de nidification s'ils sont dérangés quelques heures au moment de la construction de leur nid. Les dérangements causés par

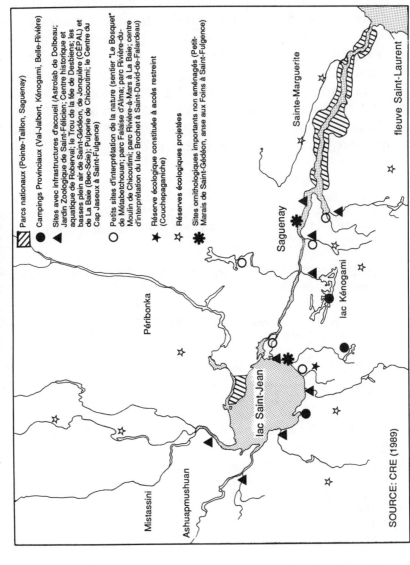

Figure 23
PRINCIPAUX SITES DE PRATIQUE
D'ACTIVITÉS NON CONSOMMATRICES DE LA FAUNE
AU SAGUENAY–LAC-SAINT-JEAN

■ Parcs nationaux (Pointe-Taillon, Saguenay)

● Campings Provinciaux (Val-Jalbert, Kénogami, Belle-Rivière)

▲ Sites avec infrastructures d'accueil (Astrolab de Dolbeau; Jardin Zoologique de Saint-Félicien; Centre historique et aquatique de Roberval; le Trou de la fée de Desbiens; les basses plein air de Saint-Gédéon, de Jonquière (CEPAL) et de La Baie (Bec-Scie); Pulperie de Chicoutimi; le Centre du Cap Jaseux à Saint-Fulgence)

○ Petits sites d'interprétation de la nature (sentier "Le Bosquet" de Métabetchouan; parc Falaise d'Alma; parc Rivière-du-Moulin de Chicoutimi; parc Rivière-à-Mars à La Baie; centre d'interprétation du lac Brochet à Saint-David-de-Falardeau)

★ Réserve écologique constituée à accès restreint (Couchepaganiche)

☆ Réserves écologiques projetées

✳ Sites ornithologiques importants non aménagés (Petit-Marais de Saint-Gédéon, anse aux Foins à Saint-Fulgence)

Mistassini
Ashuapmushuan
Péribonka
lac Saint-Jean
Saguenay
lac Kénogami
Sainte-Marguerite
fleuve Saint-Laurent

SOURCE: CRE (1989)

155

les observateurs, dont on ne peut évaluer l'ampleur, s'ajoutent donc à ceux causés par les pêcheurs, chasseurs et trappeurs. Dans la région, ces problèmes sont particulièrement sérieux dans les héronnières, les marais littoraux et les îles occupées par des colonies de sternes et de goélands. À cela s'ajoute le harcèlement dont sont victimes plusieurs espèces fauniques (oiseaux rares, bélugas, sujets à photographier). Pour lutter contre le harcèlement, les ornithologues amateurs se sont dotés d'un code d'éthique et le gouvernement a fixé certaines règles pour les croisières d'interprétation des mammifères marins sur le Saguenay.

Références bibliographiques

André Marsan & Ass. (1983) *Programme de stabilisation des berges du lac Saint-Jean. Étude d'impact sur l'environnement et le milieu social,* Alcan, 3 tomes et 19 annexes.

AQGO (1987) «Code d'éthique proposé par l'Association québécoise des groupes d'ornithologues», *Le Harfang,* 10(3): 122-125.

Archer, M. (1980) *Situation de la sauvagine au Lac-Saint-Jean. MLCP,* Direction régionale du Saguenay–Lac-Saint-Jean, 62 p.

Bourgeois, C. (1987) *Fréquentation et statistiques de chasse et de pêche dans les ZEC du Saguenay–Lac-Saint-Jean en 1986,* MLCP, Direction régionale du Saguenay–Lac-Saint-Jean, 10 p.

CLS (1989) *Les sites de loisir scientifique au Saguenay–Lac-Saint-Jean,* Carte thématique.

Dumas, M. (1987) *Bilan des animaux à fourrure, analyse de données préliminaires,* MLCP, Direction régionale du Saguenay–Lac-Saint-Jean, 17 pages.

Environnement Québec, (1988) *L'environnement au Québec, un premier bilan,* Document technique, 429 p.

Grande, M. *et al.* (1978) «Relative tolerance of some salmonids to acid waters», *Vern. Internat. Verein. Limnol,* 20: 2076-2084.

Harvey, G. et M. Archer (1981) *Les ressources fauniques du lac Saint-Jean et leurs utilisateurs,* MLCP, Direction régionale du Saguenay–Lac-Saint-Jean, 41 p.

Hulsman, P.F. *et al.* (1983) «Mortality of walleye eggs and rainbow trout yolk-sac larvae in low-pH waters of the La Cloche Mountain area, Ontario», *Trans. Am. Fish. Soc.* 112: 680-688.

Huot, M. et J. Tanguay (1985) *Fréquentation et statistiques de chasse et de pêche dans les ZEC du Saguenay–Lac-Saint-Jean en 1984,* MLCP, Direction régionale du Saguenay–Lac-Saint-Jean, 23 p.

Lacasse, M. *et al.* (1982) *Le loisir relié à l'utilisation de la faune au Québec,* MLCP, 321 p.

Legault, M. (1985) *La Ouananiche, fierté du Saguenay–Lac-Saint-Jean,* MLCP, Direction régionale du Saguenay–Lac-Saint-Jean, 19 p.

LMBDS-SIDAM inc. (1986) *Étude de faisabilité pour la protection et la mise en valeur du milieu marin du Saguenay; étude d'inventaire et d'analyse des ressources, des potentiels et des contraintes,* Parcs Canada, 498 p.

MLCP (1983) *Le parc du Saguenay, la nature devenue fjord,* 37 p.

MLCP (1985) *Consultation publique sur l'exploitation de l'Ouananiche du lac Saint-Jean,* Direction régionale du Saguenay–Lac-Saint-Jean, 10 p.

MLCP (1985) *Le doré jaune du lac Saint-Jean... après deux années d'étude avec la collaboration des pêcheurs (1983, 1984),* Direction régionale du Saguenay–Lac-Saint-Jean, 62 p.

MLCP (1985) *Le parc de la Pointe-Taillon, Où s'entremêlent lac et rivières, marais et tourbière,* 39 p.

MLCP (1987) *Introduction du Meunier noir sur les monts Valin à la tête du bassin de la rivière aux Sables, problématique et interventions proposées,* Direction régionale du Saguenay–Lac-Saint-Jean, 10 p.

MLCP (1987) *Plan de gestion de l'Orignal,* 41 p.

MLCP (1987) *Plan de mise en valeur du lac Saint-Jean et de sa zone riveraine. Version finale,* Direction régionale du Saguenay–Lac-Saint-Jean, 283 pages.

MLCP (1988) *L'empoisonnement de la sauvagine par les plombs de chasse,* Dépliant.

MLCP (1988) *Fréquentation et statistiques de chasse et de pêche dans les ZEC du Saguenay–Lac-Saint-Jean en 1987,* Direction régionale du Saguenay–Lac-Saint-Jean, 10 p.

MLCP (1988) *Parcs et réserves fauniques du Québec 1988, deux réseaux à découvrir,* 31 p.

MLCP (1988) *Programmation 1988-1989 du plan d'intervention pour contrer l'envahissement du Meunier noir (rapport),* Direction régionale du Saguenay–Lac-Saint-Jean, 9 p.

MLCP (1988) *Zones d'exploitation contrôlées (ZECS) du Québec 1988-1989, renseignements et répertoire,* 45 p.

Pauwels, S.J. et T.A. Haines (1986) «Fish species distribution in relation to water chemistry in selected Maine lakes», *Water, Air and Soil Pollution,* 30: 477-489.

Pêches et Océans Canada (1988) *La pêche récréative au Québec en 1985,* N° cat. Fs 23-111/8-1985 F, 16 p.

Pomerleau, R. (1985) *Parc de la Pointe-Taillon, plan directeur provisoire,* MLCP, 148 p.

Saint-Pierre, M. (1986) *Évaluation du niveau d'acidité de rivières de la Moyenne Côte-Nord,* MLCP, 35 p + 2 annexes.

Sarrazin, R. *et al.* (1983) *La protection des habitats fauniques au Québec. Groupe de travail pour la protection des habitats,* MLCP, 256 p. + annexe B (175 p.).

Scott, W.B. et E.J. Crossman (1974) *Les poissons d'eau douce du Canada,* Office des recherches sur les pêcheries du Canada, Bulletin n° 184, 1026 pages.

Smith, D.L. *et al.* (1986) «Fish species distribution and water chemistry in Nova Scotia lakes», *Water, Air and Soil Pollution,* 30: 489-497.

Sylvain, G. (1988) *La pêche blanche à Ville de La Baie; étude du milieu environnemental et rétrospective de l'année 1987-88,* Action Baieriveraine inc., 128 p.

Talbot, J. et A. Lapointe (1978) *Populations de poissons du lac Saint-Jean,* MLCP, Direction régionale du Saguenay–Lac-Saint-Jean, 51 p.

Tanguay, J. (1986) *Fréquentation et statistiques de chasse et de pêche dans les ZEC du Saguenay–Lac-Saint-Jean en 1985,* MLCP, Direction régionale du Saguenay–Lac-Saint-Jean, 6 p.

UQCN (1988) «L'état des milieux humides au Québec», «L'état de l'environnement forestier au Québec», Franc-Nord, Suppléments nº 2 et nº4, 16 p.

UQCN (1988) «Numéro spécial officiel, forum international pour l'avenir du Béluga», Franc-Nord, hors série nº 1, 38 p.

Vaillancourt, P. (1987) «Les introductions de poissons nuisibles dans la région du Saguenay–Lac-Saint-Jean», Faune-Québec, été 87, p. 12-18.

L'EXPLOITATION AGRICOLE

Une oasis de terres agricoles

Au Saguenay–Lac-Saint-Jean–Côte-Nord, les sols à bon potentiel agricole (de classes 2 à 5) totalisent 1 523 km² et ne représentent que 1,6 % de la superficie totale de la région. La nature du sol et le climat particulier des basses terres du lac Saint-Jean et du Haut-Saguenay permettent la culture céréalière et maraîchère au cœur du massif montagneux des Laurentides (figure 24). À l'intérieur de cette enclave, la longueur de la saison de croissance varie de 166 à 180 jours.

En 1986, 95 % des sols à potentiel agricole étaient dits «améliorés» (terres en culture, en jachère, en pâturage et autres), soit 1 450 km². De ces terres améliorées, 81 % étaient réservés aux herbages (environ 70 % par les plantes fourragères et 30 % pour les pâturages), 17 % aux céréales et 2 % aux productions de pommes de terre et autres légumes. De plus, on comptait 100 km² de bleuetières aménagées.

Le territoire propice à l'agriculture est très morcelé. La cartographie écologique révèle que les meilleures terres agricoles où se pratique la grande culture orientée vers l'industrie laitière se situent dans six zones distinctes: les plaines agricoles d'Hébertville, de Saint-Prime, de Normandin, du Saguenay, de l'Ascension et de Saint-Eugène–Saint-Augustin (figure 25). Les vastes étendues de sable bien peu fertiles séparant les riches plaines agricoles sont en partie exploitées pour la culture de la pomme de terre et du bleuet.

En 1988, le ministère de l'Agriculture, des Pêcheries et de l'Alimentation du Québec (MAPAQ) a enregistré auprès des quatre bureaux locaux 1 638 entreprises à caractère agricole (tableau 17). Les agriculteurs de la région sont réunis en une association syndicale forte et structurée: l'Union des producteurs agricoles (UPA).

Figure 24
LES ZONES CLIMATIQUES AGRICOLES
DES BASSES TERRES DU SAGUENAY–LAC-SAINT-JEAN

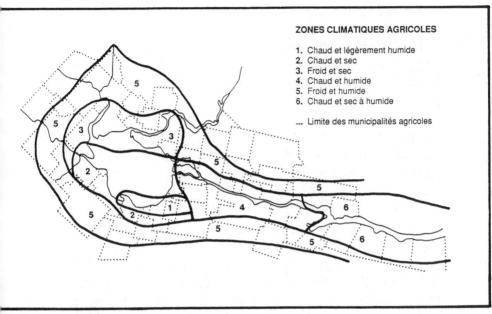

ZONES CLIMATIQUES AGRICOLES

1. Chaud et légèrement humide
2. Chaud et sec
3. Froid et sec
4. Chaud et humide
5. Froid et humide
6. Chaud et sec à humide

... Limite des municipalités agricoles

SOURCE: MAPAQ (1982).

Figure 25
LES ZONES AGRICOLES DU SAGUENAY–LAC-SAINT-JEAN
EN FONCTION DES ÉCODISTRICTS

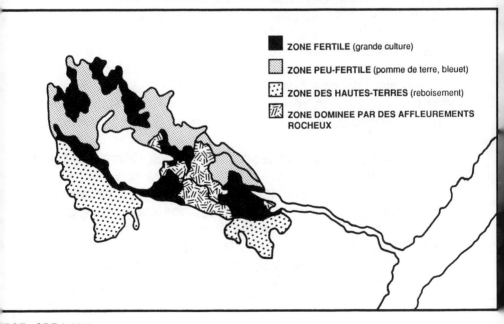

ZONE FERTILE (grande culture)

ZONE PEU-FERTILE (pomme de terre, bleuet)

ZONE DES HAUTES-TERRES (reboisement)

ZONE DOMINEE PAR DES AFFLEUREMENTS ROCHEUX

SOURCE: CRE (1989)

Le territoire agricole face à l'urbanisation

L'expansion effrénée des villes dans l'espace rural a amené l'adoption, en décembre 1978, de la Loi sur la protection du territoire agricole. Cette loi vise essentiellement à réserver à l'agriculture tous les sols propices à cette activité économique. Ainsi, au Saguenay–Lac-Saint-Jean, 400 681 hectares (4 007 km²) de territoire étaient zonés agricoles en 1984, ce qui représente 4 % de l'ensemble de la superficie de la région administrative.

Cette loi avait pour objectif de freiner la spéculation sur les terres d'intérêt agricole, ce phénomène affectant surtout les sols de bon potentiel agricole localisés en périphérie des principales agglomérations urbaines. Avant l'adoption de la loi, pour la période 1966–1976, l'expansion urbaine (zones résidentielles, industrielles et commerciales) des agglomérations de Chicoutimi–Jonquière et d'Alma avait conduit à l'empiètement de 1 073 hectares de terres agricoles, soit l'équivalent de la superficie nécessaire à 18 fermes laitières. À l'échelle régionale, la superficie des terres agricoles défrichées, dites «améliorées», est passée de 1 760 km² en 1961 à 1 450 km² en 1986, soit une perte nette de 31 000 ha. Dans ce contexte, soulignons que par rapport à la norme de 0,8 ha (2 acres) de terre cultivée par habitant, établie par l'Organisation des Nations-Unies (ONU) pour l'alimentation et l'agriculture, la région du Saguenay–Lac-Saint-Jean ne possède que 0,5 ha (1.2 acres) de terre cultivée par habitant.

Malgré une certaine résorption de ces rétentions foncières et la réactivation agricole à proximité des zones urbaines, des pressions plus localisées continuent à se faire sentir sur le territoire agricole. Ces pressions sont principalement attribuables aux énoncés de développement contenus dans les documents d'aménagement réalisés par le monde municipal ou encore à des projets plus spécifiques. La Commission de la protection du territoire agricole (CPTA), lorsqu'elle examine les demandes d'autorisation ou de révision de la zone agricole, joue un rôle fondamental de réduction et d'orientation de ces demandes à un niveau plus conforme aux besoins réels d'espace. L'objectif de la Commission est aussi d'éviter la prolifération, en zone agricole, d'activités ou d'implantations incompatibles avec l'agriculture.

La Commission de la protection du territoire agricole analyse présentement les demandes de dézonage concernant quelques milliers d'hectares de terres agricoles, pour satisfaire aux énoncés contenus dans les schémas d'aménagement élaborés par les quatre MRC de la région. Elle a accordé en 1988, le retranchement de 2 494 ha pour la MRC de Lac-Saint-Jean-Est et de 67 ha pour la MRC de Maria-Chapdelaine.

Les transformations survenues en agriculture

Comme dans l'ensemble du Québec, l'agriculture régionale a subi d'importantes transformations caractérisées par la consolidation des fermes laitières, une forte augmentation de la productivité et la régression de l'agriculture dans les zones marginales à plus faible potentiel agricole. La régression s'observe particulièrement par la popularité grandissante du reboisement des terres en friche ou à l'abandon.

Depuis le début des années 1960, l'entreprise agricole fait l'objet d'un mouvement de spécialisation, de mécanisation et de concentration des terres qui favorise un accroissement de la productivité.

Ce mouvement est particulièrement évident dans le cas des *fermes laitières*: sur les 1 727 dénombrées en 1971, il n'en restait plus que 901 en 1988, soit une baisse de 48 %. Pour la même période, la superficie totale des terres agricoles n'aurait diminué que de 6 %. Il est donc normal d'assister à une augmentation de la superficie moyenne des fermes, passant de 53 hectares en 1971, à 63 en 1975 et à 73 en 1986. Cette augmentation a favorisé l'utilisation d'une machinerie plus performante et plus lourde.

Le nombre de *producteurs de lait* devrait continuer à régresser d'environ une trentaine par année au cours des cinq prochaines années, tandis que la production de lait devrait demeurer stable (180 millions de litres par an). On prévoit que la productivité des vaches va s'accroître, entraînant une diminution de leur nombre et une plus grande disponibilité des sols pour les autres productions. Ainsi, de 1920 à 1960, le nombre de vaches laitières avoisinait 40 000 têtes; ce nombre est passé à près de 57 000 têtes au milieu des années 1970 et s'est rétabli à 41 000 têtes en 1986. Leur nombre est maintenant en régression.

La *production de céréales* a augmenté sensiblement au cours des dernières années, passant de 2 040 ha en 1981 à 2 450 ha en 1986. La production de grains devrait continuer à croître progressivement aux dépens des fourrages, ce qui permettra une hausse du degré d'autosuffisance en céréales pour l'alimentation animale dans la région. L'augmentation des superficies allouées aux grandes cultures et du rendement des productions ont eu pour effet d'accroître l'utilisation des fertilisants et des pesticides.

La vente des veaux laitiers et des animaux laitiers réformés compte pour environ 50 % du produit brut de *viande bovine*. Les bouvillons finis (2 200 en 1987), les veaux d'embouche (7 000) et les veaux lourds (4 000) complètent cette production. Le développement de la production bovine a ralenti depuis quelques années (le cheptel moyen de 97 000 têtes entre 1971 et 1981 a baissé à 92 000 en 1986), notamment en ce qui à trait à la production des veaux d'embouche et des veaux lourds. Ce ralentissement se poursuivra dans les prochaines années, pendant que la production de bouvillons finis devrait atteindre 4 000 en 1995.

La *production porcine* québécoise a connu une croissance particulièrement remarquable au cours des quinze dernières années. La région du Saguenay–Lac-Saint-Jean a suivi le mouvement puisque la production de porcs est passée de

19 000 en 1976 à 35 000 en 1981, pour se stabiliser autour de 32 000 porcs finis de 1986 à 1988. Le processus de production de porc a amené une concentration des entreprises dont le nombre est passé de 27 en 1985 à 14 en 1988. Cependant, la taille des entreprises actuelles est en moyenne, 4 à 5 fois plus grande qu'il y a 10 ans.

La production de *chair de volaille* est régie par des organismes provinciaux de mise en marché qui distribuent les quotas de production. Dans la région, on compte seulement six producteurs spécialisés qui produisent près de un million et demi de kilos de chair de volaille annuellement, représentant environ 23 % de la consommation annuelle régionale. Considérant le prix élevé des quotas, il est peu probable que la production puisse augmenter.

Malgré la baisse du nombre de producteurs commerciaux dans la région, la *production d'œufs* demeure stable depuis plusieurs années et les possibilités de développement sont également limitées par le prix élevé des quotas. En 1988, sept entreprises spécialisées ont produit quelque 3,3 millions de douzaines d'œufs pour satisfaire environ 70 % des besoins du marché régional.

Avant l'apparition des fibres synthétiques, on comptait au début des années 1920 plus de 54 000 moutons au Saguenay–Lac-Saint-Jean. De nos jours, environ une dizaine de producteurs agricoles font de l'*élevage des moutons* leur occupation principale dans le but d'en vendre la viande. La production régionale d'agneaux et de moutons est cependant en nette régression depuis 1981, le cheptel ayant passé de 7 600 têtes à 4 500 en 1987. Cette régression est passagère et on devrait connaître un essor d'ici 1995, notamment dans l'augmentation de la productivité des élevages.

La *production de pommes de terre* occupe une large place dans l'agriculture régionale. Elle compte pour environ 10 % de la production québécoise, ce qui représente le double des besoins du marché régional. Depuis trois ans, un certain nombre de producteurs ont développé la production de pommes de terre de semence. La superficie allouée à la culture des pommes de terre est passée de 990 hectares en 1966 à 1 426 en 1971 et à 2 600 en 1984. De 1971 à 1984, la production a augmenté de 20 900 tonnes à 53 500.

En ce qui concerne la *production de bleuet*, bon an, mal an, la région fournit entre 80 et 90 % des bleuets au Québec. La récolte annuelle dans les bleuetières et en milieu naturel se situe entre 2 700 et 3 600 tonnes. En raison d'une augmentation de la production dans les bleuetières, la part de la récolte provenant de ces territoires s'est accrue considérablement au cours des dernières années, atteignant 65 % en 1985. Ce changement devrait entraîner une plus grande stabilité, voire une augmentation de la production qui pourrait atteindre plus de 5 millions de kilos.

Quant aux autres *productions horticoles*, le développement le plus important a touché les cultures sous serre. La production de plein champ a poursuivi lentement son développement. Mentionnons toutefois une augmentation de courte durée de la production de gourganes, à la suite de la mise en marché d'une nouvelle soupe par la compagnie Catelli qui a abandonné la production l'année suivante. Le développement horticole (plein champ et sous serre) devrait continuer à s'accroître jusqu'à concurrence de la satisfaction des besoins régionaux.

Le développement de l'*agriculture biologique* (basé sur des considérations écologiques et proscrivant l'utilisation de pesticides chimiques) connaît une expansion et une diversification des produits (légumes, céréales, fourrages, beurre, lait, viande, poules pondeuses, etc.). En 1989, quatre producteurs de la région étaient accrédités au Programme de certification biologique mis sur pied par le Mouvement pour l'agriculture biologique au Québec inc.

L'industrie des aliments et boissons

En 1983, l'industrie des aliments et boissons de la région comptait 50 établissements (tableau 18), comparativement à 69 en 1971. Trois grandes entreprises régionales canalisent la production: Nutrinor (Coopérative agro-alimentaire du Saguenay–Lac-Saint-Jean) qui fabrique plusieurs produits laitiers (l'entreprise concentre 70 % de la production laitière); la Chaîne Coopérative du Saguenay (CCS), spécialisée dans l'industrie laitière, la fabrication d'aliments pour animaux et les services techniques aux producteurs; et le Groupe Unipain (entreprise privée contrôlée par un groupe financier montréalais), entreprise de boulangerie essentiellement. Les moyennes et petites entreprises coopératives dominent dans l'industrie des aliments pour animaux, alors que les entreprises privées sont majoritaires en nombre dans toutes les autres industries.

L'activité principale de l'industrie agro-alimentaire régionale repose sur quatre industries: la production laitière, la fabrication d'aliments pour animaux, les boulangeries et la fabrication de boissons gazeuses. Les deux premières sont fortement intégrées à l'agriculture et au marché de la région, alors que les boulangeries et les entreprises de boissons gazeuses reposent avant tout sur la demande locale. L'abattage et la transformation de la viande constituent maintenant une activité marginale dans la région.

Les eaux usées de l'industrie des produits alimentaires, très riches en substances nutritives, sont généralement rejetées directement dans les cours d'eau. La charge polluante apportée par cette industrie n'a pas été évaluée globalement, mais elle a un impact certain sur les écosystèmes aquatiques par le phénomène d'eutrophisation (fertilisation des eaux favorisant le développement des algues) et par la contamination bactériologique. Par exemple, l'absence de traitement des effluents des industries agro-alimentaires (fromageries surtout) situées à La Baie, à Normandin, à Saint-Bruno et à Delisle cause

Tableau 17
RÉPARTITION DES EXPLOITATIONS AGRICOLES
AU SAGUENAY–LAC-SAINT-JEAN
SELON LA PRINCIPALE SOURCE DE REVENU

Bureau de renseigne- ments agricoles/année	ALMA 1985	ALMA 1988	ST-FÉLICIEN 1985	ST-FÉLICIEN 1988	MISTASSINI 1985	MISTASSINI 1988	CHICOUTIMI 1985	CHICOUTIMI 1988	RÉGION 1985	RÉGION 1988
Lait	375	352	283	264	90	82	223	203	971	901
Bovins	95	77	90	83	79	69	172	155	436	384
Porcs	10	3	4	1	1	1	6	7	21	12
Moutons	7	5	4	7	5	4	13	4	29	20
Volailles	4	2	1	3	1	0	6	5	12	10
Autres élevages (1)	14	5	16	7	8	2	18	10	56	24
Oeufs	3	4	0	1	0	0	5	2	8	7
Céréales & oléagineux	19	12	18	14	4	2	21	21	62	49
Pommes de terre	1	1	1	1	9	9	23	21	34	32
Autres légumes	11	7	0	1	2	1	10	9	23	18
Fruits (2)	5	2	21	16	67	45	10	8	103	71
Divers (3)	37	27	54	26	20	17	64	40	175	110
GRAND TOTAL	581	497	500	424	286	232	571	485	1938	163&

(1) Autres élevages: visons, lapins, chevaux, etc.
(2) Fruits: fraises, framboises, bleuets, etc.
(3) Divers: serres, apiculture, foin, produits de pépinière, pisciculture, etc.

Note:L'enregistrement concerne seulement les producteurs ayant un minimum annuel de revenu de 3 000 $.

SOURCE: Données des fiches d'enregistrements des exploitations agricoles (MAPAQ)

Tableau 18
INDUSTRIES DES ALIMENTS ET BOISSONS
AU SAGUENAY–LAC-SAINT-JEAN
1984

INDUSTRIES	NOMBRE D'ÉTABLISSEMENTS
Boulangeries	16
Abattage et transformation de la viande	9
Industrie laitière	9
Aliments pour animaux	7
Boissons gazeuses	4
Congélation du bleuet	3
Autres	2
TOTAL:	50

SOURCE: MAPAQ (1984)

des problèmes de qualité d'eau. Seule la concentration des industries des produits alimentaires dans le bassin versant de la rivière Bédard a retenu une attention particulière dans la perspective de l'assainissement des eaux. D'un autre côté, par exemple, Nutrinor a signé une entente avec la municipalité de Chambord pour l'utilisation des bassins d'épuration. Pour sa part, la fromagerie Perron à Saint-Prime traite maintenant ses effluents, diminuant ainsi la charge polluante rejetée dans la rivière aux Iroquois.

L'accroissement de la productivité et des problèmes environnementaux

Autant au Saguenay–Lac-Saint-Jean que dans le reste du Québec, les changements survenus en agriculture au cours des deux dernières décennies ont contribué à l'accroissement de la productivité, tant animale que végétale (figure 26). Cette augmentation est due en général à l'évolution des connaissances agronomiques, à l'utilisation accrue de machines agricoles efficaces, à l'installation de drainage souterrain, à l'utilisation de semences améliorées, à des applications accrues de fertilisants chimiques et de pesticides et à l'aménagement des cours d'eau à des fins agricoles. Or, ces activités ont aussi contribué à modifier l'équilibre autrefois existant dans les systèmes naturels en relation avec le milieu agricole. En plus d'avoir des effets marquants sur les écosystèmes aquatiques (ex.: eutrophisation, colmatage des frayères), il semble que les pratiques agricoles actuelles mettent en péril la productivité même des sols qu'on veut mettre en valeur.

Fondée sur le travail de l'homme et de l'animal, l'agriculture paysanne traditionnelle pourvoyait aux besoins d'énergie, d'aliments et de fourrages. L'agriculture moderne, en revanche, est fondée sur l'utilisation prédominante de l'énergie fossile (surtout du pétrole), laquelle permet la production des engrais chimiques, des pesticides, du métal pour les machines modernes. Les dérivés du pétrole (mazout, essence) actionnent les tracteurs, les camions, les machines agricoles, les pompes d'irrigation, etc. La consommation de pétrole dans l'agriculture mondiale a quintuplé, mais la production n'a pas triplé.

Les excédents de produits agricoles observés dans la région, comme partout en Amérique du Nord et en Europe, proviennent surtout des subventions et autres incitations qui stimulent la production, même en l'absence de demande. Les subventions directes (de l'ordre de 49 % au Québec) ou indirectes, qui couvrent actuellement la quasi-totalité du cycle alimentaire, sont devenues extrêmement onéreuses.

La croissance spectaculaire de la productivité des cultures au cours des dernières décennies provient de l'usage sans cesse plus intense de l'énergie artificielle provenant des combustibles fossiles (dérivés du pétrole) dans les usines de tracteurs, de pesticides, d'engrais chimiques, des transports, etc. L'analyse énergétique de l'ensemble de l'activité agricole d'un pays montre que les phénomènes d'augmentation continue de la quantité d'énergie auxiliaire introduite et de la baisse concomitante des rendements énergétiques s'observent pour la totalité des productions agricoles. À surface cultivée et cultivable constante, cela implique une injection d'énergie auxiliaire de plus en plus importante.

L'augmentation des travaux de drainage

Les travaux de drainage effectués en milieu agricole ont pour but d'améliorer le rendement des sols. Le nombre d'installations de drainage souterrain a augmenté rapidement depuis une vingtaine d'années et tendrait maintenant à se stabiliser. Au Saguenay–Lac-Saint-Jean, 37 682 hectares de sols de classes 2 à 5 sont jusqu'à présent drainés, soit 25% de l'ensemble des terres améliorées (terres en culture, en jachère, en pâturage et autres).

Les exploitants agricoles peuvent également contrôler les eaux de surplus par le drainage de surface et par le «recreu-

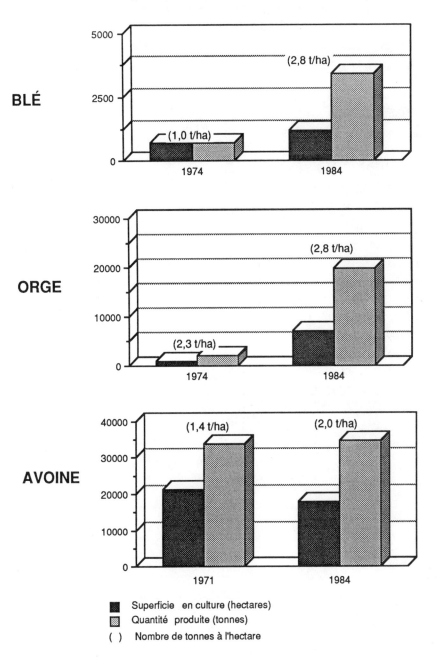

Figure 26
ACCROISSEMENT DE LA PRODUCTIVITÉ DANS LA CULTURE DE TROIS CÉRÉALES AU SAGUENAY–LAC-SAINT-JEAN

BLÉ

ORGE

AVOINE

■ Superficie en culture (hectares)
▨ Quantité produite (tonnes)
( ) Nombre de tonnes à l'hectare

SOURCE: Bureau de la statistique du Québec (1986)

Tableau 19
INTERVENTIONS DANS LES MILIEUX AGRICOLES DU SAGUENAY–LAC-SAINT-JEAN DE 1978-79 À 1982-83

TYPE D'INTERVENTION	1978-79	1979-80	1980-81	1981-82	1982-83	TOTAL
Drainage souterrain (ha)	3 200	3 300	2 300	3 000	3 200	15 000
Cours d'eau municipaux (km)	39	18	57	36	65	215
Engrais chimiques (tonnes)	11 800	11 600	10 000	10 400	11 400	55 200
Pierre à chaux (tonnes)	26 100	25 400	16 300	13 800	26 700	108 300

SOURCE: MAPAQ (1984)

Tableau 20
COMPARAISON DE LA QUALITÉ DE L'EAU À L'EMBOUCHURE DE DEUX RIVIÈRES TRIBUTAIRES DU LAC SAINT-JEAN 1979 À 1985

Rivière (caractère)	couleur vraie (Hazen)	conductivité (umhos/cm)	matière en suspension (mg/l)	phosphore total (mg/l)	oxydes d'azote (mg/l)	azote ammoniacal (mg/l)
TICOUAPÉ (agricole)	77,1	131,4	42,4	0,155	0,23	0,17
MISTASSINI (forestier)	43,5	27,4	3,1	0,025	0,07	0,03

SOURCE: MENVIQ (1987)

sage» des cours d'eau. Les travaux de «reprofilage» et de redressement du lit des cours d'eau sont effectués depuis une trentaine d'années dans la région afin de permettre l'évacuation rapide des eaux. Ces aménagements nécessitent parfois un déboisement sévère le long des cours d'eau. Le nombre total de kilomètres de cours d'eau ayant subi ce traitement reste à préciser; cependant, pour une période de cinq ans, des travaux de ce genre ont été réalisés sur 215 km (tableau 19).

Les travaux de «reprofilage» et de redressement du lit des cours d'eau à des fins agricoles ont transformé radicalement le milieu riverain et ont entraîné des conséquences sérieuses sur le milieu aquatique, allant jusqu'à la destruction complète des écosystèmes (transformation du milieu naturel en canal artificiel). À l'endroit même des travaux, l'enlèvement de la végétation rend les berges plus vulnérables à l'érosion. En aval des travaux, la modification du profil d'écoulement et de la vitesse d'écoulement des eaux entraîne également un phénomène d'érosion des berges. Par exemple, le lit de certains ruisseaux «aménagés» au Saguenay–Lac-Saint-Jean s'est «surcreusé» de plus de dix mètres, selon le type de sol, la pente et le régime des eaux. Les matières en suspension ainsi libérées rendent l'eau plus turbide, réduisent la pénétration de la lumière dans l'eau et affectent la productivité de la faune et de la flore aquatiques. De plus, la filtration et la désinfection d'une eau riche en matières en suspension sont très difficiles, très coûteuses pour le producteur et, dans certains cas, dangereuses pour la santé humaine.

Les risques de contamination par les pesticides

La mécanisation et la production végétale à l'échelle industrielle (pommes de terre; monocultures à petit interligne blé, orge et avoine) ont favorisé la multiplication des agents nuisibles aux plantes et à la qualité des récoltes (ex.: mauvaises herbes, insectes ravageurs, micro-organismes pathogènes). Les pesticides (plus particulièrement les herbicides) sont donc beaucoup plus populaires qu'autrefois. D'après une étude commandée conjointement par le MENVIQ et Environnement Canada (1984), la vente de pesticides en agriculture au Saguenay–Lac-Saint-Jean totalisait 21,4 tonnes de matières actives en 1982 (tableau 21). Près de 60 % de cette quantité était destinée aux champs de pommes de terre situés dans le bassin versant de la rivière des Aulnaies au nord du Saguenay (figure 27). Sur le plan régional, 9 000 hectares ont été traités avec des herbicides en 1985 et un peu plus de 2 000 autres avec des insecticides. Selon une enquête réalisée en 1988 auprès de 23 producteurs agricoles de la plaine d'Hébertville, 61 % d'entre eux utilisent des herbicides, 30 % des insecticides, mais aucun n'utilise des fongicides.

Les pesticides peuvent se disperser dans l'air (sous forme de gouttelettes, de vapeurs, de particules de poudre ou de particules de sol contaminé), dans les eaux de surface (en s'introduisant par ruissellement, par érosion et par infiltration dans les drains agricoles) et dans les eaux souterraines (par lessivage du sol).

L'usage des pesticides a occasionné des problèmes environnementaux de plusieurs ordres. Le cas du DDT, auquel on attribue le déclin de la population de plusieurs espèces d'oiseaux de proie, en constitue l'exemple classique. Certains pesticides utilisés actuellement persistent longtemps dans les sols (plus de trois ans) et peuvent causer des problèmes environnementaux, surtout dans les régions très sensibles à l'érosion hydrique. Ils sont dégradés plus ou moins rapidement par les micro-organismes qui vivent dans le sol et par des processus chimiques qui peuvent conduire soit à l'élimination de la toxicité du pesticide soit à l'apparition de métabolites (résidus chimiques) de toxicité moindre ou équivalente, dans certains cas supérieure à celle de la molécule dont ils sont issus. D'autres se décomposent si rapidement en produits non toxiques qu'ils ne représentent pas de danger, à moins d'être utilisés à des doses massives. Dans ce cas,

Tableau 21
LISTE DES MATIÈRES ACTIVES CONTENUES DANS LES PESTICIDES VENDUS POUR DES FINS AGRICOLES AU SAGUENAY–LAC-SAINT-JEAN (1982)

Quantité (en kg)	%	GROUPE CHIMIQUE	Nb. maximal de matières actives*	Type d'utilisation**
5 996	28,0	Carbamates	16	H,I,F
3 862	18,0	Benzonitriles et dérivés de l'acide benzoïque	4	H
3 628	17,0	Aryloxyacides	9	H
2 580	12,1	Organophosphorés	4	H,I
1 676	7,8	Ammoniums quaternaires et dérivés du phénol	5	H
903	4,2	Urées substituées	7	H
843	3,9	Diazines	5	H
654	3,1	Triazines et triazoles	7	H,F
497	2,3	Divers	28	H,I,F
459	2,1	Huile minérale	1	H,I
101	0,5	Dérivés des amides	9	H,F
83	0,4	Phtalimides	3	F
78	0,4	Organochlorés	9	I
23	0,1	Composés inorganiques	7	H,F
15	< 0,1	Nicotine et Roténone (végétaux)	2	I
4	< 0,1	Pyréthrinoïdes	7	I

* Répertoriés au Québec en 1982.

** Types d'utilisation: H : Herbicides, régulateurs de croissance, algicides.
I : Insecticides, acaricides, nématicides, insectifuges.
F : Fongicides.

SOURCE: Reiss *et al.* (1984)

Figure 27
QUANTITÉS DE PESTICIDES UTILISÉES EN AGRICULTURE DANS CERTAINS SECTEURS AU SAGUENAY–LAC-SAINT-JEAN (1982)

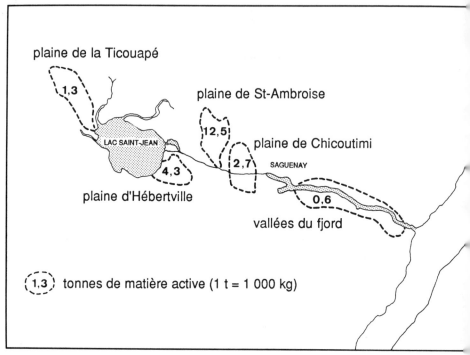

SOURCE: d'après Reiss *et al.* (1984)

ils peuvent contaminer les eaux de surface ou persister dans la nappe d'eau souterraine et la contaminer.

Le lessivage des terres par les eaux de pluie occasionne généralement une perte de pesticides représentant de 1 à 5 % des quantités utilisées. Ces pertes répétées, d'année en année, peuvent contribuer à l'intoxication de certaines composantes des écosystèmes aquatiques. La protection des milieux aquatiques est d'autant plus préoccupante que plusieurs pesticides, actuellement utilisés, sont très toxiques pour les organismes aquatiques ou peuvent être dégradés en métabolites dont les propriétés toxiques sont mal connues. Selon une étude commandée par le MENVIQ (1980), la concentration de résidus de pesticides organochlorés retrouvée dans la chair des poissons de la rivière Saguenay (en amont du pont de Chicoutimi) était plus forte que celle observée dans la chair des poissons du lac Saint-Jean. Toutefois, le niveau global de contamination demeure très inférieur aux normes pour la consommation humaine et pour la protection de la vie aquatique.

Le MENVIQ a déjà démontré qu'au Québec certains pesticides très toxiques migrent à travers la nappe phréatique et atteignent ainsi des puits d'eau potable. La situation de la contamination des puits au Saguenay–Lac-Saint-Jean est inconnue, faute de programme d'échantillonnage. Notons toutefois que l'aldicarbe, un pesticide employé abondamment par les producteurs de pommes de terre pour contrôler les populations du doryphores (un Coléoptère), semble avoir une grande persistance lorsqu'il atteint la zone saturée d'eau de la nappe phréatique, et que le phénomène est encore plus sérieux en sol de nature sableuse, pauvre en matière organique et en argile, comme dans le secteur de Péribonka. Depuis 1989, l'aldicarbe fait l'objet d'un programme de surveillance particulier par la Direction du contrôle des pesticides du MENVIQ.

L'usage accru de fertilisants et d'herbicides dans l'exploitation des bleuetières de la région apporte un nouveau stress environnemental dans les zones naturelles contiguës. L'hexazinone, un herbicide peu toxique en soi, qu'on applique abondamment dans les bleuetières, a de plus tendance à s'accumuler dans la nappe d'eau souterraine.

Les problèmes de contamination par les pesticides sont souvent reliés à une utilisation abusive et non rationnelle de ces produits, associée à une connaissance insuffisante des insectes ravageurs, des plantes à contrôler, des techniques d'application à utiliser, en plus des cas d'intoxication directe, reliés au manque de prévoyance de l'utilisateur.

L'emploi d'un pesticide suscite généralement le développement d'une résistance chez les insectes ravageurs visés et/ou la multiplication d'autres insectes, acariens et champignons nuisibles, moins vulnérables à ce pesticide. Il en résulte un usage plus fréquent, plus abondant et plus diversifié de pesticides destinés à contrôler les insectes nuisibles en fonction des critères très exigeants de mise en marché.

Certaines techniques de lutte biologique permettent d'éviter ces problèmes. Par exemple, le recours à un prédateur naturel (micro-hyménoptère) pour lutter contre la mouche blanche de la tomate en serre s'est révélé très efficace et sans danger. D'autres solutions peuvent aussi remplacer avantageusement l'usage des pesticides, telles la diversification des cultures, la pratique de la rotation des cultures et l'utilisation du compost.

La valorisation agricole des boues résiduaires

Les boues résiduaires sont un sous-produit du traitement des eaux usées. Elles proviennent des stations d'épuration des eaux usées municipales, des installations domestiques (fosses septiques) et des usines agro-alimentaires. L'épandage des boues résiduaires sur les terres agricoles peut être

178

avantageux puisqu'elles constituent un bon fertilisant (apports d'azote, de phosphore et de potassium) et un bon amendement (présence de matière organique et de calcaire). Les boues peuvent toutefois contenir des matières nocives telles que des métaux lourds, des micro-organismes pathogènes ou non et des produits organiques toxiques (BPC, dieldrine, etc.). Pour cette raison, leur emploi nécessite certaines précautions.

L'utilisation des boues résiduaires en agriculture, actuellement en plein développement au Québec, prendra de l'ampleur dans les années à venir. Notons qu'au moins 30 % de la quantité de boues accumulées dans les stations d'épuration des eaux pourront ainsi être valorisées. Cependant, les municipalités qui gèrent des usines d'épuration des eaux usées ne se sont pas encore dotées d'un mode d'emploi de l'égout domestique afin d'améliorer la qualité des boues résiduaires. Les boues doivent en effet respecter certains critères de qualité et subir, dans certains cas, un «traitement de digestion» avant d'être valorisées en agriculture.

La dégradation du milieu aquatique par la pollution agricole diffuse

Les polluants agricoles de source diffuse atteignent les cours d'eau par écoulement souterrain ou à la suite de précipitations provoquant du ruissellement de surface. Ils ne proviennent pas d'un point précis, mais de l'ensemble de la plaine agricole. L'épandage de déjections animales, de fertilisants chimiques et de pesticides, l'érosion du sol, le «reprofilage» des cours d'eau sont quelques exemples d'activités agricoles génératrices de pollution diffuse. Selon l'AQTE (1987), on a démontré que dans trois bassins versants du sud du Québec, les activités agricoles sont responsables de plus de 90 % des apports de matières en suspension dans l'eau et de plus de 50 % des apports de phosphore.

Plusieurs rivières de la région sont sérieusement affectées (enrichissement des eaux, phénomène d'eutrophisation) par la pollution diffuse d'origine agricole (figure 28), problème amplifié notamment par l'absence de bande riveraine de végétation. Les cours d'eau irriguant les bassins des rivières Ticouapé, Belle-Rivière et Bédard sont les plus affectés par cette pollution (tableau 20). Les répercussions se font également sentir sur la zone riveraine et sur la qualité générale des eaux du lac Saint-Jean. Par exemple, les apports de phosphore d'origine agricole totalisent plus de 3 700 kilogrammes par jour et sont quatre fois plus importants que ceux d'origines domestique et industrielle. On pourrait envisager un redressement de la situation en contrôlant l'érosion du sol par des pratiques agricoles intégrées, et en contrôlant la charge de matières nutritives et de micro-organismes en provenance des établissements d'élevage par des infrastructures d'entreposage adéquates et un épandage convenable des fumiers.

La pollution diffuse par les déjections animales

Le cheptel régional est composé de 91 700 bovins (dont 41 000 vaches laitières), 26 300 porcs et 4 500 moutons. Les déjections de ces animaux (produisant les fumiers et lisiers) sont riches en matières organiques et en éléments nutritifs (azote et phosphore). Elles peuvent donc servir avantageusement comme amendements aux sols agricoles. Toutefois, la capacité d'un sol à recevoir ces apports est limitée, notamment dans les cas de concentration d'élevage; lorsqu'elle est dépassée, les surplus s'écoulent vers les eaux de surface et les eaux souterraines en les contaminant.

De mauvaises pratiques d'épandage en période inopportune (au printemps, à la fin de l'automne) ainsi qu'un mauvais entreposage des fumiers figurent aussi parmi les causes d'enrichissement des cours d'eau en matières organiques et en éléments nutritifs (notamment le phosphore) et constituent une source de contamination des eaux souterraines par les

Figure 28
PRINCIPAUX COURS D'EAU AFFECTÉS PAR LA POLLUTION AGRICOLE DIFFUSE AU SAGUENAY–LAC-SAINT-JEAN

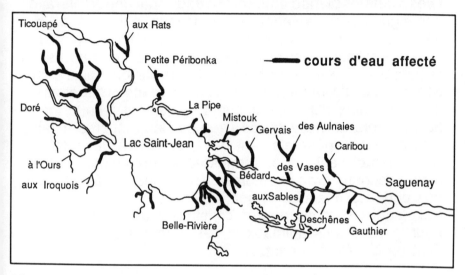

SOURCES: MENVIQ (1985) et Regroupement pour un Québec Vert (1987).

nitrates. Une enquête réalisée par le MENVIQ en 1985 indique que la grande majorité des sites d'entreposage des fumiers de la région était non conforme aux normes environnementales. Dans les plans d'eau, cela se traduit par une prolifération des algues et de la végétation aquatique, par la désoxygénation de l'eau, par la disparition des poissons et, éventuellement, par l'apparition de mauvaises odeurs. Les eaux usées de laiterie de ferme (de l'ordre de 15 litres par jour pour l'entretien d'une seule vache), habituellement rejetées directement dans les cours d'eau, contribuent également à cette forme de pollution. La pollution de l'eau par les matières fécales s'accompagne généralement d'un taux élevé de bactéries coliformes, de bactéries coliformes fécales et d'autres bactéries et virus dont un grand nombre sont pathogènes. En été, lors des périodes chaudes et non pluvieuses, ces cours d'eau traversant les zones rurales constituent un danger certain pour la santé des animaux et des humains qui s'y abreuvent ou qui s'y baignent.

La dégradation des sols

L'intensification de la production agricole au cours des trois dernières décennies a entraîné une sérieuse dégradation des sols. L'abandon des rotations culturales de longue durée, la monoculture de plantes annuelles, l'utilisation de machineries de plus en plus lourdes, l'apport moindre en matière organique et le travail intensif des sols sont quelques-unes des pratiques agricoles qui ont engendré le processus de dégradation des sols.

L'emploi de machines agricoles lourdes *compacte* le sol et détruit sa structure. Les sols des basses terres du Saguenay–Lac-Saint-Jean, de par leur nature, sont particulièrement sensibles au compactage, notamment sur les terres supportant des cultures à grand interligne (pomme de terre, maïs) qui nécessitent au départ beaucoup de soins. Le phénomène est fréquent sur les sols argileux et sur ceux dont le niveau de matières organiques est peu élevé. À la longue, les secteurs ainsi affectés souffrent de problèmes de drainage et d'aération susceptibles d'entraîner l'érosion.

L'*érosion hydrique* (c'est-à-dire causée par l'eau), amplifiée par l'action de l'homme, participe elle aussi au phénomène de dégradation. Les facteurs naturels associés aux saisons, comme le gel en hiver, le dégel au printemps, les orages en été, les pluies diluviennes en automne aggravent le problème d'érosion des sols par l'eau. L'érosion hydrique entraîne des pertes de sol arable et amène des quantités importantes de matières en suspension dans les cours d'eau. L'ampleur des problèmes dépend de l'intensité des précipitations, de la pente du terrain, du type de couvert végétal, de la nature et de l'état du sol. Par exemple, sur un terrain en pente (18 %) situé à Delisle (Saint-Cœur-de-Marie), on a calculé qu'un sol nu s'érode à raison de 34 000 kg par hectare annuellement, tandis qu'un sol recouvert de foin ne perd que 9 à 11 kg, selon le sens des sillons le long de la pente. Par ailleurs, certaines recherches indiquent que le seuil agronomique acceptable, qui ne compromet pas la fertilité à long terme, se situe à deux tonnes par hectare annuellement. Des expériences démontrent que la pratique du paillage en automne est une solution efficace pour contrer l'érosion hydrique des sols.

Le phénomène de l'*érosion éolienne* (c'est-à-dire causée par le vent) constitue un autre type de dégradation du sol (perte de matières organiques), issu en partie des pratiques agricoles. Les terres situées au nord-ouest du lac Saint-Jean et celles situées à l'extrême sud de la plaine d'Hébertville sont les plus affectées par l'érosion éolienne. Le sol de la majeure partie de ces secteurs est constitué de terres noires qui ont connu un drainage fort. Pour les monocultures à petit interligne (blé, avoine et orge), l'érosion éolienne constitue un problème sérieux en temps de sécheresse.

L'*acidification des sols* (perte des cations basiques), processus résultant du lessivage et des récoltes, est accélérée par l'utilisation des engrais chimiques azotés et aussi, dans une moindre mesure, par les précipitations acides. Depuis 1978, l'application de fertilisants chimiques au Saguenay–Lac-Saint-Jean représente globalement 10 à 12 mille tonnes annuellement (tableau 19). Cette stabilité apparente s'explique par le fait que plusieurs agriculteurs ont diminué graduellement les quantités appliquées, alors que d'autres les ont augmentées. Dans certains secteurs par exemple, où se pratique la culture des céréales, la quantité d'engrais chimiques appliqués a augmenté d'environ 30 % de 1985 à 1988. Parallèlement, des quantités plus abondantes de chaux sont aussi appliquées pour conserver au sol son état optimal. Sans chaulage, l'effet cumulé de l'acidification peut faire chuter graduellement le rendement des cultures céréalières (telles que l'orge) et des légumineuses (telles que la luzerne) sous le seuil de rentabilité. En outre, l'acidification modifie l'équilibre naturel des éléments majeurs du sol (azote, phosphore et potassium) et peut augmenter la dissolution de certains oligo-éléments qui, par suite du ruissellement, peuvent atteindre des concentrations toxiques dans les plantes et les cours d'eau. De plus, l'acidification des sols réduit l'efficacité de plusieurs herbicides; on doit alors en utiliser plus que dans des conditions normales pour obtenir le même effet. Les conséquences d'une telle pratique sur le milieu aquatique sont méconnues; couplées à l'érosion du sol, elles constituent néanmoins un risque non négligeable pour la santé des humains et des animaux qui y sont exposés.

La conservation en milieu agricole

Les problèmes de la qualité d'eau et des sols sont graves, mais il existe des pratiques agricoles de conservation. Elles visent le maintien des rendements, la réduction à un stade normal des pertes de sol et de nutriments, la préservation de la qualité de l'eau, l'emploi moins répandu et plus rationnel de pesticides, l'assurance d'un revenu satisfaisant pour le producteur et, surtout, l'amélioration des propriétés physiques, chimiques et biologiques du sol. À ces pratiques de conservation devront se greffer des mesures visant à restaurer les bassins versants en évitant les concentrations d'élevage et les cultures intensives. Le développement des biotechnologies destinées à créer de nouvelles variétés culturales plus résistantes aux phénomènes naturels devra aussi s'arrimer aux pratiques de conservation.

Il existe une Direction de l'assainissement agricole au MENVIQ. Ce ministère réglemente déjà les établissements de production animale en milieu agricole. Il vient de se doter en 1987 d'une Loi sur les pesticides (réglementation relative au contrôle des ventes et de l'utilisation des pesticides en agriculture). Il émet des directives aux agriculteurs en matière de protection des milieux riverains (bande riveraine de 3 à 15 mètres en milieu agricole, selon qu'il s'agit de terres en culture, de terres forestières ou de terres en friche) par le biais de la Loi sur l'aménagement et l'urbanisme, amendée en 1987. Il contrôle également les impacts environnementaux des industries agricoles. Enfin, le gouvernement a adopté une Politique de conservation des sols et de l'eau en milieu agricole et un Programme d'amélioration de la gestion des fumiers et d'assainissement des eaux usées des fermes laitières. L'application de ces politiques rencontre toutefois des difficultés, surtout d'ordres technique et économique.

Références bibliographiques

Association des technologistes agro-alimentaires inc. (1989) *Nous n'avons pas hérité la terre de nos parents, nous l'empruntons à nos enfants*, 8 p.

Bird, P.M. et D.J. Rapport (1986) *Rapport sur l'état de l'environnement au Canada*, ministère des Approvisionnements et Services Canada, cat. n° EN 21-54/1986F, 273 p.

Bureau de la statistique du Québec (1985) L*e Québec statistique, édition 1985-1986*, 1190 p.

Collin, P. et S. Cloutier (1986) *Bilan socio-économique 1984; Saguenay–Lac-Saint-Jean*, OPDQ, 18 p.

Conseil de la conservation de l'environnement (1988) *Vers une stratégie québécoise de la conservation et du développement (document d'information et de consultation)*, gouvernement du Québec, 90 p.

Dubé, P.A. *et al.* (1977) *Atlas agroclimatique du Québec méridional, données dérivées de la température*, MAPAQ, 2 p. + 16 cartes.

Dumont, R. (1988) *Un monde intolérable*, Seuil, pp. 27-28.

Environnement Québec (1985) *Le bassin versant du lac Saint-Jean, une ressource à préserver*, Direction des études du milieu aquatique, 32 p.

Environnement Québec (1985) *Le Saguenay, une rivière à valoriser*, Direction des études du milieu aquatique, 32 p.

Environnement Québec (1988) *L'environnement au Québec, un premier bilan*, Document technique, 429 p.

Environnement Québec (1989) *Code de gestion des pesticides*, Document de consultation, 365 p.

Gauthier, M.J. (1977) *L'agriculture au Lac-Saint-Jean, province de Québec: étude géographique (2e éd.)*, UQAC, Travaux géographiques du Saguenay nº 1, 331 p.

Gauthier, M.J. (1981) *La ferme laitière, exemple d'organisation. Atlas régional du Saguenay–Lac-Saint-Jean*, Chicoutimi, Gaëtan Morin éditeur.

Légacé, R. (1980) «L'équation universelle de perte de sol: un outil», *Érosion et conservation des sols, huitième colloque de Génie rural*, Université Laval.

Mailloux, A. et A. Dubé (1959) *Érosion et conservation des sols dans la région du Lac-Saint-Jean–Saguenay*, Cahiers de géographie du Québec nº 5, p. 77-84.

Mamarbachi, G. (1980) *Résidus d'insecticides organochlorés et de Biphéniles polychlorés dans les poissons*, Bassin hydrographique Saguenay–Lac-Saint-Jean nº 13, Éditeur officiel du Québec, 55 p.

MAPAQ (1984) *État de la situation de l'industrie agro-alimentaire dans la région du Saguenay–Lac-Saint-Jean, Direction de la planification et études économiques*, 115 p.

MAPAQ (1988) *Fiches d'enregistrement des exploitations agricoles, région 12.*

OPDQ (1983) *Problématique intégrée de la zone limitrophe du lac Saint-Jean,* 106 p.

OPDQ (1988) *Sommaire de l'activité agricole au Saguenay–Lac-Saint-Jean,* Manuscrit.

Pépin, P. (1963) *Principaux traits socio-économiques de la région Saguenay–Lac-Saint-Jean,* Cahiers de géographie du Québec, n° 13, p. 57-80.

Potvin, L. (1978) *Aspects géographiques du bassin hydrographique du lac Saint-Jean en fonction de la qualité du milieu aquatique,* Productivité biologique des eaux du lac Saint-Jean, INRS-Eau, 62 p.

Reiss, R. et J. Paré (1984) *Les pesticides en agriculture au Québec en 1982,* ministère des Approvisionnements et Services Canada, 134 p.

Sarrazin R. *et al.* (1983) *La protection des habitats fauniques au Québec,* Groupe de travail pour la protection des habitats, MLCP, 256 p. + annexe B (175 p.).

Statistiques Canada (1986) *Activité humaine et l'environnement, un compendium de statistiques,* ministère des Approvisionnements et Services Canada, cat. n°11-509F, 375 p.

UQCN (1984) *Y-a-t-il un problème de la conservation des sols agricoles au Québec?,* Document de travail, 20 p.

UQCN (1987) «L'état de l'environnement agricole au Québec», Suppléments n° 1 à Franc-Nord, 8 p.

Warren, C.L. *et al.* (1989) *Urbanisation des terres rurales au Canada, 1981-86,* Feuillet d'information EDE n° 89-1, Environnement Canada, 12 p.

Figure 29
GÉOLOGIE GÉNÉRALE DE LA RÉGION
DU SAGUENAY–LAC-SAINT-JEAN

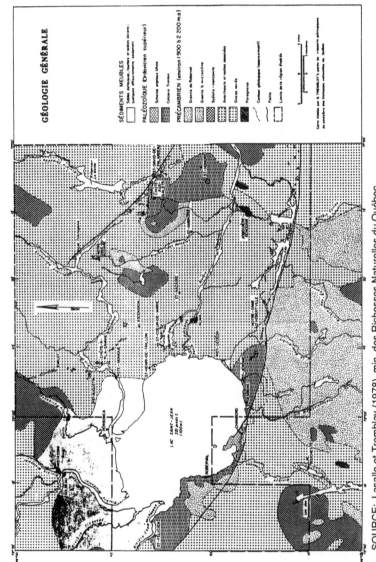

SOURCE: Lasalle et Tremblay (1978), min. des Richesses Naturelles du Québec.

188

L'EXPLOITATION MINIÈRE

Le sous-sol de la région du Saguenay–Lac-Saint-Jean contient une variété de roches et de minéraux susceptibles d'être utiles à notre société. La région présente en effet un contexte géologique particulier (figure 29), caractérisé par des roches métamorphiques (gneiss variés) regroupées par des massifs d'anorthosite (nommée aussi «granite noir») et de granite, constituant des sources importantes de pierre de taille. Il existe également des gisements (non commerciaux) de métaux, par exemple un gisement d'uranium au nord de Girardville et un gisement de minerai de fer à l'ouest de Roberval. Les roches sédimentaires formant le sous-sol de la plaine régionale sont surtout des calcaires, d'où leur utilité comme pierre de taille, granulats, composantes du ciment, de la chaux etc. La découverte de minéraux industriels, tels que le calcaire cristallin à Mistassini et le gisement de niobium à Saint-Honoré, a amené leur exploitation industrielle. Les importants dépôts de sable et de gravier provenant du retrait des glaciers, il y a environ 10 000 ans, constituent d'excellents matériaux de construction et de remplissage. Enfin, les épais tapis de matières organiques, accumulées depuis des siècles dans les zones humides formant les tourbières, constituent de bonnes réserves de tourbe.

Dans la région du Saguenay–Lac-Saint-Jean (excluant le secteur de Chibougamau), le ministère de l'Énergie et des Ressources a répertorié en 1987 une trentaine d'entreprises menant des opérations minières (figure 30). Elles extraient du sous-sol régional de 4,5 à 5,3 millions de tonnes de matières brutes par année (tableau 22).

L'exploitation du niobium

La mine Niobec de Saint-Honoré, propriété de Cambior inc., est en activité depuis 1976. Il s'agit de la seule exploitation souterraine de niobium dans le monde. Un puits d'une profondeur de 404 mètres de même qu'une rampe permet-

Tableau 22
PRODUCTION MINÉRALE AU SAGUENAY–LAC-SAINT-JEAN

SUBSTANCE	NB. D'ÉTABLISSEMENTS MINIERS	EXTRACTION ANNUELLE
Niobium	1	860 000 tonnes de minerai brut pour 3 560 tonnes de concentré de pyrochlore.
Tourbe	2	5 900 à 9 300 tonnes de tourbe sèche, soit 165 000 à 256 000 sacs de 6 pi.^{3} (.17 m^3).
Silice	1	10 000 à 20 000 tonnes de matière brute.
Granite	6	16 500 à 44 000 tonnes (1985-1987)
Calcaire et marbre	5	820 200 tonnes (1985-1986).
Sable et gravier	17	2 700 000 à 3 526 000 tonnes.

SOURCES: MER (1987), Niobec (1988), Tourbière l'Ascension Inc., (1988), Gestions Hogan Inc. (1988).

Figure 30
L'ACTIVITÉ MINIÈRE AU SAGUENAY–LAC-SAINT-JEAN

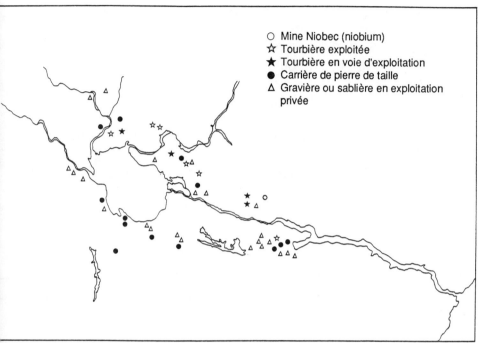

○ Mine Niobec (niobium)
☆ Tourbière exploitée
★ Tourbière en voie d'exploitation
● Carrière de pierre de taille
△ Gravière ou sablière en exploitation privée

SOURCES: MER (1987) et CRE (1988).

Figure 31
COUPE SCHÉMATIQUE D'UNE TOURBIÈRE

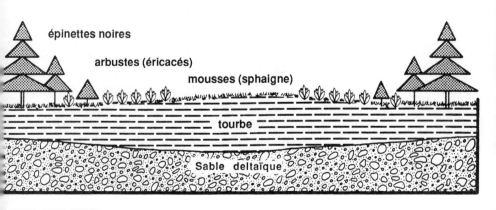

épinettes noires
arbustes (éricacés)
mousses (sphaigne)
tourbe
Sable deltaïque

SOURCE: CRE (1989)

tent l'accès direct aux six niveaux d'exploitation du gisement. Les deux minéraux recherchés sont le pyrochlore et la colombite, qui contiennent jusqu'à 70 % de pentoxyde de niobium (Nb_2O_5). Le minerai renfermant ces minéraux contient une certaine quantité d'uranium qui le rend faiblement radioactif. On évalue les réserves de minerai à 12 millions de tonnes, soit un potentiel d'exploitation de 13 à 14 ans.

Cambior inc. exporte à travers le monde environ 3 500 tonnes de concentré de pyrochlore par année. Le niobium contenu dans le concentré est utilisé dans la fabrication d'aciers spéciaux, à haute résistance, obtenus par alliages. Le niobium entre également dans la fabrication des supraconducteurs.

Niobec extrait du sous-sol 850 000 tonnes de minerai brut annuellement. Ce minerai est traité dans un concentrateur (l'usine de concentration) d'une capacité de 2 400 tonnes par jour. Le procédé de traitement comporte plusieurs étapes: broyage, classification, deschlammage, séparation, magnétique, flottation, lixiviation à l'acide chlorydrique, filtrage et séchage du concentré. Une quinzaine de produits chimiques sont utilisés dans le procédé; leur consommation quotidienne est d'environ 18 tonnes pour une production de 9 tonnes de concentré de pyrochlore. Les opérations requièrent quelque 16 000 litres d'eau par minute, soit 14 000 l/min d'eau recyclée provenant du bassin à rejets et environ 2 000 l/min d'eau potable fournie par la municipalité de Saint-Honoré.

Lors de sa mise en production, la mine Niobec a mis en place un vaste parc de décantation (parc à résidus) qui contient les restes du minerai broyé, soit 99,5 % de la quantité extraite. Une partie de ces résidus pourrait être transformée en phosphates, mais l'entreprise se révèle non rentable. Le parc de décantation est jumelé à des bassins de sédimentation dans lesquels les eaux usées de la mine circulent; ces bassins recueillent les matières en suspension. La totalité de cette eau, à l'exception des apports provenant des pré-

Tableau 23
QUALITÉ DES EFFLUENTS FINAUX DE LA MINE NIOBEC.

Paramètres conventionnels	mesure en 1985	norme du MENVIQ
Cuivre	0,03 mg/l	0,15 mg/l*
Nickel	0,01 mg/l	0,30 mg/l
Plomb	0,01 mg/l	0,20 mg/l
Zinc	0,03 mg/l	0,50 mg/l
Degré d'acidité	ph 7,0	ph 5,5 à 9,5
Matières en suspension	32 mg/l	25 mg/l

* la recommandation fédérale pour protéger la vie aquatique et la faune est de 0,02 mg/l.

SOURCE: MENVIQ (1988)

Tableau 24
CONCENTRATIONS DE SUBSTANCES TOXIQUES MESURÉES DANS LES EFFLUENTS DE LA MINE NIOBEC
(en milligrammes/litre)

substance toxique	au bassin de sédimentation	à l'étang à résidus	recommandations du CCMRE*
chlorures	7 700	566	400
DBP	0,030	0,060	0,0040
DEPH	0,042	0,004	0,0006
autres esters de phtalate	0,048	0,005	0,0002

* concentrations limites recommandées par le Conseil canadien des ministresdes ressources et de l'environnement pour assurer la protection de la vie aquatique.

SOURCE: Environnement Canada (1987)

cipitations de pluie et de neige, est recyclée puis réutilisée dans le procédé de traitement à l'usine de concentration. Les effluents liquides de la mine et les trop-pleins d'eaux usées provenant du parc à résidus se jettent dans le ruisseau Cimon, rejoignent la rivière aux Vases et se déversent finalement dans le Saguenay.

L'exploitation du niobium crée des problèmes de qualité de l'eau, provenant surtout de la teneur élevée en sels dissous et, à un degré moindre, des matières en suspension (tableau 23) et du radon. La forte teneur en sels dissous observée dans les eaux du ruisseau Cimon (on y a mesuré 2 000 milligrammes/litre en 1987) a causé la disparition des poissons qui ne peuvent supporter une concentration supérieure à 400 mg/l de chlorures, de même que l'apparition de diarrhée chez le bétail qui s'abreuve principalement au ruisseau. Environnement Canada a également mesuré, dans les effluents de la mine, des concentrations inquiétantes de polluants toxiques qui nuisent à la vie aquatique, tels que le di-n-butyle (DBP), le di-éthylhexyle (DEHP) et d'autres esters de phtalate (tableau 24).

Aucune démarche concertée n'a encore été entreprise pour le recyclage, la réutilisation ou la récupération des résidus de produits toxiques rejetés. Toutefois, dans le cadre du programme de réduction des rejets industriels, annoncé par le MENVIQ en juin 1988, le contrôle des rejets de la mine Niobec constitue l'une des priorités à l'échelle régionale. En outre, les rejets toxiques de la mine feront l'objet d'une intervention prioritaire de la part des deux gouvernements dans le cadre du Plan d'action Saint-Laurent.

L'exploitation des tourbières

Les tourbières sont des milieux humides et acides qui se sont formés sous un climat et dans des conditions de drainage plus favorables à l'accumulation des matières organiques qu'à leur décomposition (figure 31). La végétation poussant sur cette couche de tourbe détrempée est diversifiée et renferme des espèces rares et confinées à ce milieu particulier. La plaine du lac Saint-Jean et du Haut-Saguenay renferme environ 47 000 hectares de tourbières.

L'extraction de la tourbe à l'échelle industrielle représente un intérêt économique. Le ministère de l'Énergie et des Ressources a inventorié au Saguenay–Lac-Saint-Jean 56 tourbières dont la surface dépasse les 40 hectares et dont la masse est supérieure à 250 000 tonnes; ces tourbières contiennent plus de 30 % de matières organiques sur une épaisseur minimale de 30 centimètres. Le MER évalue à 175 millions de tonnes la quantité totale de tourbe à 50 % d'humidité contenue dans les tourbières de la région.

La tourbe est une ressource naturelle non renouvelable selon son mode d'exploitation actuel. On estime, par exemple, que les 8 100 hectares de tourbières situées au nord de la MRC de Lac-Saint-Jean-Est rendraient possible une exploitation industrielle s'échelonnant sur une cinquantaine d'années.

La compagnie Saguenay Peat Moss a exploité de 1964 à 1984 une tourbière de 204 hectares située à La Baie. Les activités d'extraction pourraient éventuellement reprendre dans cette tourbière. Tourbière l'Ascension inc. exploite depuis 1977 une surface de 1 050 hectares à l'Ascension et produit entre 90 000 et 156 000 sacs de 0,17m³ [6 pieds cubes] de tourbe horticole chaque année. Les tourbières de Saint-Nazaire et de Saint-Léon sont en voie d'exploitation par cette compagnie qui y effectue actuellement des travaux de dégagement et de drainage (assèchement sur 2 ans). La compagnie Fafard & Frères de Drummondville a commencé en 1989 l'exploitation de la tourbière de Saint-Ludger-de-Milot et vise une production annuelle de 75 000 à 100 000 sacs. Cette tourbière offre des réserves en matière première pour une période de 50 ans. Enfin, les grandes tourbières de Sainte-Marguerite-Marie (Mistassini) sont en voie d'exploitation par Fafard & Frères pour approvisionner en matière première l'usine de la compagnie Johnson & Johnson, à Desbiens. Cette usine fabrique de la matière absorbante entrant notamment dans la fabrication de couches hygiéniques jetables. La compagnie Johnson & Johnson a entrepris en 1987 des travaux de drainage sur une surface de 32 hectares et elle projette d'étendre l'aire d'exploitation à 800 hectares pour assurer son approvisionnement de tourbe sur une base de 20 ans.

L'exploitation d'une tourbière implique l'assèchement de la zone d'exploitation par des travaux de drainage (creusage de canaux). La végétation poussant en surface est enlevée et la tourbe hersée afin de favoriser le séchage des fibres par le soleil et le vent. Dès qu'une mince couche est suffisamment séchée, elle est ramassée à l'aide d'une machine spécialisée fonctionnant comme un gros aspirateur. Mise en tas à proximité des aires d'extraction, la tourbe est ensuite acheminée à l'usine. Elle y subira un tamisage, pour la débarrasser des particules de bois, puis une classification des fibres, avant d'être finalement emballée.

L'exploitation d'une tourbière détruit les écosystèmes naturels particuliers à ces milieux humides qui renferment des plantes et des animaux rares et confinés à ces endroits. Des habitats essentiels pour la reproduction, l'alimentation, l'abri ou la halte migratoire de quelques espèces fauniques sont ainsi perdus. Les travaux de drainage évacuent les eaux acides emmagasinées dans la tourbe, modifient le milieu aquatique et terrestre environnant et augmentent le débit et la quantité de matières organiques en suspension dans les cours d'eau récepteurs. Les réserves d'eau présentes dans la tourbe (qui agit comme une éponge) sont perdues, occasionnant une baisse graduelle de la nappe phréatique, un assèchement des abords de la tourbière, une détérioration des habitats fauniques et des répercussions sur la disponibilité de l'eau potable dans les puits artésiens dépendant de la même nappe phréatique. L'exploitation à grande échelle des tourbières intensifie ces problèmes environnementaux.

Par ailleurs, les aires abandonnées après l'épuisement des réserves de tourbe ne sont pas remises en état. Le climat régional n'est pas propice au développement de cultures maraîchères sur ces superficies, comme cela est parfois pratiqué au sud du Québec. Cependant, des expériences réalisées ailleurs laissent croire qu'on peut restaurer les anciennes tourbières à des fins forestières ou encore les laisser se reconstituer d'elles-mêmes en recréant les conditions biophysiques initiales.

L'exploitation des carrières

En 1987, une douzaine d'entreprises exploitaient des carrières au Saguenay–Lac-Saint-Jean. Deux entreprises extraient des minéraux industriels: Les Calcites du Nord inc. (marbre de Mistassini) et Gestion Hogan inc. (silice à Lac-Bouchette). Les massifs d'anorthosite et de granite sont exploités par six entreprises dont la plus importante est Colombia Granit inc. Quatre entreprises taillent le calcaire pour la production de blocs de construction, de concassé, de ciment ou de chaux. Ces carrières offrent un certain intérêt pour la collection de fossiles (trilobites, gastéropodes, graptolites, coraux) datant de l'époque géologique ordovicienne.

L'extraction de ces minéraux (ou taille des roches) se pratique à ciel ouvert, généralement loin des zones urbaines. Il y a donc beaucoup moins d'inconvénients occasionnés par les bruits et par les émissions de poussières de roche dans ces zones, sauf dans le secteur de Saint-Honoré. Cependant, l'accessibilité et l'aménagement du territoire deviennent problématiques lorsque les entreprises n'ont prévu aucune restauration du site après l'exploitation d'une carrière.

L'exploitation des gravières et des sablières

Les ressources de sable et de gravier de la région sont considérables. Chaque site, appelé aussi «banc d'emprunt», possède cependant un potentiel limité d'exploitation. Par exemple, Alcan estime que les sablières existantes dans le secteur de Métabetchouan montrent une période d'exploitation échelonnée sur une période d'au plus 20 ans pour répondre à ses besoins de rechargement des plages locales, soit 144800 tonnes annuellement. Par contre, l'exploitation de nouveaux sites permettra le rechargement pendant plus de 750 ans.

Le ministère des Transports a répertorié près de 700 sablières et gravières au Saguenay–Lac-Saint-Jean (incluant le secteur de Chibougamau). À ce total s'ajoutent les innombrables petites sablières créées par les particuliers, les pourvoyeurs et les petites associations d'amateurs de villégiature pour entretenir leurs chemins d'accès privés, généralement en milieu forestier. En 1987, le ministère des Transports et 17 entrepreneurs actifs dans le domaine se partageaient l'extraction du sable et du gravier. Cette exploitation du sous-sol est fortement influencée par l'activité de construction (chantiers d'habitations, routes, rechargements de plages, etc.).

L'exploitation des sablières et des gravières entraîne une perte d'utilisation du sol, l'élimination de la couche arable et l'émission de poussières. Lorsque le sable très fin est exposé à l'air, il peut être transporté par le vent et ainsi affecter la qualité des terres agricoles environnantes. Les sites abandonnés ne peuvent se régénérer complètement par les processus naturels en l'espace d'une vie humaine. L'excavation en dessous du niveau de la nappe phréatique entraîne la formation d'une étendue d'eau parfois profonde et élève les risques de contamination des eaux souterraines. Cependant, le problème se traduit le plus souvent par la dégradation du paysage et une perte d'accessibilité au territoire. Une des conséquences indirectes de l'abandon d'une gravière est son utilisation comme dépotoir sauvage (surtout en milieu forestier). Toutefois, une espèce d'oiseau, l'Hirondelle des sables, tire profit des versants abrupts des sablières pour y nidifier en colonies de plusieurs centaines de couples.

La restauration des anciennes sablières et gravières préoccupe particulièrement les intervenants récréo-touristiques (Association touristique régionale) et les comités locaux d'embellissement. À partir d'expériences de plantation dans les sablières à Laterrière, les spécialistes recommandent de recouvrir la surface du sable d'une couche de 4 à 5 centimètres de terre arable pour permettre une meilleure rétention de l'humidité. La plantation devient cependant problématique lorsque la nappe phréatique se situe à moins de un mètre de profondeur. Dans les zones urbaines, on a réaménagé certaines sablières abandonnées en aires résidentielles, commerciales ou récréatives. Ailleurs au Canada, l'organisme Canards Illimités a transformé des sablières abandonnées en habitats propices à la nidification des canards. L'intermittence des exploitations et l'indifférence des exploitants constituent les principaux obstacles au réaménagement des gravières et des sablières. Les réglements provinciaux sur les carrières et sablières au titre de la loi de la qualité de l'environnement portent sur des aspects présents et futurs et ne tentent guère de résoudre les problèmes de l'abandon des sites d'extraction et de leur restauration.

Références bibliographiques

André Marsan & Ass. (1983) *Programme de stabilisation des berges du lac Saint-Jean. Étude d'impact sur l'environnement et le milieu social*, Alcan, 3 tomes et 19 annexes.

McLellan, A.G. (1983) «Gravières et carrières: répercussions sur les terres et restauration du site», Le*s terres: stress et impacts*, Dossier nº 6, Environnement Canada, p. 198-243.

MER (1988) *Répertoire des établissements menant des opérations minières au Québec, 1987. Région administrative du Saguenay–Lac-Saint-Jean (02).*

Environnement Québec (1988) *L'environnement au Québec, un premier bilan,* Document technique, 429 p.

Landry, B. et M. Mercier (1984) *Notions de géologie avec exemples du Québec,* Modulo Éditeur, 437 p.

Lasalle, P. et G. Tremblay (1978) *Dépôts meubles Saguenay–Lac Saint-Jean. Rapport géologique n⁰ 191*, ministère des Richesses naturelles du Québec, 61 p.

Pépin, P. et C. Potvin (1984) *L'arbre et notre environnement,* Monographie sur une expérience de sensibilisation à l'environnement. Comité d'environnement de Laterrière, ministère de l'Éducation, 8 p. + 2 annexes.

Sarrazin R. et *al.* (1983) *La protection des habitats fauniques au Québec,* Groupe de travail pour la protection des habitats, MLCP, 256 p. + annexe B (175 p.).

Statistiques Canada (1986) *Activité humaine et l'environnement, un compendium de statistiques,* ministère des Approvisionnements et Services Canada, cat. n⁰ 11-509F, 375 p.

L'ÉDIFICATION ET L'OPÉRATION DE BARRAGES

Barrages et réservoirs

La région hydrographique du Saguenay–Lac-Saint-Jean compte près de 500 barrages de toutes sortes. On peut les classer en quatre types selon leur utilisation et leur mode d'opération (tableau 25). La majorité, soit 86 % de ces ouvrages de retenue d'eau, forme des bassins de moins de 500 hectares. Beaucoup de ces petits barrages ont été construits par des compagnies forestières dans le but de faire le flottage du bois. Quand cette activité a cessé, le gouvernement a conservé quelques vieux ouvrages afin de préserver le potentiel faunique qui se serait établi dans ces milieux lacustres.

Les grands barrages, au nombre de 67, forment des bassins de plus de 500 hectares. Parmi ceux-ci, une douzaine de barrages d'aqueduc sont sous la responsabilité de municipalités pour assurer leur approvisionnement en eau potable. Les centrales hydro-électriques, quant à elles, appartiennent de façon majoritaire au secteur privé; Hydro-Québec n'en possède que deux petites (tableau 26). Les six plus grands barrages de la région, opérés par Alcan pour la production d'électricité, sont associés à trois grands lacs-réservoirs: le lac Saint-Jean, le lac Péribonca (Passes-Dangereuses) et le lac Manouane (figure 32). Ces trois réservoirs représentent une superficie totale de 1 765 km² et peuvent emmagasiner l'eau des crues (13 milliards de mètres cubes) afin de la libérer, selon le rythme requis, pour la production d'énergie. Le réservoir Pipmuacan fournit l'eau à deux barrages d'Hydro-Québec situés dans la région de la Côte-Nord: Bersimis 1 et Bersimis 2.

La compagnie Abitibi-Price inc. possède son propre réseau hydro-électrique comprenant sept unités réparties sur les rivières Shipshaw, Chicoutimi et aux Sables, pour une capacité maximale de 154 875 kW.

Tableau 25

TYPES DE BARRAGE SELON LEUR MODE D'OPÉRATION

TYPE	UTILISATION	MODE D'OPÉRATION EN AVAL (côté rivière)	MODE D'OPÉRATION EN AMONT (côté lac-réservoir)
Barrage hydro-électrique	fournir une énergie de pointe	variations brusques du débit au cours d'une journée même journée	variations du niveau au cours d'une même journée
Barrage de flottage du bois	faciliter l'écoulement du bois vers la rivière ou l'usine	variations brusques du débit à quelques reprises au cours d'une même année	variations brusques du niveau à quelques reprises au cours d'une même année
Barrage-réservoir	produire de l'électricité, régulariser les débits, garder une réserve d'eau	maintient le débit constant à l'année	niveau en fonction des cotes minimum et/ou maximum d'opération
Barrage récréo-touristique	servir à des fins récréatives, sportives et touristiques	mode d'opération très aléatoire en période estivale	du maintien du niveau à une élévation commode au vidangeage complet pour le nettoyage

SOURCE: CRE (1989)

Tableau 26
CENTRALES HYDRO-ÉLECTRIQUES
AU SAGUENAY–LAC-SAINT-JEAN

LOCALISATION OU NOM DU BARRAGE	PROPRIÉTAIRE	ANNÉE	PUISSANCE (kilowatts)
Chute-des-Passes	Alcan	1960	742 500
Shipshaw	Alcan	1943	717 000
Isle-Maligne	Alcan	1925	336 000
Chute-du-Diable	Alcan	1951	187 250
Chute-à-la-Savane	Alcan	1953	187 250
Chute-à-Caron	Alcan	1930	180 000
Jim-Gray	Abitibi-Price	1952	58 000
Murdock-Wilson	Abitibi-Price	1957	51 000
Chicoutimi	Elkem Metal Canada		32 000
Jonquière (2 centrales)	Abitibi-Price	1912-1948	16 000
Chutes-aux-Galets	Abitibi-Price	1921	13 600
Chicoutimi	Abitibi-Price	1923	9 900
Adam-Cunningham	Abitibi-Price	1952	6 375
Pont-Arnault	Hydro-Québec		5 450
Jonquière	Ville Jonquière		4 092
Chute-Garneau	Hydro-Québec		2 240
Consol 1 (LaBaie)	Consol		828
Consol 2 (LaBaie)	Consol		460

TOTAL: 2 549 945

SOURCE: CRE (1988)

203

Figure 32
RÉSERVOIRS HYDRO-ÉLECTRIQUES ET RIVIÈRES INFLUENCÉES PAR DES OUVRAGES DE CONTRÔLE AU SAGUENAY–LAC-SAINT-JEAN

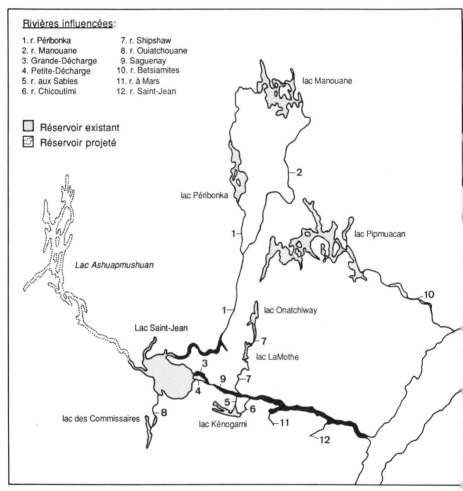

Rivières influencées:

1. r. Péribonka
2. r. Manouane
3. Grande-Décharge
4. Petite-Décharge
5. r. aux Sables
6. r. Chicoutimi
7. r. Shipshaw
8. r. Ouiatchouane
9. Saguenay
10. r. Betsiamites
11. r. à Mars
12. r. Saint-Jean

▨ Réservoir existant
▨ Réservoir projeté

lac Manouane

lac Péribonka

lac Pipmuacan

Lac Ashuapmushuan

lac Onatchiway

Lac Saint-Jean

lac LaMothe

lac des Commissaires

lac Kénogami

SOURCE: CRE (1989)

L'impact des inondations sur les écosystèmes

L'érection d'un barrage provoque la submersion de territoires plus ou moins étendus selon la topographie des lieux et les dimensions de l'ouvrage. Il en résulte la disparition d'écosystèmes forestiers, riverains et aquatiques. L'inondation d'une grande portion de territoire entraîne nécessairement le déplacement de plusieurs espèces animales, ce qui exerce une pression sur les écosystèmes adjacents qui n'ont pas toujours la capacité de support suffisante pour faire face à l'arrivée des nouveaux individus.

Les modifications apportées par la création d'un réservoir favorisent certaines espèces qui trouvent, dans ce nouvel habitat, des conditions de vie directement ou indirectement favorables lorsque la compétition avec d'autres espèces diminue. Un changement des espèces dominantes de poissons se produit alors dans le nouveau lac-réservoir. Toutefois, les fluctuations importantes du niveau de l'eau et la décomposition de la matière végétale nouvellement submergée nuisent au développement de la vie aquatique, notamment en créant une forte demande biologique en oxygène. Les barrages eux-mêmes constituent des obstacles infranchissables pour certains poissons, comme l'Ouananiche et l'Omble de fontaine, les empêchant d'accéder à leurs frayères natales.

La décomposition des végétaux libère dans l'eau des métaux lourds, dont le mercure, présents naturellement dans le sol et dans la végétation submergée. La contamination des poissons par le mercure, par bioaccumulation dans les chaînes alimentaires, est un problème toujours préoccupant pour la santé. L'influence des lacs-réservoirs sur le climat (température, précipitations et vent) se fait généralement sentir dans le territoire environnant sur une distance égale à la distance parcourue par le vent au-dessus de l'eau.

Les barrages d'importance, bien que conçus en fonction des possibilités connues de séismes, suscitent inévitablement des inquiétudes dans la population lors de tremblements de terre de grande magnitude (supérieure à 6 selon l'échelle de Richter).

Des répercussions négatives ou positives selon le mode d'opération

La faune et la flore aquatiques se sont adaptées aux variations naturelles de niveau et de débit de l'eau. Or, la manipulation des débits et des niveaux d'eau, nécessaire dans l'opération d'un barrage, a un impact considérable sur l'habitat et la faune. Par exemple, la manipulation des niveaux du lac-réservoir peut modifier le schéma naturel de variations des niveaux et ainsi exonder des espèces végétales stric- tement aquatiques ou inonder d'autres espèces qui ne tolèrent pas une inondation prolongée. On assiste alors à un appau- vrissement en diversité et en quantité de la flore du milieu riverain et, conséquemment, de la faune qui lui est associée. Plus particulièrement, un retard causé artificiellement dans l'atteinte du niveau maximal printanier, comme c'est le cas au réservoir du lac Saint-Jean, augmente les risques d'inon- dation des nids d'oiseaux aquatiques. De plus, la manipu- lation des débits d'une rivière peut interférer avec la migration des poissons (notamment chez les salmonidés), chasser des géniteurs des frayères, emporter les alevins ou assécher et geler les œufs pondus dans les frayères, inonder les nids des oiseaux qui nichent à proximité de l'eau, etc.

D'un autre côté, lorsqu'on l'utilise en conformité avec les exigences de la faune ou de manière à augmenter la qualité de l'habitat, la manipulation des débits et des niveaux peut s'avérer bénéfique pour certaines espèces et même devenir un outil d'aménagement très efficace. Si le schéma d'opé- ration des ouvrages de contrôle des eaux s'inspirait des va- riations naturelles des débits et des niveaux, le plan d'eau évoluerait vers un nouvel équilibre biologique et, après quelques années, bien malin serait celui qui pourrait le différencier d'un plan d'eau naturel.

Actuellement, la gestion des lacs-réservoirs (ampleur des variations des niveaux et des débits, périodes et chronologie des fluctuations) est adaptée aux besoins de l'industrie (production optimale d'électricité). Elle est donc parfois très éloignée des variations naturelles, ce qui provoque et perpétue un état de déséquilibre particulièrement ressenti dans les milieux riverain et aquatique (érosion des berges, appauvrissement des habitats) et chez la faune qui leur est associée.

Une érosion galopante

Depuis l'exhaussement des eaux du lac Saint-Jean en 1926 et malgré les efforts de la Société Alcan pour remédier à la situation, le problème particulier de l'érosion des berges demeure sérieux. En 1986, à la suite de la tenue d'une audience publique, le gouvernement du Québec a délivré par décret à Aluminium du Canada un certificat d'autorisation pour la réalisation du Programme de stabilisation des berges du lac Saint-Jean. D'une durée de 10 ans (1986-1996), ce programme vise à prévenir l'érosion conséquente à l'utilisation du lac comme réservoir pour la production d'électricité. Pour ce faire, Alcan travaille avec chaque MRC et chaque municipalité concernées, et consulte individuellement les riverains avant d'effectuer les travaux chez eux. De plus, elle collabore avec les divers ministères impliqués, entre autres au maintien et à l'augmentation du potentiel faunique du lac.

On utilise divers moyens de contrôle de l'érosion (plusieurs sont appliqués à titre expérimental): le rechargement des plages avec du sable, du gravillon, du gravier; la construction de perrés, d'épis rocheux et de brise-lames; la pose de tapis de blocs de béton et de matelas-gabions; l'adoucissement des pentes et la revégétalisation des berges. Chaque type d'intervention sur le littoral a des conséquences sur l'utilisation récréative du lac, mais aussi sur son écologie. D'un côté, certains écosystèmes terrestres sont protégés de l'érosion par les infrastructures en place; de l'autre, la perturbation du littoral et la gestion des eaux créent de nouvelles pressions sur la faune et la flore, pressions dont les répercussions sont encore mal connues, notamment sur les marais littoraux.

De grands et tout petits projets

Le projet contesté d'aménagement hydro-électrique de la rivière Ashuapmushuan, ayant fait l'objet d'une large consultation du public de 1980 à 1983, avait ensuite été mis en veilleuse par Hydro-Québec dans un contexte de baisse de la demande d'électricité à l'époque. En juin 1989, le projet refaisait surface dans une version modifiée relative à la gestion des pointes de demande d'électricité. Rappelons que la "variante 1" du projet comprenait la construction de quatre centrales sur l'Ashuapmushuan et nécessitait l'inondation de 520 km² de terrain pour une puissance installée de 960 MW. Hydro-Québec préconise maintenant l'aménagement de deux centrales d'une puissance totale de 550 MW et nécessitant l'inondation de 610 km² (figure 32). Le rapport d'étude d'avant-projet (phase 1) sera déposé à la fin de 1989. Les conséquences environnementales d'un tel projet sont considérables, notamment pour les niveaux du lac Saint-Jean et pour l'avenir de l'industrie récréo-touristique. Devant ces craintes, une forte opposition s'est déjà manifestée à l'échelle régionale.

La Société Alcan aurait la possibilité de développer une nouvelle centrale de 185 MW sur la rivière Péribonka, entre Chute-du-Diable et Chute-des-Passes. Alcan a déjà étudié un autre projet de centrale sur la Péribonka, dont la puissance pourrait aller jusqu'à 500 MW. Une telle centrale ajoutera probablement peu de pression sur cette rivière qui est déjà soumise depuis une trentaine d'années aux variations artificielles de niveau et de débit.

Des petits barrages sont construits chaque année à diverses fins. Pour la période de 1975 à 1980, le ministère de l'Environnement a répertorié 21 nouveaux barrages récréo-touristiques. Le programme d'action du MLCP pour contrer la progression du Meunier noir dans le secteur des monts Valin nécessitera l'aménagement de huit digues et de sept seuils (petits barrages de deux mètres de hauteur) (voir le chapitre concernant «L'exploitation de la faune»).

Références bibliographique

André Marsan & Ass. (1983) *Programme de stabilisation des berges du lac Saint-Jean. Étude d'impact sur l'environnement et le milieu social,* Alcan, 3 tomes et 19 annexes.

Bureau d'audiences publiques sur l'environnement (1985) *Programme de stabilisation des berges du lac Saint-Jean. Rapport d'enquête et d'audience publique,* 194 p. + annexes.

Environnement Québec (1988) *L'environnement au Québec, un premier bilan,* Document technique, 429 p.

Hydro-Québec (1983) *Rivière Chamouchouane. Rapport synthèse des études préliminaires,* 120 p.

Hydro-Québec (1989) *Aménagement hydroélectrique de l'Ashuapmushuan. Renseignements généraux,* 38 p.

Hydro-Québec (1989) *Aménagement hydroélectrique de l'Ashuapmushuan. Amorce des études de la phase 1 de l'avant-projet,* Bulletin 2, 10 p.

Hydro-Québec (1989) *Plan de développement d'Hydro-Québec 1989-1991/Horizon 1998,* 162 p.

Sarrazin, R. *et al.* (1983) *La protection des habitats fauniques au Québec,* Groupe de travail pour la protection des habitats, MLCP, 256 p. + annexe B (175 p.).

Vachon, G. et *al.* (1980) *Kénogami, une gestion de l'environnement aquatique à repenser,* Bassin hydrographique Saguenay–Lac Saint-Jean n$^\circ$ 18, MENVIQ, 313 p.

LA PRODUCTION DE L'ALUMINIUM

Attirée au Saguenay–Lac-Saint-Jean par l'énorme potentiel hydro-électrique du bassin versant du Saguenay, la Northern Aluminium Company, aïeule d'Alcan (Société d'électrolyse et de chimie Alcan ltée), amorce son expansion à partir des années 1920. La production de l'aluminium a connu par la suite une expansion rapide, particulièrement durant la Seconde Guerre mondiale. Au début des années 1980, on a pu assister à la modernisation des installations de même qu'à une nouvelle croissance de la production. En 1989, Alcan est propriétaire de quatre alumineries au Saguenay–Lac-Saint-Jean: Jonquière (1926), Isle-Maligne à Alma (1943), Grande-Baie à La Baie (1982) et Laterrière à Chicoutimi (1989). De plus, le complexe industriel de Jonquière comprend un vaste complexe de chimie inorganique, soit l'usine Vaudreuil (tableau 27).

LA FABRICATION DE L'ALUMINIUM

La fabrication de l'aluminium à partir de la bauxite comprend deux phases: la première consiste à extraire l'alumine (Al_2O_3) de la bauxite par un procédé chimique (figure 33-A) et la seconde à réduire l'alumine en aluminium par un procédé électrolytique (figure 33-B).

Les procédés chimiques

Le complexe de chimie inorganique (usine Vaudreuil), comprend différents procédés (figure 34). L'un des principaux permet de produire de l'alumine à partir de la bauxite qui contient 50 % d'oxyde d'alumine trihydrate (Al_2O_3 $3H_2O$). On traite 2,5 millions de tonnes de bauxite annuellement. Pour ce faire, la bauxite est broyée et mélangée à une solution de soude caustique (NaOH). La soude dissout l'oxyde d'aluminium et les impuretés contenant surtout des oxydes de fer, de silicium et de titane, et communément appelées boue rouge, demeurent à l'état solide. On sépare alors la

Figure 33
LA PRODUCTION D'ALUMINIUM

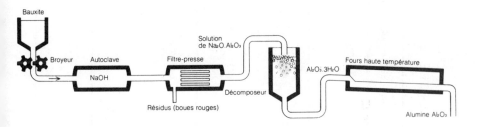

A) PROCÉDÉ CHIMIQUE

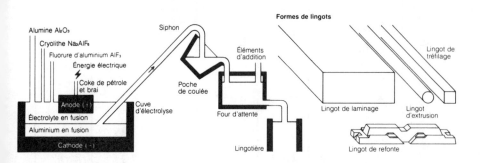

B) PROCÉDÉ ÉLECTROLYTIQUE

SOURCE: Alcan (1988)

Tableau 27

LES SEPT PRINCIPALES ALUMINERIES AU QUÉBEC EN 1988*

	BAIE-COMEAU	ALMA	JONQUIERE	LA BAIE	SHAWINIGAN	BÉCANCOUR	MELOCHEVILLE
PROPRIÉTAIRE	Société canadienne de métaux Reynolds Limitée	Société d'électrolyse et de chimie Alcan Limitée	Société d'électrolyse et de chimie Alcan Limitée	Société d'électrolyse et de chimie Alcan Limitée	Société d'électrolyse et de chimie Alcan Limitée	Péchiney-Alumax-SGF	Société d'électrolyse et de chimie Alcan Limitée
ANNÉE D'OUVERTURE	1957 1969a 1982a	1943	1926 1939a	1982	1901 1941b	1986 1991a	1942 1945c 1951d
CAPACITÉ DE PRODUCTION (t Al/an)	273 000	73 000	432 000	171 000	84 000	220 000 (1re phase)e + 110 000 (2e phase)	47 000
TYPE DE CUVES	- 536 cuves Sodenberg à goujons verticaux - 240 cuves à anodes précuites à alimentation centrale	cuves Soderberg à goujons horizontaux	- 1890 cuves Sodenberg à goujons horizontaux - 822 cuves à anodes précuites	anodes précuites à alimentation centrale	cuves Soderberg à goujons horizontaux	anodes précuites à alimentation centrale	cuves Soderberg à goujons horizontaux
NOMBRE DE CUVES	776	456	2 712	384	644	480 (1re phase) + 240 (2e phase)	300

FOURS DE CUISSON D'ANODES	NON[f]	NON	OUI	OUI	NON[g]	OUI	NON
USINE DE RÉCUPÉRATION DE CRYOLITHE	NON	NON	OUI	NON	NON	NON	NON
USINE DE FLUORURE	NON	NON	OUI	NON	NON	NON	NON
UNITÉ PHYSIOGRAPHIQUE	Bouclier canadien - région des Basses terres de la Côte-Nord et d'Anticosti	Bouclier canadien - région des Basses terres du lac Saint-Jean	Bouclier canadien - région des Basses terres du lac Saint-Jean	Bouclier canadien - région des Basses terres du lac Saint-Jean	Bouclier canadien - région des Hautes terres des Laurentides	Basses terres du Saint-Laurent	Basses terress du Saint-Laurent
VENTS DOMINANTS	Ouest et sud-ouest (40 %)	Nord-ouest (18 %)	Ouest (34 %) sous-dominants de l'est et sud-ouest	Ouest et ONO (30 %) Est et ESE (25 %)	Ouest (22 %)	Sud-Ouest (35 %)	Sud-Ouest (27 %)

a: agrandissement de l'usine
b: construction d'une seconde aluminerie à Shawinigan.
c: Celle de 1901 devient une câblerie
c: fermeture de l'aluminerie

d: réouverture de l'aluminerie
e: début de la production fixé à avril 1986
f: anodes assemblées à Baie-Comeau
g: anodes précuites à Jonquière

SOURCE: CONSEIL CONSULTATIF DE L'ENVIRONNEMENT (1986)

* Notez l'ouverture prochaine de quatre autres alumineries au Québec: Alcan (usine Laterrière à Chicoutimi), Alumax (à Deschambeaux), Péchiney (à Bécancour) et Raynolds (à Baie-Comeau).

Figure 34
LES PROCÉDÉS CHIMIQUES EFFECTUÉS
À L'USINE VAUDREUIL DU COMPLEXE JONQUIÈRE

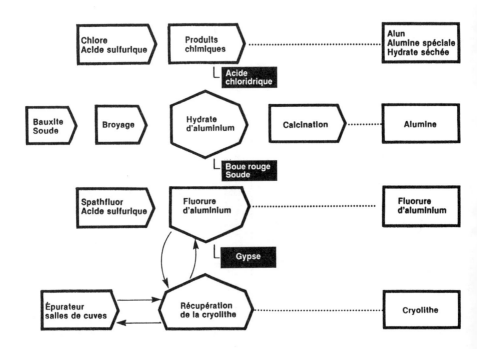

SOURCE: Alcan (1988)

boue rouge de la solution d'aluminate par filtration. À partir de la solution d'aluminate, on obtient de l'hydrate d'alumine qui est recristallisé et calciné par la suite dans des fours à lits fluidisés pour produire une poudre blanche: l'oxyde d'aluminium ou alumine (Al_2O_3). L'usine Vaudreuil produit ainsi 1,25 million de tonnes d'alumine calcinée annuellement, laquelle servira de matière première dans les usines d'électrolyse pour la production d'aluminium. Il faut quatre tonnes de bauxite pour obtenir deux tonnes d'alumine qui donneront finalement une tonne d'aluminium. Par exemple, en 1987, on a ainsi traité près de 2,5 millions de tonnes de bauxite pour produire 625 000 tonnes d'aluminium.

L'hydrate d'alumine est aussi utilisé aux usines de produits chimiques où l'on produit de l'alun, de l'alumine spéciale et de l'hydrate séché. L'acide chlorhydrique résiduel provenant de ces usines sert à neutraliser l'effluent contenant de la soude avant son déversement dans la rivière Saguenay.

On utilise aussi l'hydrate d'alumine comme matière première pour la production de fluorure d'aluminium, un électrolyte servant à la production d'aluminium. L'usine Vaudreuil génère principalement un type de résidu: l'anhydrite, communément appelée gypse. Par procédé chimique, l'usine Vaudreuil fournit annuellement 40 000 tonnes de fluorure d'aluminium pour le procédé d'électrolyse.

Enfin, les liqueurs provenant des épurateurs des salles de cuves et de l'usine de fluorure sont acheminées à l'usine de récupération de la cryolithe où l'on capte les fluorures pour produire de la cryolithe, laquelle fait partie du bain électrolytique dans les usines d'électrolyse. Les liqueurs retournent par la suite aux épurateurs et à l'usine de fluorure pour servir de nouveau à l'épuration.

Le procédé électrolytique

La réduction de l'alumine calcinée en aluminium (métal pur) s'effectue dans les cellules électrolytiques, ou cuves, traversées par un courant continu. Le complexe Jonquière compte 2 174 cuves; l'usine Isle-Maligne, 456; l'usine Grande-Baie, 384; l'usine Laterrière, 432. Chaque cuve comprend deux parties principales: la cathode (électrode négative) et l'anode (électrode positive).

La cathode est constituée de carbone et d'un produit réfractaire, contenu à l'intérieur d'un caisson d'acier (grand creuset). L'anode est faite de coke de pétrole (résidu solide de la carbonisation ou de la distillation de certaines houilles grasses) dans lequel on incorpore un liant, le brai (résidu pâteux de la distillation du goudron).

Chez Alcan, il existe deux principaux types de cuves, celles à anodes précuites et celles à anodes de type Söderberg à goujons horizontaux. Dans le premier type, avant d'être utilisée dans les salles de cuves, l'anode est précuite dans des fours de cuisson où les goudrons émis (hydrocarbures aromatiques polycycliques ou HAP) sont captés. Dans le second type, l'anode est constituée d'un bloc de pâte chaude qui cuit au fur et à mesure qu'elle s'approche de la zone de réaction dans les cuves. Ce procédé génère des HAP.

L'électrolyse de l'alumine s'effectue dans la cuve. L'aluminium en fusion se dépose sur la cathode et du gaz carbonique (CO_2) se dégage à l'anode suspendue dans le bain électrolytique (l'électrolyte). Ce procédé consomme de grandes quantités d'énergie électrique, soit entre 13,5 et 16,5 kilowatts/heure par kilogramme d'aluminium. L'approvisionnement en énergie électrique d'Alcan est assuré par six centrales situées sur les rivières Péribonka et Saguenay qui fournissent annuellement en moyenne 1 900 mégawatts sur une puissance installée de 2 700 mégawatts, soit l'équivalent de l'énergie nécessaire pour alimenter une ville de 300 000 habitants (voir le chapitre «L'édification et l'opération de barrages»).

L'électrolyte est composée surtout de cryolithe (NaS_3AlF_6), à laquelle on ajoute habituellement d'autres substances pour lui donner les caractéristiques appropriées, entre autres du fluorure d'aluminium (AlF_3) et du lithium, celui-ci servant à diminuer les émissions de fluorures. Dans les nouvelles usines possédant des systèmes d'épuration performants, comme celles de La Baie et de Laterrière, le lithium ne sera plus utilisé.

L'aluminium en fusion dans le fond de la cuve est siphonné dans un creuset et transféré dans des fours d'attente où s'effectuent le mélange d'aluminium provenant de différentes cuves et la préparation d'alliages (incorporation de métaux spéciaux). Après le contrôle analytique de sa composition, le métal est coulé en lingots.

LES REJETS DANS L'ENVIRONNEMENT

Les fluorures

Au point de vue physiographique, la plaine du lac Saint-Jean et du Haut-Saguenay constitue une enclave distincte au sein du massif montagneux des Laurentides. Les alumineries de Jonquière, d'Alma et de La Baie sont toutes situées à l'intérieur de cette enclave et représentent la plus forte concentration de sources d'émissions fluorées au Canada, soit 55 % des émissions totales en fluorures au Québec pour les années 1940 à 1983.

Le procédé d'électrolyse (salles de cuves) est la principale source d'émissions fluorées dans l'atmosphère. Ces émissions ont grandement évolué dans le temps au rythme des changements technologiques (figure 35). À l'usine de Jonquière, on a estimé le maximum à 4 000 tonnes produites au cours de l'année 1942 et correspondant à la production

Figure 35

ÉVOLUTION DES ÉMISSIONS DE FLUORURES TOTAUX AUX USINES D'ÉLECTROLYSE DE JONQUIÈRE ET D'ALMA

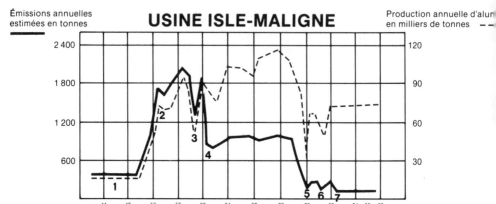

Émissions annuelles estimées en tonnes

USINE ISLE-MALIGNE

Production annuelle d'alun en milliers de tonnes – –

1. Manque de données de production et d'émissions (estimés).
2. Démarrage de 2 nouvelles salles de cuves (405 et 406).
3. Fermeture de la ligne 403.
4. Construction d'épurateurs acides.
5. Grève générale de 1976 et fermeture de la ligne V.S. (405).
6. Grève générale de 1979.
7. Addition de Li_2CO_3 aux cuves (3 lignes).

USINES DE JONQUIÈRE

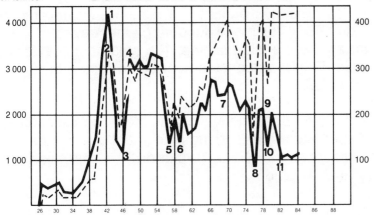

1. Production à pleine capacité (guerre mondiale).

2. Démarrage des salles de cuves 46 @ 57 avec épurateurs alcalins.

3. Fermeture des salles de cuves précuites.

4. Ouverture des précuites 41 @ 45.

5. Grève 1957.

6. Fermeture des salles de cuves précuites.

7. Ouverture graduelle des précuites munies d'épurateurs acides.

8. Grève générale de 1976.

9. Redémarrage et début de la construction des épurateurs acides aux Soderberg.

10. Grève générale de 1979.

11. Construction des épurateurs acides du côté Nord + addition de Li_2CO_3 aux cuves.

maximale de cette époque (Seconde Guerre mondiale). Depuis ce temps, les quantités émises ont diminué. Actuellement (données de 1986), l'usine de Jonquière émet environ 1 250 tonnes par an, l'usine Isle-maligne, 130 et la nouvelle usine Grande-Baie, 78. Ces quantités sont conformes à la réglementation actuelle.

La construction de la nouvelle aluminerie de Chicoutimi en 1989 (usine Laterrière), en remplacement d'une partie de l'usine Jonquière devrait réduire de plus de 30 % ces émissions fluorées dans la région.

Dans une recherche (Ouellet, 1980) effectuée à partir de données recueillies en 1978 et portant sur la qualité de la neige et de l'état du milieu hivernal, on a démontré que les fluorures industriels étaient dispersés sur une superficie de forme ovale de 3 000 km², soit presque toute la partie habitée à l'est du lac Saint-Jean. On a repris cet inventaire en 1984, soit après l'achèvement du programme de l'assainissement de l'air, et constaté que les valeurs au-dessus du niveau national (concentration de 0,05 ppm généralement observée dans les endroits non exposés directement aux émissions de fluorures) n'excédaient pas 50 km² autour de chacune des trois alumineries. Aucune recherche n'a encore été entreprise pour évaluer les effets des émissions régionales de fluorures sur la santé humaine.

Dans l'ensemble, l'occupation du territoire en périphérie des usines est constituée de milieux urbanisés et d'éléments naturels (champs, friches, boisés, tourbières, potagers, parterres, espaces verts récréatifs). Les fluorures peuvent présenter une menace pour la végétation lorsque les concentrations ambiantes excèdent les normes recommandées (la norme du MENVIQ est actuellement de 5 kg de fluorures par tonne d'aluminium produite). Au Québec, on a identifié une vingtaine de plantes sensibles aux fluorures atmosphériques, dont le bleuet, les conifères et les jeunes plants d'orge.

En ce qui concerne la faune indigène (mammifères, oiseaux, poissons, insectes), aucune étude n'a été effectuée au Québec. Cependant, au Saguenay–Lac-Saint-Jean, on a observé avec attention les bovins paissant à proximité des installations d'électrolyse. Leur régime alimentaire (herbivore) et leur longue durée de vie, jumelés à leur faible tolérance, les rendent particulièrement vulnérables aux fluorures. C'est à la fin des années 1940 qu'on observa pour la première fois des anomalies dans les troupeaux laitiers, surtout des boitements et des pertes de rendement dues à l'usure prématurée des dents, ce qui nuisait au broutage. Au début des années 1950, on constata que les animaux les plus affectés se trouvaient dans un rayon de 6 à 8 km des usines, alors que les symptômes de fluorose dentaire diminuaient graduellement jusqu'à disparaître totalement à une distance de 25 km de celles-ci. Depuis ce temps, grâce aux progrès technologiques et aux efforts d'assainissement, la réduction des émissions de fluorures pour l'usine Jonquière (passant de 4 000 tonnes en 1942 à 1 250 tonnes en 1986) a entraîné une diminution des concentrations de fluorures dans le fourrage avoisinant. Depuis l'implantation d'épurateurs humides au début des années 1970, les concentrations se situent en deçà des normes recommandées par le MENVIQ.

Les HAP

Les hydrocarbures aromatiques polycycliques (HAP) sont des composés organiques qui forment une famille de plusieurs centaines de substances. Le benzo (a) pyrène (B(a)P), réputé pour être cancérigène, est celui qu'on a le plus étudié jusqu'à présent.

Les HAP manifestent une faible solubilité dans l'eau. On leur reconnaît de plus une très grande capacité d'adsorption à la surface des particules. Étant donné ces importantes caractéristiques, on considère que les HAP sont généralement associés à des matières en suspension dans l'air ambiant.

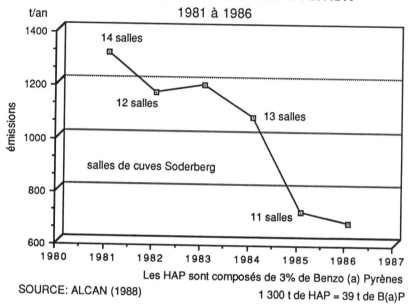

Figure 36

**ÉVOLUTION DES ÉMISSIONS DE HAP
PROVENANT DE L'USINE D'ARVIDA**

1981 à 1986

Les HAP sont composés de 3% de Benzo (a) Pyrènes

SOURCE: ALCAN (1988)

1 300 t de HAP = 39 t de B(a)P

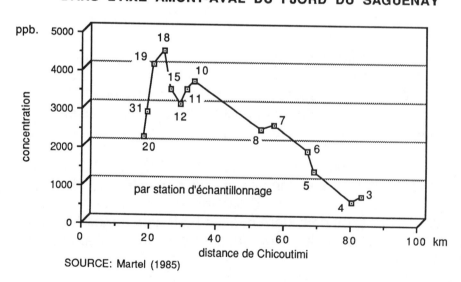

Figure 37

**VARIATION SPATIALE
DE LA CONCENTRATION TOTALE DE HAP
DANS L'AXE AMONT-AVAL DU FJORD DU SAGUENAY**

SOURCE: Martel (1985)

Les HAP émis dans l'atmosphère proviennent de tout processus de combustion incomplet ou de la pyrolyse de matières organiques. Toute usine qui procède à la combustion du charbon, de l'huile, du gaz et du goudron devient une source potentielle de HAP.

En plus des alumineries, le chauffage au bois, la combustion d'essence ou de carburant diesel dans les véhicules moteurs, l'incinération de déchets solides de toute nature, ainsi que les feux de forêt contribuent significativement aux émissions de HAP dans l'atmosphère. Enfin, la fumée de cigarette et diverses méthodes de cuisson (comme la friture) rejettent des quantités non négligeables de HAP en plus d'être des modes importants d'exposition individuelle à ce contaminant. Une fois rejetés dans l'atmosphère, les HAP adsorbés aux particules et aux gouttelettes atmosphériques se diffusent et retombent avec les précipitations. Les HAP émis dans l'atmosphère ne font pas encore l'objet d'une réglementation.

Les HAP pénètrent généralement dans l'organisme par inhalation de l'air pollué ou de la fumée de tabac, par le contact de la peau avec de la suie, du goudron ou des huiles minérales, ou par ingestion de l'eau ou de certains aliments.

Dans les alumineries, la source principale de HAP provient du procédé d'électrolyse de type Söderberg. L'usine Jonquière comprend 20 salles de cuves dont 6 de type précuit et 14 de type Söderberg, (3 salles de cuves Söderberg ont été fermées entre 1981 et 1985 et le sont toujours). L'usine d'Alma compte 3 salles de cuves, toutes de type Söderberg, et la nouvelle usine de La Baie ne comporte que des cuves de type précuit.

Pour l'usine Jonquière, en se basant sur une production annuelle de 382 000 tonnes d'aluminium, on calcule une valeur d'émissions de B(a)P en 1986 de 20 tonnes par an (figure 36), ce qui équivaut à 200 fois la valeur d'émissions de B(a)P calculée pour les activités de chauffage et de transport (sources diffuses) effectuées à l'intérieur de la région du Saguenay–Lac-Saint-Jean.

Lors d'une campagne effectuée à Jonquière à l'été 1983, la concentration moyenne de B(a)P dans l'air ambiant s'est révélée atteindre près de 25 nanogrammes par mètre cube, soit une valeur de plus de 40 fois supérieure à celle de Montréal-Est, région industrialisée réputée polluée. Des concentrations plus élevées se situent dans l'axe des vents prédominants.

En 1986, Sécal a prélevé 100 échantillons (transmis au MENVIQ) dont la concentration moyenne s'est révélé inférieure à 10 nanogrammes/m³. Parmi la centaine d'échantillons, trois ont présenté une concentration maximale excédant 100 ng/m³ (sur 24 heures). Selon une analyse de MENVIQ, l'un de ces trois échantillons, prélevé dans le quartier résidentiel de Sainte-Thérèse, situé à proximité de l'aluminerie de Jonquière, avait une concentration de 524 ng/m³. Cette situation extrême serait attribuable à des conditions de vents et de pression atmosphérique particulières et ne refléterait pas le degré de qualité de l'air ambiant dans ce secteur. Dans cette région, la majorité des rejets de HAP se fait dans l'axe du Saguenay suivant les vents dominants.

Selon un chercheur de l'UQAC, Martel (1985), 98 % des HAP émis dans l'atmosphère ne se retrouvent pas dans les sédiments du fjord. De plus, ceux qui se déposent au sol sont susceptibles d'y être retenus. En plus des émissions atmosphériques, les effluents liquides non traités des épurateurs d'air des séries d'électrolyse de l'usine Isle-Maligne d'Alma furent déversés en continu dans la rivière Saguenay de 1943 à 1976, représentant un apport de 100 à 200 tonnes de HAP par année dans l'écosystème étudié. Il ne fait aucun doute que la principale source d'émission de ces composés dans la région du Saguenay–Lac-Saint-Jean est constituée par les alumineries situées en amont du fjord du Saguenay (figure 37).

Toujours selon Martel (1985), les valeurs extrêmes observées dans le fjord du Saguenay pour les HAP se situaient entre 501 et 4 402 parties par billiard (ppb) et pour les B(a)P, entre 25 et 27 ppb; les valeurs de ces derniers étaient donc en deçà de la norme de 1 000 ppb recommandée par la Commission mixte internationale pour la protection de la vie aquatique.

Les bélugas fréquentant le fjord du Saguenay et l'estuaire du Saint-Laurent sont exposés à une dizaine de contaminants majeurs (tels les BPC, le mirex, le DDT et les HAP). Il n'y a pas consensus parmi les spécialistes quant à l'impact des HAP sur la santé des bélugas, mais leur présence dans l'écosystème du fjord du Saguenay soulève certaines craintes.

Le dioxyde de soufre (SO_2) et les oxydes d'azote (NO_x)

La fabrication des anodes, la préparation de l'alumine, le procédé d'électrolyse et la coulée des lingots d'aluminium génèrent du dioxyde de soufre (SO_2). La fabrication des anodes produit également du dioxyde d'azote (NO_2). D'après les statistiques de 1986, les alumineries du Saguenay–Lac-Saint-Jean rejettent annuellement dans l'atmosphère près de 14 000 tonnes de SO_2 et un peu plus de 1 500 tonnes de NO_x, représentant respectivement 74 % et 45 % des émissions industrielles de la région. L'évolution des émissions atmosphériques du complexe industriel de Jonquière, d'où proviennent 70 % des rejets de SO_2 et 100 % des rejets de NO_x, témoigne des efforts de réduction entrepris par Alcan. En effet, de 1980 à 1986, les quantités de SO_2 libérées dans l'atmosphère sont passées de 34 000 tonnes à 10 000. Cette diminution est principalement le résultat de la baisse de la teneur en soufre dans le coke et dans l'huile, de la réduction de la consommation de mazout (bouilloires électriques) et de la conversion au gaz naturel.

Le dioxyde de soufre (SO_2) et les oxydes d'azote (NO_x) sont des polluants atmosphériques responsables de l'acidification des précipitations (pluie, neige). Les émissions provenant des alumineries s'ajoutent aux autres sources régionales et surtout aux sources ontariennes et du Midwest américain. Dans l'environnement, cet effet d'accumulation des polluants dans l'atmosphère se traduit par l'augmentation du niveau d'agression des sulfates qui affecte notamment les écosystèmes aquatiques (voir le chapitre «Les précipitations acides»).

Les résidus

Le soda

Lors de la production d'hydrate d'aluminium, une partie du soda utilisé est acheminée aux lacs de boue. Le soda est «repompé» puis retourné aux usines d'hydrate avec la liqueur. Cependant, compte tenu des importantes quantités de liqueur utilisées aux usines d'hydrate, une partie de ce soda est perdue aux effluents. En 1986, la perte totale de soda équivalait à une vingtaine de tonnes par jour, comparativement à 51 tonnes en 1980. Un programme est en cours actuellement pour diminuer ces pertes à la source.

La boue rouge

La production d'hydrate d'aluminium à partir de la bauxite génère 600 000 tonnes par an d'un résidu, la boue rouge. Ce résidu (à 25 % solide) contient 38 % d'oxyde de fer (d'où la couleur rouge caractéristique), 16 % d'alumine, 16 % de silice, 6 % de titane, 8% d'oxyde de sodium, 2 % d'oxyde de calcium, 5 % d'eau et 9 % d'autres oxydes métalliques ainsi que des traces de cyanure dans les liquides.

Jusqu'en 1987, la boue était entreposée, en circuit fermé, dans des bassins de décantation. Depuis ce temps, l'usine Vaudreuil recourt à une nouvelle technologie consistant à épaissir (45-50 % solide) et à empiler la boue. Cette technique a l'avantage d'éviter l'expansion des aires d'entreposage.

Comme dans le cas des bassins de décantation, selon le principe d'empilage, les précipitations (eau, neige) accumulées au site d'entreposage retournent aux usines d'hydrate qui agissent comme un immense évaporateur.

Le mercure

Durant les années d'activité de l'usine de chlore-alcali, fermée depuis 1976, du mercure a été libéré aux effluents. Des chercheurs de l'UQAC évaluent à 60 tonnes le mercure d'origine industrielle contenu dans les sédiments du Saguenay.

Lors du démantèlement de cette usine en 1977, on a entreposé le mercure résiduel en accord avec le MENVIQ, dans deux lacs de boue rouge présentement remis en bon état par couche d'argile et gazonnage. On a choisi cette pratique en raison de la particularité de la boue rouge à fixer le mercure. La qualité des eaux souterraines et de ruissellement fait l'objet d'un suivi régulier.

Le gypse (anhydrite)

L'anhydrite, communément appelé gypse, est un résidu de la production du fluorure d'aluminium. La technologie utilisée à la nouvelle usine de fluorure, qui a commencé ses activités en 1986, entraîne la formation de 100 000 tonnes par an de ce résidu non dangereux qui est présentement entreposé en tas.

Quant au dépôt à ciel ouvert de gypse contaminé provenant de l'ancienne usine de fluorure, il a fait l'objet d'une remise en état (1984-1987) avec l'approbation du MENVIQ (Direction des substances dangereuses).

La brasque

Dans les usines d'électrolyse, lorsque la vie utile d'une

cuve est terminée, on doit disposer du contenu de la cathode. Ce produit se nomme la brasque et contient des éléments de brique, de carbone, des fluorures, des cyanures et de l'aluminium. Les usines d'Alma, de La Baie, de Shawinigan et de Melocheville acheminent directement leurs brasques aux installations de Jonquière, ce qui représente 21 000 tonnes par an pour l'ensemble des cinq alumineries. Depuis 1981, ces brasques, qui constituent le principal résidu de l'électrolyse, sont entreposées en accord avec le MENVIQ sur un nouveau site à membrane naturelle imperméable que l'on dénomme la cellule. Rappelons que les réserves de brasques entreposées sur l'ancien site ont aussi été transférées à ce nouvel emplacement et que ce mode de disposition est considéré comme temporaire (court et moyen termes), puisque l'étanchéité de cet emplacement n'est pas encore assuré. Il y a notamment des cyanures qui s'en échappent et qui migrent vers le Saguenay. Mentionnons aussi que ce n'est que depuis le début des années 1980 que ce problème de disposition des brasques se pose puisque avant cette date, la brasque était traitée à l'usine de récupération de la cryolithe.

Les anodes usées

Les anodes usées, quant à elles, sont broyées et retournées dans le circuit pour la fabrication d'autres électrodes. Une partie du broyage s'effectue dans une entreprise locale.

L'écume

Enfin, dans les usines de coulée, l'enlèvement d'impuretés à la surface du métal liquide produit un résidu que l'on appelle l'écume. Les alumineries de la région génèrent 9 800 tonnes par an d'écume. On fait généralement subir à l'écume le traitement sous cloche d'argon pour diminuer l'oxydation du métal afin d'en récupérer le maximum. La partie restante est traitée pour recyclage soit dans une firme à l'extérieur de la région soit dans une entreprise locale.

Vers l'assainissement industriel

Dans le but de diminuer les émissions atmosphériques, un programme d'assainissement de l'air est en vigueur depuis 1975. Il s'est d'abord traduit par une nette amélioration des conditions de travail des employés et il a permis de réduire les émissions de poussières de 50 % et de fluorures d'environ 70 %. Ces améliorations sont dues au remplacement des épurateurs alcalins par des épurateurs acides (lits de balles), à l'utilisation de lithium dans le bain électrolytique et à l'installation d'une haute ventilation sur chaque cuve.

Parallèlement, un programme de réduction des émissions de HAP est en cours. À l'heure actuelle, et ce depuis 1980, la baisse atteint plus de 50 % (figure 36) grâce à l'utilisation d'une pâte sèche (contenant moins de brai). Le programme se poursuit avec différents projets dont un essai pilote sur un épurateur.

Enfin, la conversion de plusieurs usines au gaz naturel et l'implantation des nouvelles usines de cuisson des anodes, de calcination d'alumine, de fluorure d'aluminium de même que le nouveau centre des produits cathodiques représentent une nette amélioration tant pour les conditions de travail que pour l'environnement externe. À titre d'exemple, on a mesuré une baisse de 40 % dans les émissions de SO_2 au complexe industriel de Jonquière depuis 1984.

Les effluents des alumineries, comme ceux de l'industrie minière et des pâtes, papiers et cartons, contribuent à la contamination des sédiments de la rivière Saguenay par des métaux lourds (manganèse, arsenic, cadmium, cuivre, mercure, plomb et zinc) et d'autres substances polluantes (HAP, fluorures, cyanures). Leurs teneurs dans les sédiments décroissent dans le segment à partir du complexe industriel de Jonquière jusqu'à l'embouchure du fjord du Saguenay. Alcan a instauré depuis quelques années un programme de réduction des pertes aux effluents qui vise à éliminer les pertes à la source et à réduire les rejets d'eaux usées dans la rivière Saguenay. Par exemple, au complexe industriel de Jonquière, pour la période 1980-1986, on a obtenu une réduction de 60 % des rejets de soda (de 50 à 20 tonnes par jour), de 70 % des rejets de cyanures (de 15 à 5 kg/j), de 70 % des rejets en fluorure (de 1,5 à 0,35 t/j) et de plus de 90 % des rejets d'huiles et de graisses (de 980 à 60 kg/j). À l'intérieur de ce programme, on a effectué le raccord des eaux sanitaires de l'usine Isle-Maligne au réseau d'égout municipal.

Des discussions sont en cours entre Alcan et le MENVIQ (GERLED) concernant le dossier des sites d'entreposage de ses résidus. Des 22 sites d'élimination de déchets dangereux dans la région, la société Alcan en utilise six situés à Alma, Jonquière et Laterrière, dont cinq présentent un potentiel moyen de risques pour la santé publique et/ou un potentiel de risques élevé pour l'environnement (d'après la classification de GERLED). Dans le cadre de ce dossier, Alcan a entrepris, au complexe industriel de Jonquière, en 1984, une étude hydrogéologique (direction et taux d'écoulement souterrain) couvrant l'ensemble des installations et dont les résultats ont été transmis au MENVIQ.

Parmi les nouvelles technologies intégrées au complexe industriel de Jonquière, mentionnons le projet DHR (décanteur à haut rendement) aux usines d'hydrate et le projet d'empilage des boues qui devraient réduire les pertes de soda aux effluents. La conversion de plusieurs usines, au gaz naturel en remplacement du mazout, a aussi permis de réduire les pertes d'huiles aux effluents de plus de 90 %. L'ensemble des projets contenus dans ce programme a permis de réduire d'environ 70 % les rejets aux effluents depuis 1980.

En ce qui concerne la gestion des résidus, la politique d'Alcan est orientée vers la récupération se traduisant par la recherche et le développement dans ce domaine. L'utilisation des fluorures captés aux épurateurs des salles de cuves pour produire de la cryolithe, électrolyte nécessaire à l'électrolyse, en constitue un exemple d'application en cours depuis plusieurs années. Autre exemple d'application: le captage des fluorures dans les épurateurs à sec (usine Grande-Baie) par l'alumine qui est ensuite retournée à la cuve.

Plusieurs technologies sont en développement à l'heure actuelle: mentionnons les possibilités d'utilisation du gypse comme revêtement de plancher et matériau de construction, de même que le potentiel énergétique intéressant de la vieille brasque, démontré par plusieurs essais. À ce sujet, on poursuit les recherches pour examiner les marchés potentiels. Par ailleurs, les tests pilotes réalisés au Centre de recherche et de développement Arvida ont démontré que la boue rouge pourrait être récupérée et servir à la fabrication de briques réfractaires. Finalement, le remplacement du procédé Söderberg par le procédé utilisant des anodes précuites, comme dans les usines Laterrière et Grande-Baie, demeure pour Alcan une bonne solution de rechange en matière de protection de l'environnement.

Le programme de réduction des rejets industriels annoncé par le MENVIQ touche particulièrement les alumineries de la région. Dans le cadre de ce vaste programme, Alcan devra obtenir une attestation d'assainissement qui précisera toutes les conditions imposées quant aux rejets dans l'eau, dans l'air ou sur le sol. La mise en application du programme est prévue pour le début des années 1990.

Dans le cadre du Plan d'action Saint-Laurent, les rejets toxiques des alumineries de la région feront l'objet d'une intervention prioritaire de la part des deux gouvernements.

Références bibliographiques

Alcan (1986) *Alcan au Québec*, 32 p. + annexe statistique.

André Marsan & Ass. (1985) *Sources et teneurs en hydrocarbures aromatiques polycycliques dans la région du Saguenay–Lac Saint-Jean,* Rapport soumis à SECAL, 147 p.
Conseil consultatif de l'environnement (1986) *Avis sur les fluorures d'origine industrielle dans l'environnement québécois,* gouvernement du Québec, 221 p. (tome 1) et 131 p. (tome 2).

Environnement Québec (1988) *L'environnement au Québec, un premier bilan,* Document technique, 429 p.

GERLED (1984) *Liste des lieux ayant reçu des déchets potentiellement dangereux dans la région du Saguenay–Lac-Saint-Jean,* MENVIQ, Jonquière.

Martel, L. (1985) *Analyse spatio-temporelle des hydrocarbures polycycliques aromatiques (HPA) dans les sédiments du fjord du Saguenay, Québec,* Mémoire de maîtrise en productivité aquatique, UQAC, 87 p.

Ouellet, M. (1979) *Géochimie et granulométrie des sédiments superficiels du lac Saint-Jean et de la rivière Saguenay,* INRS-Eau, Rapport scientifique nº 104, 209 p.

Ouellet, M. et al. (1981) *Contamination de la neige par les émissions atmosphériques de fluorures d'alumineries de la région du Saguenay–Lac-Saint-Jean, Québec,* INRS-Eau et Environnement Québec, 28 p.

Saucier, J.Y. (1988) «Les HAP, nouvelles vedettes dans le monde des contaminants», *Milieu,* nº 36, Environnement Canada, p. 21-23.

Sauriol, A. et B. Gauthier (1984) *Étude sur les fluorures d'origine industrielle: présentation de quatre cas canadiens,* Conseil consultatif de l'environnement, gouvernement du Québec, 97 p.

L'URBANISATION

La municipalité correspond au mode d'organisation des établissements humains qui caractérisent notre société. Le Saguenay–Lac-Saint-Jean (en excluant la zone de Chibougamau–Chapais) compte 63 municipalités regroupées au sein de quatre Municipalités régionales de comté (MRC), qui se partagent l'organisation et l'aménagement du territoire urbain de la plaine régionale (figure 38). Les agglomérations urbaines ont suivi le développement de l'agriculture et l'implantation des infrastructures industrielles reliées principalement à la transformation du bois et à la production de l'aluminium.

La population

Après une longue période de stagnation de 1961 à 1976, la région a connu un accroissement démographique important de 1976 à 1981 puis une légère baisse entre 1981 et 1986. Ainsi, la population du Saguenay–Lac-Saint-Jean (excluant la zone de Chibougamau–Chapais) comptait 294 266 personnes en 1985. On note que l'âge des deux tiers de la population était alors inférieur à 35 ans, correspondant aux générations des années 1946 à 1966, communément appelées «générations du baby-boom». On prévoit que, d'ici l'an 2001, la population régionale atteindra entre 303 000 et 330 000 personnes. Mais le processus de vieillissement de la population, qui résulte essentiellement de la limitation progressive des naissances, se poursuivra, faisant ainsi chuter la proportion des jeunes et augmenter celle des personnes âgées. D'après les prévisions, ces dernières représenteront près de 11 % de la population en l'an 2001.

Comparativement aux autres régions-ressources du Québec, le Saguenay–Lac-Saint-Jean est fortement urbanisé (75% de sa population habite les centres urbains). Une partie de la population régionale occupe une bande étroite autour du lac Saint-Jean, formant des agglomérations importantes au confluent de la Grande et de la Petite Décharge (Alma avec

Figure 38
LIMITES DES TERRITOIRES MUNICIPALISÉS
DU SAGUENAY–LAC-SAINT-JEAN (RÉGION 02)

MRC Maria-Chapdelaine

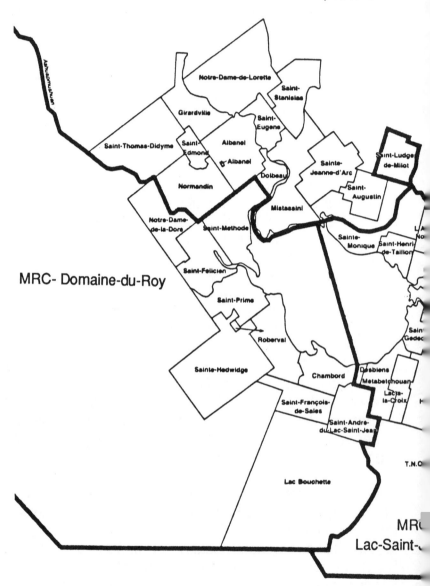

SOURCE: CRE (1989)

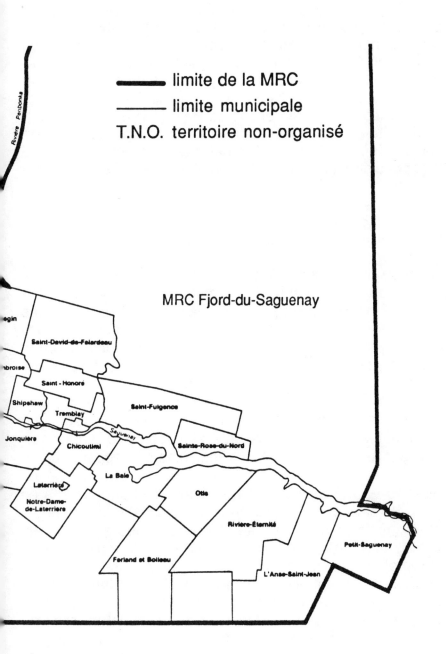

limite de la MRC
limite municipale
T.N.O. territoire non-organisé

MRC Fjord-du-Saguenay

Saint-David-de-Falardeau

Saint - Honoré

Shipshaw

Trembiay

Saint-Fulgence

Jonquière

Chicoutimi

Saguenay

Sainte-Rose-du-Nord

Laterrière

La Baie

Notre-Dame-
de-Laterrière

Otis

Rivière-Éternité

Ferland et Boileau

L'Anse-Saint-Jean

Petit-Saguenay

Rivière Péribonka

27 100 habitants), au confluent des rivières Mistassini et Mistassibi (Dolbeau–Mistassini avec 16 100 habitants), au sud du lac Saint-Jean (Roberval avec 11 900 habitants) et à l'embouchure de l'Ashuapmushuan (Saint-Félicien avec 9 700 habitants). Cependant, plus de la moitié de la population régionale (52 %) se concentre dans le noyau urbanisé du Haut-Saguenay, constitué des municipalités de Jonquière, Shipshaw, Chicoutimi, Laterrière et La Baie (151 920 habitants). La densité de la population dans le Haut-Saguenay varie de 400 à 1 700 habitants par kilomètre carré. L'évolution rapide de la population dans les centres urbains industrialisés contraste avec l'évolution très lente dans les municipalités à caractère agricole. L'expansion urbaine empiète donc graduellement sur les espaces ruraux, incluant des terres agricoles productives (voir le chapitre «L'exploitation agricole»).

En se basant sur la fréquence de certaines maladies, la population du Saguenay–Lac-Saint-Jean possède un bilan de santé peu reluisant par comparaison aux autres régions du Québec. En effet, une vaste étude portant sur la géographie de la santé au Québec indique pour la région une très faible espérance de vie à la naissance et à 35 ans, et une très forte mortalité générale (supérieure de 13 % à la moyenne provinciale). La surmortalité est élevée à tous les groupes d'âge et dans l'ensemble du territoire, à l'exception du secteur de Roberval. Le Saguenay–Lac-Saint-Jean se distingue surtout par ses décès dûs à des maladies de l'appareil circulatoire (maladies cardio-vasculaires, accidents cérébro-vasculaires et artéro-scléroses respectivement supérieures de 11 %, 13 % et 52 % à la moyenne provinciale), à des tumeurs malignes (plus haut taux au Québec), à des accidents de véhicules à moteur (supérieurs de 35 % à la moyenne provinciale), à des maladies de l'appareil respiratoire (supérieures de 29 % à la moyenne provinciale) et à la mortalité infantile. La faible minéralisation de l'eau potable, le travail dans les industries de l'aluminium et de transformation de la fibre de bois, les conditions médiocres du logement, la qualité des aliments, les habitudes alimentaires et la qualité de l'environnement peuvent être des facteurs responsable de ce bilan de santé peu reluisant.

Les agglomérations urbaines et l'environnement

L'urbanisation consiste en la transformation de l'environnement naturel par l'homme pour l'adapter à ses besoins fondamentaux et à ses activités de développement et de loisir. Le milieu urbain possède ses propres caractéristiques physiques et favorise l'établissement d'une communauté vivante (faune et flore) peu diversifiée mais très productive, fortement conditionnée par l'action et les habitudes de l'humain et par l'influence du milieu naturel environnant. On peut donc considérer les agglomérations urbaines comme de véritables écosystèmes créés à l'image de l'être humain.

Dans les agglomérations urbaines, les arbres sont relativement peu nombreux et souvent plantés en alignements. Les arbustes sont généralement éliminés, sauf pour former des haies ou des touffes décoratives à la limite des propriétés privées. Le gazon, les aménagements floraux et les petits jardins couvrent le sol des terrains aménagés. Un système de drainage efficace (égouts fluviaux) évite l'accumulation en surface de l'eau de pluie et de fonte. Les mauvaises herbes, composées surtout de plantes adventices, envahissent les espaces vacants ou délaissés (terrains vagues, bordures des trottoirs et des rues, jardins délaissés). Les constructions (maisons, immeubles, commerces, édifices communautaires, usines, garages, remises, etc.) sont plus ou moins resserrées les unes contre les autres et forment des quartiers résidentiels, communautaires, commerciaux et industriels. Le réseau de distribution de l'électricité, du téléphone et du câble TV, sans oublier les cordes à linge remplissent le ciel de fils. Les corridors de circulation pour les véhicules et les piétons sont asphaltés ou bétonnés et éclairés la nuit. Les transports, les activités industrielles et l'animation dans les quartiers génèrent un bruit ambiant généralement supérieur à 40 décibels (A), et qui s'accentue aux heures de pointe.

Les activités humaines de nature domestique, industrielle ou récréative, consomment plusieurs ressources et rejettent une grande quantité de déchets dans l'eau et dans le sol. Ces activités entraînent également la formation de poussières et de gaz dans l'atmosphère. Le milieu urbain exerce donc des pressions sur les milieux naturels avoisinants, pouvant conduire à une dégradation importante de l'environnement et ainsi compromettre le développement des générations humaines à venir.

L'eau potable

À cause du rôle fondamental qu'elle joue dans nos vies et surtout à cause de son usage polyvalent, l'eau constitue une ressource abondamment utilisée en milieu urbain. Les municipalités de la région s'approvisionnent en eau potable en la puisant dans des lacs (souvent endigués) ou dans de grandes rivières ou encore, à défaut, dans des nappes d'eau souterraine. La qualité de l'eau potable dépend de l'environnement entourant la source d'alimentation, et varie considérablement selon la saison de l'année. L'eau subit donc au besoin des traitements d'épuration avant d'être distribuée aux consommateurs (tableau 28).

Au Saguenay–Lac-Saint-Jean, le nombre de systèmes de distribution d'eau devant être soumis aux contrôles bactériologiques et physico-chimiques s'élevait à 89 en 1987. Ce premier constat fait nettement ressortir que les choix d'aménagement des prises d'eau en matière de localisation et de densification ne sont pas toujours judicieux. Les infrastructures prévues et les utilisations du sol ne respectent pas toujours les exigences environnementales. Un sondage Sorécom (1988) indique que 38 % des Québécois ne font plus confiance à l'eau du robinet comme source d'eau potable, malgré les fortes sommes investies par les municipalités pour la purifier. Certaines municipalités et groupes de citoyens (Alma, Jonquière, Hébertville) ont aménagé des sources naturelles d'eau potable.

La consommation d'eau potable a tendance à augmenter avec la taille des municipalités et la venue de nouvelles industries. Également, cette consommation s'accroît avec le niveau de vie des individus. Le citoyen vivant en milieu urbanisé utilise en moyenne 180 litres d'eau potable par jour à sa résidence et de 90 à 180 litres par jour pour l'ensemble de ses autres activités domestiques (lavage de voiture, arrosage du gazon, remplissage de la piscine, etc.). Devant l'évolution de la population dans les centres urbains, plusieurs municipalités sont confrontées à un problème de quantité disponible d'eau potable. On s'interroge également sur certaines pratiques, notamment le fait que l'on approvisionne certaines industries à même la nappe d'eau souterraine alors que les eaux de consommation domestique sont puisées dans des eaux de surface de moindre qualité.

Les eaux usées

Le rejet des eaux usées domestiques sans traitement est l'une des principales agressions du monde urbain sur les écosystèmes aquatiques. Le degré de pollution observé dans les milieux aquatiques récepteurs rend pratiquement impossible l'usage de leur eau à des fins de récréation ou de consommation. Certaines municipalités rejetaient même leurs eaux usées en amont de prises d'eau potable de d'autres municipalités ou à proximité de plages très fréquentées. Les principales répercussions environnementales conséquentes au déversement d'un égout domestique urbain sont les suivantes:

—contamination bactériologique des eaux littorales, les rendant impropres à la consommation et aux activités récréatives (la baignade particulièrement);
—rejet de matières solides en suspension, causant des problèmes de turbidité à l'échelle locale et occasionnant en une diminution de la productivité biologique;
—rejet de matières organiques riches en substances nutritives (azote, phosphore) pouvant contribuer à l'eutrophi-

Tableau 28
TYPE D'ALIMENTATION ET DE TRAITEMENT DE L'EAU POTABLE DANS LES MUNICIPALITÉS DU SAGUENAY–LAC-SAINT-JEAN

Espace municipalisé	Source d'alimentation		Traitement		
	surface	souterraine	aucun	chloration	complet
MRC FJORD DU SAGUENAY					
Bégin	◆		◆		
Bourget (canton)		◆		◆	
Chicoutimi	◆				◆
Ferland/Boileau	puits individuels				
Jonquière	◆◆◆			◆	◆◆
La Baie		◆	◆		
Larouche (paroisse)	◆		◆		
Laterrière	◆			◆	
Otis (canton)	◆			◆	
Petit-Saguenay	◆			◆	
Rivière-Éternité	puits individuels			◆	
Saint-Ambroise (village)		◆		◆	
Saint-David-de-Falardeau	◆		◆	◆	
Saint-Fulgence	◆			◆	
Saint-Honoré		◆	◆		
Anse-Saint-Jean	◆		◆		
Saint-Rose-du-Nord	◆			◆	
Shipshaw	◆	◆	◆◆		
Tremblay (canton)	alimenté par Chicoutimi, Shipshaw et Saint-Honoré.				
MRC DOMAINE-DU-ROI					
Chambord		◆			◆
Lac Bouchette		◆			◆
La Doré		◆		◆	
Roberval	◆				◆
Saint-André	◆		◆		
Saint-Félicien		◆	◆	◆	
Saint-François-de-Sales	◆		◆		
Sainte-Hedwidge	◆			◆	
Saint-Méthode	puits individuels				
Saint-Prime	◆			◆	
Ouiatchouan	◆			◆	

SOURCES: Schémas d'aménagement des MRC (1986-1988)

Tableau 28 (suite)
TYPE D'ALIMENTATION ET DE TRAITEMENT DE L'EAU POTABLE DANS LES MUNICIPALITÉS DU SAGUENAY–LAC-SAINT-JEAN

Espace municipalisé	Source d'alimentation		Traitement		
	surface	souterraine	aucun	chloration	complet
MRC LAC-SAINT-JEAN-EST					
Alma & Delisle	♦			♦	
L'Ascension	♦				
Desbiens	♦				
Hébertville	♦				
Labrecque		♦			
Lac-à-la-Croix	♦				
Lamarche	♦				
Métabetchouan	♦				
Saint-Gédéon	♦				
Saint-Henri-de-Taillon	♦				
Saint-Ludger-de-Milot		♦	♦		
Sainte-Monique	♦				
Taché (canton)	♦				
MRC MARIA-CHAPDELAINE					
Albanel (canton)	♦			♦	
Albanel (village)	♦		♦		
Dolbeau	♦		♦		♦
Girardville		♦	♦		
Mistassini	♦			♦	
Normandin		♦	♦		
Notre-Dame-de-Lorette		♦	♦		
Péribonka	♦			♦	
Saint-Augustin	♦			♦	
Saint-Edmond	puits individuels				
Saint-Eugène	♦			♦	
Sainte-Jeanne-D'Arc	♦			♦	
Saint-Stanislas		♦	♦		
Saint-Thomas-Didyme	♦			♦	

SOURCES: Schémas d'aménagement des MRC (1986-1988)

sation (fertilisation des eaux et prolifération des algues) des milieux aquatiques récepteurs, et conduisant entre autres à la désoxygénation des eaux, à la mort des poissons et au dégagement d'odeurs nauséabondes;

—rejet de substances toxiques contaminant les écosystèmes.

En plus des eaux usées domestiques, le milieu urbain amplifie les quantités d'eau de ruissellement captées par les puisards disposés le long des rues. Ainsi, les cours d'eau reçoivent tout ce qui a été déposé sur le sol par l'activité urbaine, tels les engrais et les pesticides trop ou mal appliqués sur les gazons, les détergents de lavage, les retombées atmosphériques, les déchets solides, les résidus provenant de la circulation automobile (plomb, huiles et essences non consommées, poussières, HAP), les particules provenant de l'usure des surfaces asphaltées, les abrasifs et les fondants chimiques utilisés pour l'entretien des rues en hiver (voir le chapitre «Les corridors de transport»).

D'après les données de mai 1984 tirées du *Répertoire national des ouvrages de purification de l'eau et des installations d'épuration de l'eau usée au Canada (MUNDAT)*, on estime que les municipalités de la région du Saguenay—Lac-Saint-Jean rejettent quotidiennement dans l'environnement aquatique une charge polluante de 38 782 kilogrammes par jour de DBO_5 (demande biologique en oxygène), 34 880 kg/j de matières en suspension et 1 238 kg/j de phosphore.

Les activités manufacturières, les hôpitaux et les institutions (dont les laboratoires) des centres urbains de la région entraînent également le rejet d'eaux usées dans les égouts domestiques ou directement dans des cours d'eau, avec ou sans traitement d'épuration au préalable. Statistique Canada indique qu'en 1981, 259 établissements à caractère industriel portaient une agression forte (4 % des établissements), moyenne (26 %) ou faible (70 %) contre la ressource «eau».

L'assainissement des eaux

Le gouvernement du Québec lançait en 1978 un programme d'assainissement des eaux s'attaquant en priorité aux eaux usées domestiques. La réalisation des ouvrages d'assainissement pour les municipalités qui ont signé une entente s'échelonnera jusqu'en 1992. En ce qui concerne les eaux de ruissellement, aucune action gouvernementale n'est prévue pour le moment.

L'intervention du gouvernement québécois sur la pollution d'origine urbaine vise à réduire les eaux parasites, à intercepter les eaux usées domestiques et les eaux usées des vieux égouts unitaires (mélangeant les eaux usées domestiques aux eaux de ruissellement) en période de temps sec, à traiter l'ensemble des eaux usées interceptées par une usine d'épuration et à rendre les eaux usées industrielles compatibles avec les ouvrages de traitement biologique pour leur épuration. Les quartiers municipaux non desservis par un réseau d'égouts ne sont pas touchés par le programme d'assainissement. Dans ce cas, la population doit épurer ses eaux usées individuellement par une installation septique conforme à un règlement provincial dont l'application relève de chaque municipalité.

L'assainissement des eaux permet le contrôle et l'élimination des différentes sources de pollution des eaux urbaines. Dans le cas des grandes rivières se jetant dans le lac Saint-Jean, le traitement des eaux d'égout domestiques des municipalités permettra d'éliminer les problèmes d'odeurs, de salubrité et d'esthétique. En territoire agricole, la réduction des phosphates dans les effluents contribuera à la réduction des problèmes de «surfertilisation» à l'embouchure de ces rivières. Les municipalités riveraines du lac, pourront résoudre leurs problèmes locaux de prolifération des algues par le traitement des eaux usées et la localisation judicieuse de l'effluent. Par ailleurs, les eaux usées de toutes les municipalités du Haut-Saguenay pourvues d'un réseau d'égouts seront interceptées et acheminées vers des usines d'épuration. On accordera une attention particulière aux municipalités situées à proximité des zones de cueillette de mollusques. Dans le cas des trois grosses municipalités longeant le Saguenay (Jonquière, Chicoutimi, La Baie) on résoudra les problèmes de contamination bactériologique par la désinfection, ou encore par la localisation judicieuse des émissaires. Pour les petites municipalités en bordure des rivières tributaires, le traitement des eaux usées devra prévoir une réduction de la contamination bactériologique jusqu'à un seuil compatible avec les activités de baignade.

Les boues résiduaires qui s'accumulent dans les étangs d'épuration sont susceptibles d'être valorisées en agriculture (voir chapitre «L'exploitation agricole»). Cependant, cette avenue dépendra de la qualité des boues résultant de la nature des rejets se retrouvant dans les égouts domestiques.

Les déchets municipaux

Les déchets solides sont une autre source de pollution qui caractérise particulièrement l'activité urbaine. Les ordures ménagères, les déchets des municipalités, des commerces, des institutions publiques et des petites et moyennes entreprises, les résidus d'usines de traitement, les déchets et les débris de démolition et d'excavation aboutissent à divers lieux d'élimination. Il en existe 84 dans la région, sous la forme de sites d'enfouissement sanitaire, d'incinérateurs, de dépôts en tranchées et de dépotoirs à ciel ouvert (maintenant tous fermés).

La population du Saguenay–Lac-Saint-Jean génère à elle seule plus de 92 000 tonnes de déchets domestiques par an (environ 900 grammes par personne par jour), sans compter les dizaines de milliers de tonnes de déchets provenant des établissements commerciaux, institutionnels, industriels (industries légères), des carcasses automobiles, des entreprises de construction et de démolition. La quantité totale de déchets

Tableau 29

**PRINCIPALES MATIÈRES RÉCUPÉRABLES
DANS LES DÉCHETS MUNICIPAUX**

Matières secondaires	Débouchés habituels	Utilisations typiques
Papier journal	Pâtes et papiers	Carton plat, papier journal, isolant cellulosique
Carton	Pâtes et papiers	Cartons plats et ondulés
Papier fin	Pâtes et papiers	Papiers tissus Papier à écriture
Verre	Verreries Producteurs de microbilles	Contenants de verre Abrasifs Peintures réfléchissantes
Plastique	Producteur de plastique	Plastique de basse qualité
Métaux ferreux	Fonderies	Métal
Métaux non ferreux	Fonderies	Matières de charge
Résidus végétaux	Compost	Amendement au sol

SOURCES: MENVIQ (1988) & CRE (1989)

à éliminer annuellement dans la région, à l'exclusion des déchets miniers et agricoles, serait de l'ordre de 300 000 tonnes.

La population est desservie presque totalement (98,5 %) par un service régulier d'enlèvement des déchets. Dans la majorité des cas, ce service est assuré par un entrepreneur lié par contrat avec la municipalité.

Une bonne partie des déchets domestiques peut techniquement être récupérée et recyclée (jusqu'à 60 % dans une cueillette multimatérielle) (tableau 29). Au Saguenay–Lac-Saint-Jean (1988), deux municipalités (Alma et Laterrière) font de la collecte sélective «porte à porte»: une journée précise de la semaine, les résidents peuvent déposer à leur porte les papiers, les cartons et le verre. Il existe aussi des dépôts de quartiers dans les municipalités de Chicoutimi, de La Baie, d'Albanel, de Mistassini et de Saint-Félicien. De plus, on compte à l'échelle régionale, 3 grands marchés aux puces, 42 brocantes et brocanteurs (achat et revente d'objets usagés), de même que 10 acheteurs de métaux ferreux et non ferreux. Malgré les efforts de récupération et de recyclage, le volume des déchets qui restent demeure énorme et problématique.

L'adoption du règlement sur les déchets solides en 1978 (Loi sur la qualité de l'environnement) prévoyait la fermeture et la désaffectation de tous les dépotoirs municipaux à ciel ouvert existants pour les remplacer par des sites d'enfouissement sanitaire (pour les grandes agglomérations) ou des sites de dépôt en tranchées choisis et aménagés selon des normes de protection de l'environnement. En effet, l'élimination anarchique des déchets (on comptait 65 dépotoirs à ciel ouvert dans 47 municipalités en 1981) causait de sérieux préjudices à l'environnement en raison de la vermine qui y proliférait, des résidus qui contaminaient les eaux et qui polluaient le sol, les eaux souterraines et de surface, ainsi que des fumées et des odeurs qui s'en dégageaient. De plus, l'incinération des déchets municipaux créait de sérieux problèmes de pollution de l'air (libération de particules en suspension, de HAP et de gaz toxiques).

Pour remplacer les incinérateurs et les dépotoirs municipaux à ciel ouvert, on a aménagé le premier site d'enfouissement sanitaire de la région à Laterrière en 1971, pour desservir 67 000 personnes. Depuis 1981, la population de la plupart des grandes municipalités de la région est desservie par un site d'enfouissement sanitaire géré par la MRC responsable. Cependant, le site d'enfouissement sanitaire de Laterrière, dont la fermeture devait avoir lieu entre 1982 et 1984, demeure toujours en fonction aujourd'hui et recueille depuis 1981 les déchets d'une population de 165 000 personnes, représentant 100 200 tonnes de déchets par an. Dans ce contexte, le site constitue un grave risque potentiel pour l'environnement (le MENVIQ analyse régulièrement des échantillons d'eaux de lixiviation) et les élus municipaux n'ont pas encore trouvé de solution acceptable pour le remplacer. Après de nombreuses démarches et devant le refus par référendum, en 1988, des citoyens de la municipalité de Saint-Honoré pour recevoir le nouveau site d'enfouissement, on a orienté le projet d'implantation vers un autre site, celui de canton Plessis (au nord du lac Kénogami); mais là encore, on rencontre une forte opposition venant de la population locale.

En principe, les études scientifiques démontrent que l'enfouissement sanitaire, aménagé selon les règles de l'art, constitue la solution la plus acceptable pour la protection de l'environnement. Le syndrome «pas dans ma cour» témoigne des craintes des citoyens devant l'absence de politique cohérente pour garantir une gestion des déchets à long terme et une régie sécuritaire des sites d'enfouissement sanitaire.

Les citoyens sont maintenant sensibilisés à l'importance d'une gestion intégrée des déchets: diminution, recyclage et valorisation des déchets. L'impact de ce degré de sensibilisation sera véritablement effectif au moment où les citoyens

Figure 39

**PARTICULES EN SUSPENSION DANS L'AIR
DE DEUX AGGLOMÉRATIONS URBAINES
DU HAUT-SAGUENAY**

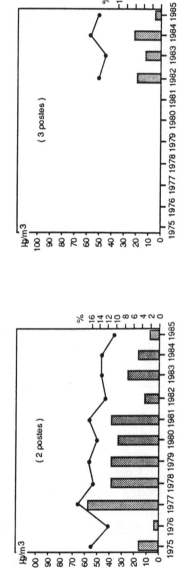

CHICOUTIMI/JONQUIÈRE

LA BAIE

SOURCE: MENVIQ (1988)

auront modifié leurs habitudes de consommation. Au niveau régional, on note un mouvement de consommation sélective, privilégiant l'utilisation de biens durables et moins polluants. Il leur reste toutefois à modifier eux-mêmes leurs habitudes de consommation pour arriver à contribuer pleinement au programme de dépollution de leur environnement. La réalisation d'un centre de tri à haut rendement pour diminuer le volume des déchets demeure problématique et conditionnelle à la localisation d'un site d'enfouissement dans le Haut-Saguenay et au développement du marché des matières recyclables.

L'air en milieu urbain

La pollution de l'air est l'un des facteurs de la diminution de la qualité de vie dans les zones urbaines. Cette pollution se caractérise par la présence de particules en suspension, d'odeurs désagréables ou d'épaisses fumées. En 1986, des échantillons prélevés dans l'air des agglomérations urbaines révélaient principalement la présence des contaminants suivants: les particules en suspension (HAP, fluorures, plomb), le dioxyde de soufre (SO_2), le monoxyde de carbone (CO), le dioxyde d'azote (N_2O) et l'ozone (O_3). Ces polluants proviennent en grande partie des émissions industrielles, de l'utilisation de l'automobile et du chauffage au mazout ou au bois en hiver.

Figure 40
**CONCENTRATION EN DIOXYDE DE SOUFRE
AU POSTE D'ÉCHANTILLONNAGE DE JONQUIÈRE**

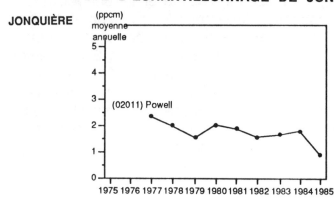

SOURCE: MENVIQ (1988)

249

Les études entreprises par le MENVIQ indiquent qu'au cours des onze dernières années, la qualité de l'atmosphère s'est améliorée pour l'ensemble des territoires urbains au Québec. Les matières particulaires ont diminué tant sur le plan des concentrations moyennes annuelles que sur le plan du nombre de dépassements de la norme sur 24 heures. La modernisation des équipements, les travaux d'assainissement effectués dans l'industrie ainsi que la fermeture de certains établissements industriels expliqueraient ces résultats (figure 39).

On a également observé une diminution des concentrations en monoxyde de carbone (CO) et en plomb (Pb). Les dispositifs antipollution des véhicules automobiles auraient permis cette amélioration.

La quantité de dioxyde de soufre (SO_2), rejetée dans l'atmosphère a elle aussi diminuée. La réduction de la teneur en soufre dans les huiles lourdes (de 2,5 à 1,5 %) destinées à la combustion, le succès des programmes de conversion énergétique du côté domestique (conversion du mazout à l'électricité) et industriel (conversion du mazout au gaz naturel ou à l'électricité) de même que la fermeture de quelques vieilles usines sont autant de facteurs qui peuvent expliquer la réduction des concentrations annuelles de dioxyde de soufre (figure 40).

Finalement, les mesures d'ozone et de dioxyde d'azote prélevées au cours des dernières années ne permettent pas d'identifier de changement sensible. De plus, aucune donnée régionale n'est disponible à ce propos. Le MENVIQ entend toutefois travailler pour suivre l'évolution de la qualité de l'atmosphère et, à cet effet, procède régulièrement à l'évaluation des substances toxiques inorganiques comme les métaux, les fluorures, les sulfates, les nitrates et les substances toxiques telles que les HAP, les dioxines et les furannes.

Les milieux boisés et les espaces verts

La présence d'arbres améliore la qualité de l'environnement urbain en fournissant des espaces récréatifs, en rehaussant l'esthétique des propriétés et, aussi, en agissant comme écran solaire, brise-vent ou écran sonore (pour les basses fréquences) entre les voies routières et les quartiers résidentiels, industriels et commerciaux. Le concept de gestion de la ressource «arbre» est relativement nouveau au Québec, ce qui explique le petit nombre de municipalités qui ont récemment adopté un programme de foresterie urbaine. La réglementation inadéquate, le manque de planification, le manque de connaissances permettant un choix judicieux des essences, les conditions environnementales (travaux d'excavation, déneigement, emploi de sels de déglaçage, présence de fils électriques, etc.) figurent parmi les nombreux problèmes rencontrés. De son côté, la division du Patrimoine écologique du MENVIQ a préparé pour le monde municipal un Manuel de foresterie urbaine traitant de la gestion des arbres et des espèces boisées en milieu urbain.

Les espaces verts (aménagés ou non) en milieu urbain et périurbain sont essentiels à la purification de l'air (oxygénation de l'air, filtrage des poussières), à la stabilisation du climat, à la préservation de la diversité faunique et floristique, à l'amélioration du domaine bâti et à la satisfaction des besoins de détente et de loisir en plein air pour la population résidente. Les données globales sur la situation des espaces verts au Saguenay–Lac-Saint-Jean manquent. On sait toutefois que ces espaces subissent des pertes constantes en raison de l'empiètement urbain et des mauvaises habitudes de disposition des agrégats provenant des chantiers de construction (notamment dans les versants abruptes des vallées). Les standards internationaux suggèrent deux à quatre hectares d'espaces verts pour 1000 habitants.

La villégiature

Le phénomène de la villégiature au Saguenay–Lac-Saint-Jean a pris un essor considérable à partir des années 1950. Plus particulièrement, l'appropriation des berges du lac Saint-Jean par les «squatters» a forcé la compagnie Alcan, propriétaire des terrains, à adopter une politique de location. À l'heure actuelle, le développement de la villégiature est freiné par la rareté des espaces de bonne qualité facilement accessibles. On assiste par contre à une conversion importante des résidences secondaires en résidences permanentes, ce qui accroît la période d'occupation.

L'invasion massive des amateurs de villégiature dans la zone riveraine des lacs et des grandes rivières a créé un impact tel sur les écosystèmes aquatiques et riverains que l'on a décelé, après quelques années à peine, un vieillissement prématuré des lacs, des signes évidents de pollution bactériologique, une diminution de la qualité générale des eaux, une dégradation du paysage et, finalement, la destruction de l'habitat de nombreuses espèces végétales et animales. Les sites de villégiature sont souvent devenus des milieux aussi artificiels, voire plus dégradés que les centres urbains.

On estime à 25 % le nombre de ménages au Saguenay–Lac-Saint-Jean qui possèdent une résidence de villégiature, incluant les chalets conventionnels, les roulottes de camping, les camps de chasse et de pêche et les maisons mobiles. Aussi, plus de 85 % des 63 municipalités de la région déclarent une population saisonnière totalisant près de 51 000 personnes pour l'ensemble de la région. Environ 75 % des zones de villégiature présentent une densité d'occupation moyenne et forte. En 1982, la norme généralement admise pour les lots non desservis par les systèmes d'aqueduc et d'égout et situés en bordure des plans d'eau était de 4 000 m². Souvent, les zones situées près des centres urbains comprennent plus d'une rangée de chalets et les terrains sont très petits.

La disposition inadéquate des égouts domestiques et l'altération physique des berges des lacs et des rivières figurent parmi les sources d'agression des écosystèmes aquatiques et riverains par les amateurs de villégiature. La technique généralement employée pour l'évacuation des eaux d'égouts domestiques est la fosse septique. Il s'agit d'une technique fort valable, à condition d'être utilisée conformément aux normes environnementales très strictes incluses maintenant dans les schémas d'aménagement des MRC. Souvent, les chalets sont construits sur le roc ou dans la glaise et la fosse septique, généralement de conception artisanale, est bien en deçà des 30 mètres réglementaires de la rive ou se situe très près, voire en dessous du niveau de la nappe d'eau souterraine. Plusieurs sites de villégiature se trouvent situés près de sources d'alimentation en eau potable et causent des problèmes sérieux de contamination bactériologique et de contamination par des substances toxiques. Dans certaines zones de villégiature, plus de 90 % des installations septiques sont non conformes à la réglementation provinciale dont l'application est sous responsabilité municipale.

De plus, la modification du couvert végétal par le déboisement ainsi que la mise en place d'infrastructures en milieu riverain, tels les quais, les empierrements et les murs de soutènement, sont autant d'agressions pour le milieu naturel (tableau 25) (voir le chapitre «La navigation»).

Références bibliographiques

Boulanger, D. *et al.* (1988) *Guide sur la gestion des boues de fosses septiques*, MENVIQ, 93 p.

CODERR-02 (1988) *Répertoire des entreprises de récupération et de recyclage du Saguenay–Lac-Saint-Jean*, 19 p.

Conseil consultatif de l'environnement (1980) *Mieux con- naître les espaces verts*, gouvernement du Québec, 338 p.

Desbiens E. (1987) *Manuel de foresterie urbaine*, Division du patrimoine écologique, MENVIQ.

Environnement Canada & Santé et Bien-être social Canada (1989) «Notre eau comporte-t-elle des risques?», Tableau des normes sur la qualité de l'eau, Feuillet et poster.

Environnement Québec (1980) *Plan directeur de la gestion des déchets, région administrative 02 Saguenay–Lac-Saint-Jean*, 57 p.

Environnement Québec (984) «Protection des arbres et des espaces boisés en milieu bâti», *Les espaces verts*, 22 p.

Environnement Québec 1987 «La gestion des déchets solides», *Pour une gestion intégrée des déchets*, nº 5. 70 p.

Environnement Québec (1988) *L'environnement au Québec, un premier bilan*, Document technique, 429 p.

Gilbert, P. (1985) *Recherche de zones favorables à l'enfouissement sanitaire MRC du Fjord (1979-1985)*.

Markowski, F. (1988) «Description et évolution de la population», *Profil socio-sanitaire de la région du Saguenay–Lac-Saint-Jean*, document nº 2, DSC Chicoutimi, 120 p.

Ministère de l'Expansion industrielle régionale (1988) *Un plan de développement économique pour les régions périphériques du Québec, volet Saguenay–Lac-Saint-Jean*, Document de consultation, 37 p.

MLCP (1987) *Plan de mise en valeur du lac Saint-Jean et de sa zone riveraine*, Version finale, Direction régionale du Saguenay–Lac-Saint-Jean, 283 p.

Leblond, Tremblay & Bouchard (1988) *MRC Domaine-du-Roi, Schéma d'aménagement*, Document principal, 154 p.

Leblond, Tremblay & Bouchard (1987) *MRC du Fjord-du-Saguenay, Schéma d'aménagement*, Version définitive, 125 p.

Jean-Claude Lusinchi et Planigram inc. (1986) *MRC Lac-Saint-Jean-Est, Schéma d'aménagement*, Document principal, 89 p.

Gendron & Associés (1987) *MRC Maria-Chapdelaine, Schéma d'aménagement*, Document principal, 121 p.

Pampalon, R. (1985) *Géographie de la santé au Québec*, Les Publications du Québec, 392 p.

Sanguin, A.L. & G.H. Lemieux (1981) «La densité de la population 1971», *Atlas régional du Saguenay–Lac-Saint-Jean*, Gaëtan Morin éditeur.

Sarrazin R. *et al.* (1983) *La protection des habitats fauniques au Québec*, Groupe de travail pour la protection des habitats, MLCP, 256 p. + annexe B (175 p.).

Statistique Canada (1986) *Activité humaine et l'environnement, un compendium de statistiques*, n° cat. 11-509F, 375 p.

Unigec (1987) *Étude de pré-faisabilité concernant l'implantation d'un centre de gestion intégrée des déchets sur le territoire de la MRC du Fjord-Du-Saguenay*, MRC du Fjord-Du-Saguenay, 288 p.

LA NAVIGATION

Les activités de navigation au Saguenay–Lac-Saint-Jean se concentrent sur deux plans d'eau majeurs: le fjord du Saguenay et le lac Saint-Jean et ses rivières tributaires. Déjà, au milieu du dix-neuvième siècle (vers 1850), la région est desservie par des services de transport maritime entre Québec et La Baie (Grande-Baie). Cette activité maritime introduit la consolidation des quais existants et l'aménagement de nouveaux quais, par le gouvernement fédéral, le long du Saguenay. À la même époque, au Lac-Saint-Jean, la navigation demeure aussi le principal moyen de transport servant à l'approvisionnement des villages et des hameaux émergeant sur le pourtour du lac. L'ère de la navigation commerciale sur le lac Saint-Jean débute véritablement en 1859, avec le premier bateau à vapeur destiné au transport du bois. De nos jours, les activités de navigation sont à caractère récréo-touristique (navigation de plaisance) et commercial (voie maritime du fjord du Saguenay et activités de touage du bois) (figure 41)

LA NAVIGATION DE PLAISANCE

Le développement du concept des mini-croisières est un phénomène assez récent en région. Depuis 1981, le bateau de croisière La Tournée, d'une capacité de 98 passagers, est installé à demeure en bordure de la Grande Décharge (lac Saint-Jean). En 1987, il a transporté près de 9 000 passagers en 115 croisières. Au Saguenay, pour la même année, le bateau La Marjolaine a effectué quelque 150 croisières, à raison de deux excursions par jour. D'autres bateaux croisières sillonnent l'aval du fjord pour permettre l'observation des mammifères marins. Cette activité a connu une augmentation spectaculaire depuis 1980. En 1985, on estime à 600 le nombre de croisières d'observation des baleines sur le Saguenay et dans l'estuaire du Saint-Laurent.

Pour l'ensemble de la région, on compte près de 550 voi-

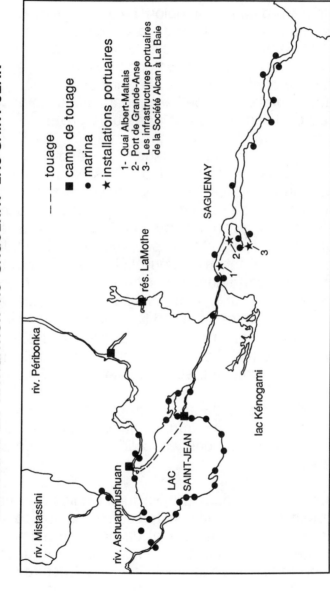

Figure 41
**PRINCIPALES INFRASTRUCTURES
RELIÉES À LA NAVIGATION AU SAGUENAY–LAC-SAINT-JEAN**

— — — touage
■ camp de touage
● marina
★ installations portuaires

1- Quai Albert-Maltais
2- Port de Grande-Anse
3- Les infrastructures portuaires
de la Société Alcan à La Baie

SAGUENAY

rés. LaMothe

riv. Péribonka

riv. Mistassini

riv. Ashuapmushuan

LAC
SAINT-JEAN

lac Kénogami

SOURCE: CRE (1989)

257

liers et bateaux motorisés dont la longueur varie de 5 à 15 mètres. Un nombre inconnu mais sûrement élevé de petites embarcations motorisées (2 à 5 mètres) sillonnent les différents plans d'eau de la région. La présence de ces bateaux est liée au développement de la villégiature et à la fréquentation des lacs pour la pêche et la promenade. Sur le massif montagneux forestier, le développement de la villégiature n'a pas encore atteint son plus haut niveau et déjà, on prévoit une augmentation des petites embarcations motorisées, des rampes de mise à l'eau et des quais privés.

Le long du fjord du Saguenay, on dénombre pas moins de 15 marinas et quais. Au lac Saint-Jean, on compte plus de 25 marinas, clubs nautiques, quais et rampes de mise à l'eau, en plus de la mise en place de plusieurs infrastructures de signalisation nautique. Malgré les efforts des associations touristiques afin de pourvoir le lac Saint-Jean d'un réseau de signalisation nautique, l'élaboration d'un plan global intégré et concerté demeure essentielle; ce plan devra tenir compte des variations du niveau du lac qui se situent généralement entre 14 et 16,5 pieds (le niveau est mieux connu en mesure anglaise) en période estivale. La carte bathymétrique (courbes de profondeur) du lac Saint-Jean et celle du lac Kénogami sont maintenant réalisées.

Pour l'ensemble de la région, des projections nous permettent de croire à une augmentation du nombre de voiliers, qui se traduira par une consolidation des infrastructures actuelles.

Parmi les principaux projets futurs reliés à la navigation de plaisance, notons: la construction d'une marina à La Baie; des travaux de dynamitage et de balisage dans la Grande Décharge pour en faciliter la circulation; l'entretien, la restauration et l'agrandissement des infrastructures nautiques régionales qui nécessiteront des travaux de dragage et la création de digues et de remblais de pierre.

Les impacts sur les milieux riverains et aquatiques

Les problèmes occasionnés par l'usage des embarcations motorisées sur les lacs varient en importance selon la superficie des plans d'eau. Plus les lacs sont petits et plus les impacts sont considérables. Les marais, les baies, les embouchures de certaines rivières et le littoral (milieu en eau peu profonde), où se situent le plus souvent les herbiers et les frayères des poissons fourrages (poissons-proies) et de certaines espèces sportives, sont des milieux très riches en productivité biologique. Ces habitats naturels sont également exposés à de sérieuses perturbations causées par le passage répété d'embarcations motorisées et la construction d'infrastructures permanentes comme les quais, les descentes de bateaux et autres équipements. De plus, le non-respect de la quiétude des zones sensibles (rives marécageuses, îles, bande littorale) par la fréquentation des embarcations motorisées peut entraîner la désertion de la faune (sauvagine, oiseaux de rivage) et la détérioration de la flore aquatique. En outre, l'action des vagues créées par le passage des bateaux cause l'érosion des berges, et la circulation en eau peu profonde (brassage des eaux par l'action des hélices) remet en suspension des sédiments de fond qui rendent les eaux turbides. Ces perturbations du milieu aquatique affectent grandement les communautés animales.

Les moteurs à deux temps évacuent des rejets de combustibles et d'huile lubrifiante non consommés. L'huile forme un film à la surface de l'eau qui empêche les échanges gazeux (oxygène et gaz carbonique), modifie la température en surface de l'eau et nuit ainsi au maintien de la faune aquatique. La perte d'hydrocarbures se situe généralement entre 10 % et 20 % et peut atteindre jusqu'à 40 % du volume d'essence utilisée. De nos jours, la technologie permet une combustion totale de l'essence à 100 %, par un dispositif de recyclage appelé «échappement synchronisé» à condition que le dispositif soit entretenu par son propriétaire. Les moteurs de type hors-bord émettent aussi des substances polluantes composées d'hydrocarbures, de faibles quantités de phénol et de composés carbonyles, soit l'équivalent de 1,5 à 7 % du volume d'essence utilisée. L'utilisation de l'essence avec plomb est maintenant proscrite en raison de ses conséquences néfaste sur les organismes aquatiques.

Une multitude de quais, petits et moyens, ont été érigés en bordure des plans d'eau de la région, sans égard à la qualité de l'environnement; trop souvent, ces quais sont construits en terre-plein ne laissant pas une libre circulation de l'eau et contribuant ainsi à la dégradation du milieu aquatique. La politique de protection des rives, du littoral et des plaines inondables adoptée par le gouvernement du Québec établit le principe selon lequel aucune modification du milieu naturel n'est permise. Toute opération de dragage, de remblayage ou d'enrochement lors de la construction d'un quai ou d'une marina est donc fortement à déconseiller. L'évaluation du projet d'une marina à La Baie en 1987 est un bel exemple d'application des normes dans ce domaine.

En ce qui concerne l'évacuation des eaux usées et des boues provenant des installations septiques à bord des grands bateaux, un très petit nombre de marinas offre le service de pompage dans un grand réservoir afin d'éviter le rejet de ces déchets liquides dans le plan d'eau.

De multiples avenues pour améliorer l'environnement

Récemment, le gouvernement du Québec a déclaré la législation dans le domaine de la navigation comme étant de compétence exclusivement fédérale. Le gouvernement du Québec et les municipalités ne sont plus habilités à légiférer, à interdire ou à limiter certaines catégories d'embarcations. Maintenant, le «Règlement sur les restrictions à la conduite des bateaux», découlant de la «Loi sur la marine marchande» du ministère des Transports du Canada, impose neuf restrictions, notamment: l'interdiction de naviguer à tous les types de bateaux; l'interdiction de naviguer aux bateaux à propulsion mécanique; la limitation de la puissance et de la dimension des bateaux; l'interdiction des courses, la limitation des excursions et autres limitations. Les procédures doivent être entreprises par une municipalité qui doit d'abord tenir une consultation publique sur les restrictions qu'elle veut voir imposées pour tel ou tel plan d'eau et, par la suite, transmettre une résolution municipale précisant la ou les restrictions désirées au ministre des Affaires municipales du Québec. Ce dernier acheminera la demande au ministre des Transports du gouvernement fédéral qui verra à faire porter ces nouvelles restrictions au «Règlement sur les restrictions à la conduite des bateaux» (une annexe au règlement est prévue pour ces restrictions).

Parmi les autres interventions possibles, notons la construction de quais, de marinas et d'autres infrastructures nautiques en conformité avec les normes du MENVIQ; le choix d'un site optimal occasionnant le moindre impact environnemental pour ces infrastructures; l'élaboration de mesures d'atténuation lors de la réalisation des infrastructures nautiques; la réalisation d'un plan intégré et concerté de signalisation nautique pour le lac Saint-Jean; le respect des règlements de la navigation; et l'entretien des moteurs et des installations sanitaires des embarcations afin d'éviter les rejets de polluants dans l'eau.

LA NAVIGATION COMMERCIALE

La navigation commerciale sur le lac Saint-Jean se limite aux activités de flottage du bois. La compagnie Abitibi-Price Inc. entretient une flotte d'une quinzaine de bateaux en plus du Roberval, un toueur de 26 mètres. En 1987, la compagnie a toué 195 000 m³ de bois, de Péribonka à son usine d'Alma. Les billes de bois perdues (billes errantes) lors des opérations de touage demeurent une contrainte à la navigation de plaisance et agressent le milieu riverain (voir le chapitre «Le flottage du bois»).

La rivière Saguenay, accessible aux navires à fort tonnage, demeure un axe commercial maritime très utilisé. Quatre installations portuaires peuvent accueillir ces navires: le Terminus maritime de Grande-Anse, les installations portuaires de Port-Alfred (propriété de la Société Alcan) et deux quais de transbordement de produits pétroliers (Irving à La Baie et Albert-Maltais à Chicoutimi).

Le Terminal maritime de Grande-Anse a été construit en 1985 en remplacement des infrastructures portuaires au centre-ville de Chicoutimi. Il comprend un quai avec un front d'amarrage de 286 mètres, un grand hangar et une aire d'entreposage de 5,5 hectares. En 1987, on y a traité 223 000 tonnes métriques de marchandises. Parmi les principaux produits transbordés figurent le sel de déglaçage, les pâtes et papiers, le charbon, le bois et le granit. Le terminus maritime de Grande-Anse a reçu 37 navires durant la période du 14 janvier au 19 décembre 1987.

Les installations portuaires de Port-Alfred, propriété de la compagnie Alcan depuis 1927, comportent deux quais: le quai Duncan et le quai Powell. Elles servent d'une part à la réception de vracs liés à l'industrie de l'aluminium (bauxite, coke, alumine, fluorure d'aluminium, mazout, soude caustique) et d'autre part à l'expédition d'aluminium et d'autres produits en provenance des entreprises régionales (pâtes, papiers et bois). Les tonnages transités par le port totalisaient 3 166 000 tonnes en 1987. Durant cette année, 170 navires ont fréquenté ce port. Tout près des installations d'Alcan, la compagnie Consolidated-Bathurst a érigé un quai en 1920 pour recevoir ses approvisionnements de billes de bois venant par barges. Le bois est déchargé à l'intérieur d'une estacade flottante couvrant une superficie d'environ 750 hectares. Ces activités devraient cesser à partir de 1990.

Un seul des deux quais spécialisés pour le transbordement des produits pétroliers est en activité. Il s'agit du quai Albert-Maltais situé à Pointe-à-l'Islet (Chicoutimi). D'avril à décembre 1987, 31 navires ont mouillé à ce quai et 211 000 tonnes d'essence et de mazout ont été transbordées.

Le fjord du Saguenay est une voie navigable à longueur d'année. Dès que les glaces deviennent trop épaisses, quatre brise-glaces se chargent d'escorter les navires commerciaux. Selon le climat et la demande, un brise-glace peut entretenir un corridor maritime tout le long du Saguenay jusqu'à la bouée nº 5-32, située en face de Saint-Fulgence. Malgré un certain ralentissement du trafic maritime durant la période hivernale (de janvier à la fin mars), on a enregistré tout de même 78 mouvements de navires en 1984.

Pour la période de 1976 à 1984, la voie maritime du Saguenay a connu une baisse substantielle de 51 % du trafic maritime, passant de 1 548 à 754 navires (des cargos, des citernes et des conteneurs) canadiens et étrangers. Malgré une baisse notable du nombre de mouvements de navires, le tonnage net manutentionné a, quant à lui, sensiblement augmenté (passant de 3 173 000 tonnes en 1980 à 3 389 000 tonnes en 1987). Dans la prochaine décennie, une augmentation du trafic maritime sur le Saguenay est prévisible si le port de Grande-Anse se développe à son plein potentiel.

Les impacts sur les milieux littoraux et marins

En raison des aménagements portuaires requis, le Saguenay subit des conséquences permanentes du transport maritime. Les infrastructures portuaires occupent de grandes superficies de territoires situés en eau peu profonde, correspondant à la zone la plus productive au point de vue biologique. Dans un rayon de trois kilomètres entourant les installations portuaires à La Baie, on a constaté la disparition des organismes vivant dans le fond, tels les crustacés, les mollusques et les vers qui constituent la base de la chaîne alimentaire pour les populations de poissons. Plus particulièrement, la remise en état du site portuaire de Chicoutimi rencontre un problème sérieux d'élimination des sols hautement contaminés par l'arsenic, les phénols, les hydrocarbures et autres polluants.

Le dragage effectué depuis plus de 60 ans à proximité des quais à La Baie et le long de la voie maritime entre Chicoutimi et Saint-Fulgence provoque une turbidité excessive de l'eau ainsi que la remise en circulation dans le milieu aquatique de substances polluantes et toxiques contenues dans les sédiments de fond, notamment des matières organiques (fibre et écorce de bois) et des métaux lourds dont le mercure est le plus connu. La dispersion de ces polluants affecte tout l'écosystème du fjord du Saguenay. La Société Alcan avait été autorisée par le gouvernement du Québec (décret) à exécuter jusqu'à la fin de 1988 des travaux de dragage près de ses installations portuaires; les sédiments contaminés recueillis par la drague sont relâchés plus loin dans une fosse marine à l'intérieur de la baie des Ha! Ha!. Les conséquences de ces travaux sur la qualité de la vie aquatique soulèvent des inquiétudes chez les amateurs de pêche blanche à La Baie. L'aménagement de l'embouchure de la rivière à Mars effectué en 1988, visant à dévier les apports de sable et gravier s'accumulant autour des installations portuaires d'Alcan, et l'arrêt du flottage du bois dans la baie diminueront grandement la fréquence des dragages.

En hiver, les opérations de déglacement trop hâtives en direction de Chicoutimi demeurent conflictuelles avec les activités de pêche blanche à Saint-Fulgence.

Le bruit occasionné par les navires commerciaux incommodent particulièrement les mammifères marins. Malheureusement, la période d'intense achalandage de navigation correspond presque exactement à la période d'occupation du fjord du Saguenay par les bélugas.

Les déversements d'hydrocarbures peuvent intoxiquer et asphyxier la faune et la flore du littoral. Les risques de récidives s'ajoutent à la problématique. L'ampleur des impacts sur l'environnement biologique et sur les activités humaines (pêche, baignade) dépend du volume et du type d'hydrocarbures déversés (pétrole brut, mazout, essences), des conditions océanographiques (courants, marées), de l'époque de l'année (période des migrations, de frai) et de la nature des écosystèmes littoraux pollués. Les marais intertidaux sont les milieux naturels les plus sensibles aux hydrocarbures, mais aussi aux impacts des activités de récupération du polluant recouvrant le littoral. Par exemple, le déversement sauvage de plus de 9 000 litres d'huile lourde dans la baie des Ha! Ha! au début de juin 1989 a nécessité une intervention d'urgence pour nettoyer et protéger le littoral du fjord du Saguenay. En outre, plusieurs navires omettent de se rapporter à un point de contrôle donné et on a enregistré un seul accident majeur dans le Saguenay (échouement d'un navire en septembre 1984). L'élaboration d'un plan d'urgence et préventif (meilleur contrôle de la circulation maritime) approprié à la situation du Saguenay et le maintien d'équipements adéquats en cas d'accidents pourraient faire l'objet d'un suivi cohérent par les principaux intervenants.

Références bibliographiques

André Marsan & Ass. (1983) *Programme de stabilisation des berges du lac Saint-Jean. Étude d'impact sur l'environnement et le milieu social,* Alcan, 3 tomes et 19 annexes.

Beak (1980) *Étude des répercussions environnementales dues au dragage et à l'élimination des déblais à l'usine de la Consolidated-Bathurst de Port-Alfred (La Baie),* 66 p. et 5 annexes.

Beak (1981) *Étude des répercussions environnementales dues au dragage et à l'élimination des déblais aux installations portuaires de l'Alcan, à La Baie, Baie des Ha! Ha!, Québec,* 122 p. et 8 annexes.

Bureau d'audiences publiques sur l'environnement. (1988) *Projet de marina à La Baie,* Rapport d'enquête et d'audience publique, gouvernement du Québec, 80 p. + 6 annexes.

Conseil consultatif de l'environnement (1981) Avis *concernant un contrôle des embarcations motorisées sur les lacs du Québec,* gouvernement du Québec, 115 p. (tome 1) et 239 p. (tome 2).

Groupe technique DIA inc. (1982) *Étude sur le nautisme au Lac-Saint-Jean,* Pêches et Océans Canada, 22 p.

LMBDS-SIDAM Inc. (1986) *Étude de faisabilité pour la protection et la mise en valeur du milieu marin du Saguenay; étude d'inventaire et d'analyse des ressources, des potentiels et des contraintes,* Parcs Canada, 498 p.

MLCP (1987) *Plan de mise en valeur du lac Saint-Jean et de sa zone riveraine,* Version finale, Direction régionale du Saguenay–Lac-Saint-Jean, 283 p.

Owens, E.H. *et al.* (1983) *Déversements d'hydrocarbures: côtiers et intérieurs,* Les terres: stress et impacts, Environnement Canada, dossier nº 6, p. 134-196.

Ports Canada (1988) *Guide du port de Chicoutimi 1988-1989,* 54 p.

Roche ltée (1987) *Réaménagement de l'embouchure de la rivière-à-Mars; Étude d'impact sur l'environnement, Rapport final,* Alcan, 270 p.

Sarrazin R. *et al.* (1983) *La protection des habitats fauniques au Québec,* Groupe de travail pour la protection des habitats, MLCP, 256 p. et annexe B (175 p.).

Union québécoise pour la conservation de la nature (1988) *L'état de l'environnement aquatique au Québec,* Suppléments nº 3 à Franc-Nord, 32 pages.

L'AÉRONAUTIQUE

Les activités commerciales et privées

L'infrastructure régionale du transport aérien est composée tout d'abord, de cinq aéroports commerciaux situés à Bagotville (La Baie), à Saint-Honoré (où l'on a intégré une école de pilotage), à Alma, à Saint-Méthode et à Roberval. Elle compte aussi quatre bases d'hydravions commerciales situées à Saint-David-de-Falardeau (lac Sébastien), à Roberval (lac Saint-Jean), à Saint-Félicien (rivière Ashuapmushuan) et à Métabetchouan (Belle-Rivière). À ce réseau s'ajoutent trois pistes en terre battue situées à Saint-Léon, à Chute-des-Passes et à Jonquière.

Pour le transport des personnes, les vols commerciaux à caractère inter-régional sont localisés surtout à l'aéroport de Bagotville, d'Alma et de Saint-Méthode. Par ailleurs, les vols d'hydravions desservent principalement les pourvoiries (chasse et pêche).

Parmi les activités aériennes commerciales, notons l'épandage de pesticides ou d'engrais chimiques d'abord sur les cultures agricoles nécessitant de grandes surfaces comme la pomme de terre, ensuite en milieu forestier pour l'entretien des plantations et pour la lutte contre les insectes ravageurs. Des hydravions de type CL-215 servent également à combattre les feux de forêt.

Une multitude d'aéronefs privés contribuent à maintenir une activité aérienne importante à la grandeur du territoire. Les propriétaires privés sont généralement associés aux aéroports commerciaux. Certains propriétaires d'hydravions utilisent des lacs en milieu de villégiature ou en milieu forestier (camps de chasse et pêche).

Les activités militaires

Les activités militaires aériennes, concentrées à l'aéroport de Bagotville (La Baie), sont surtout générées par les deux escadrilles de chasseurs F-18 des Forces armées canadiennes. Dans une moindre mesure, des activités de transport cargo contribuent à desservir d'autres installations militaires au Canada.

Le ministère de la Défense nationale projette depuis 1983 l'implantation d'un champ de tir académique air-sol au nord de l'Ascension (figure 42). Cette infrastructure requiert une superficie de 130 km² de territoire forestier pour respecter les normes de sécurité. On prévoit la tenue d'un minimum annuel de 1 260 exercices de tir de munitions inertes.

Le ministère de la Défense nationale développe actuellement un programme d'entraînement pour les pilotes des chasseurs F-18, programme qui prévoit l'utilisation intensive de l'espace aérien situé au-dessus du fjord du Saguenay et de l'estuaire du Saint-Laurent. Selon les responsables du contrôle aérien de la base militaire de Bagotville, environ 5 000 vols par année à basse altitude (65 mètres) se font à l'intérieur du corridor du fjord du Saguenay.

L'environnement sonore

Le bruit est une caractéristique associée à l'activité aérienne commerciale et surtout militaire. Les corridors aériens créent des zones de forte pollution sonore. Le ministère des Transports du Canada évalue la perception du bruit dans le voisinage des aéroports et des champs de tir selon la méthode de projection du bruit perçu (PBP). Un niveau de bruit dépassant 25 PBP (l'intensité dépassant 55 décibels [A]) affecte la collectivité. Dans un tel climat sonore, la Société canadienne d'hypothèques et de logements considère qu'une résidence ne peut être construite à l'intérieur de la zone touchée. Les effets du bruit sur la santé humaine se traduisent

Figure 42
CHAMP DE TIR MILITAIRE PROJETÉ
AU SAGUENAY–LAC-SAINT-JEAN

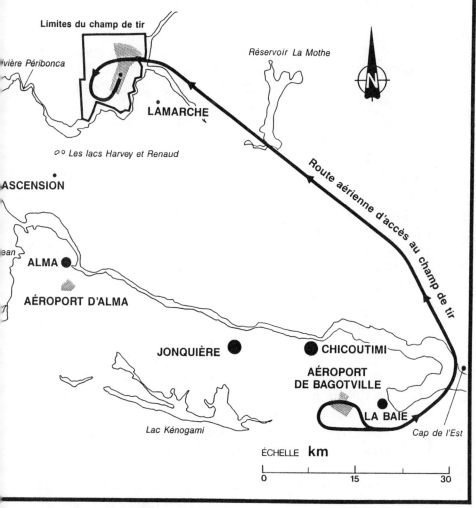

E: Rapport de la Commission Bédard (1988).

par des lésions à l'oreille interne (pouvant conduire à la surdité), des tensions musculaires, de la nervosité, de l'insomnie et la de fatigue. Des recherches révèlent qu'une exposition prolongée au bruit peut créer des troubles cardiaques.

Les réactions de la faune par rapport au bruit différent selon l'espèce et sont très peu connues. Plus particulièrement, le décollage et l'amerrissage des hydravions font fuir les oiseaux migrateurs. Selon Parcs Canada, le bruit produit par les vols militaires à basse altitude dans la vallée du fjord du Saguenay constitue une contrainte majeure et globale à l'établissement d'un parc marin.

Le gouvernement du Québec a formé une commission ponctuelle (la Commission Bédard) pour évaluer le projet d'implantation d'un champ de tir au nord de l'Ascension selon trois volets: la sécurité des personnes, la préservation de l'environnement et le point de vue économique. Parmi les 110 intervenants présents aux audiences publiques, 95 % d'entre eux se sont opposés au projet. Le rapport de la Commission reconnaît la faiblesse de l'évaluation faunique tout en recommandant l'implantation conditionnelle de cet équipement militaire. La Commission propose de faire des études concernant les effets des activités du champ de tir sur la densité et la variété de la faune ainsi que sur le comportement des animaux sur le site, une fois l'implantation achevée, perspective qui est loin de satisfaire la municipalité concernée, les groupes pacifistes, environnementaux et les associations de chasse et pêche de la région.

On ne connaît pas encore l'impact de la pollution de l'air créée par les avions commerciaux turbopropulsés et les avions militaires à réaction. Certaines données dont disponibles, mais elles ne permettent pas d'évaluer les impacts sur l'environnement.

Références bibliographiques

Coalition contre le champ de tir à l'Ascension (1988) *Le champ de tir des F-18 au Lac-Saint-Jean: un caprice militaire*, 14 p. et annexe bibliographique.

Commission de consultation sur le projet de champ de tir au Lac-Saint-Jean (1988) *Rapport*, 162 p.

Commission de la santé et de la sécurité du travail du Québec (1983) *La lutte contre le bruit, un guide pour les travailleurs et les employeurs*, 117 pages.

Environnement Québec (1988) *L'environnement au Québec, un premier bilan*, Document technique, 429 p.

LMBDS-SIDAM inc. (1986) *Étude de faisabilité pour la protection et la mise en valeur du milieu marin du Saguenay; étude d'inventaire et d'analyse des ressources, des potentiels et des contraintes*, Parcs Canada, 498 p.

Polytech (1985) *Évaluations environnementales initiales, Champ de tir air-sol, Partie 1: étude*, 167 p.

LES CORRIDORS DE TRANSPORT

LE RÉSEAU ROUTIER

Le réseau routier régional représente 4 600 km de routes entretenues par le ministère des Transports (tableau 30), 408 ponts et plusieurs milliers de kilomètres de réseaux urbains. Plus de 95 % du réseau routier tapisse la plaine du lac Saint-Jean et du Haut-Saguenay d'où partent sept axes routiers inter-régionaux sillonnant le massif montagneux pour joindre les régions de la Côte Nord, de la plaine du Saint-Laurent et de l'Abitibi.

La construction d'infrastructures routières dans la plaine régionale a été particulièrement intense entre 1966 et 1975. L'édification de ce réseau visait à combler les besoins du transport routier des marchandises et des voyageurs. En 1986, 138 732 véhicules ont circulé sur les routes de la région (une augmentation de 3,6 % par rapport à 1985), 84 % étant utilisés pour la promenade. Le transport en commun (972 véhicules) dessert surtout la clientèle écolière (367 autobus) et, au cours de la dernière décennie, la population urbaine de Chicoutimi–Jonquière–La Baie (CITS avec 50 autobus). Le transport commercial, comptant 10 % des véhicules en circulation, est très important sur les principales artères régionales.

Le développement du réseau routier a non seulement marqué profondément le paysage de la plaine régionale, mais a aussi transformé l'utilisation du sol et considérablement accru le niveau de pollution.

Des sols perdus: une nuisance générale

L'aménagement d'infrastructures routières modifie l'utilisation actuelle et potentielle des sols. Ainsi, le compactage et le pavage de ces espaces, stérilisent les sols, ce qui provoque des pertes pour l'agriculture, la forêt, la faune, etc. À ces

Tableau 30
NOMBRE DE KILOMÈTRES DE ROUTES ENTRETENUES PAR LE MINISTÈRE DES TRANSPORTS DU QUÉBEC AU SAGUENAY–LAC-SAINT-JEAN

CATÉGORIE DE ROUTE	PAVÉE	GRAVIER
AUTOROUTE	14 km	- - -
PRINCIPALES	1 142 km	1 174 km
RÉGIONALES	100 km	- - -
SECONDAIRES	1 175 km	1 011 km
TOTAL	2 431 km	2 185 km
GRAND TOTAL	4 616 km	
TOTAL DES PONTS	408 PONTS	

SOURCE: Direction régionale du ministère des Transports du Québec (11 janvier 1988).

Tableau 31
MATÉRIAUX DE DÉGLAÇAGE ÉPANDUS SUR LES ROUTES ENTRETENUES PAR LE MINISTÈRE DES TRANSPORTS DU QUÉBEC AU SAGUENAY–LAC-SAINT-JEAN
(en tonnes métriques)

MATÉRIAUX DE DÉGLAÇAGE	HIVERS 1984-85,1985-86 et 1986-87 TOTAL	MOYENNE	HIVER 1987-88 TOTAL
ABRASIFS	165 075 t	55 025 t	62 161 t
"SEL" (NaCl)	102 525 t	34 175 t	49 288 t
"CALCIUM" (CaCl$_2$)	948 t	316 t	316 t
GRAND TOTAL	268 548 t	89 516 t	111 765 t

SOURCE: Direction régionale du ministère des Transports du Québec (1988)

pertes s'ajoutent des répercussions touchant tout l'écosystème, entre autres la modification du drainage et du ruissellement des sols, la création ou la suppression des zones d'inondation, la perturbation des marais et des zones riveraines et, en milieu agricole, la diminution du rendement des cultures et de l'élevage. En outre, la construction, l'usage et l'entretien des routes suppriment la végétation poussant dans le corridor aménagé, détériorent la qualité de l'eau, modifient les habitats naturels, deviennent une barrière physique pour le déplacement et la migration de la faune en plus d'augmenter le stress chez les populations animales, pouvant causer la désertion des sites de repos, d'alimentation et de reproduction. Enfin, de nouvelles routes peuvent permettre l'accès à un nouveau territoire forestier et augmenteront alors la pression de chasse et de pêche, ou encore, peuvent barrer l'accès à des pâturages en milieu agricole.

Les réseaux routiers affectent l'ensemble des milieux car ils modifient l'espace naturel. Les conséquences deviennent majeures lorsque l'extension des réseaux se fait sur les milieux riverains (bords des lacs, des rivières et des marécages) et les milieux agricoles ou nécessite l'empiètement sur ces milieux.

Le «choc salin»

Au cours des quatre derniers hivers (1984-85 à 1987-88), le ministère des Transports a répandu 230 000 tonnes d'abrasifs (gravier et sable), 150 000 tonnes de «sel» (NaCl) et 1 300 tonnes de «calcium» ($CaCl_2$) sur les routes de la région (tableau 31). Ces chiffres ne comprennent pas les quantités utilisées par les municipalités pour leur réseau urbain. À elles seules, les huit principales villes de la région épandent annuellement 50 000 tonnes d'abrasifs, 13 000 tonnes de sel et 50 tonnes de calcium.

Ces milliers de tonnes de produits sont épandues surtout le long des routes achalandées. Les sels de déglaçage et

Tableau 32
LISTE DES POLLUANTS RETROUVÉS DANS LES NEIGES USÉES

Solides en suspension (sable, saletés)
Chlorures (sel et calcium)
Plomb (provenant de la combustion des essences au plomb)
Huile et graisse (automobiles)
Métaux lourds
Fluorures (origine industrielle)
Rebuts (déchets solides de toute nature)
Suie

SOURCE: Rapport sur la situation régionale des neiges usées, C.R.E., (1983)

Tableau 33
TEMPS DE DÉGRADATION DES MATÉRIAUX

Matériel	Temps de dégradation	Remarques
Verre	non biodégradable	inaltérable
Fer	6 à 10 ans	
Aluminium	très stable	aucune dégradation après 10 ans
Papier	moins de 2 ans	sans enduit plastique
Caoutchouc	10 à 15 ans	inutilisable
Plastique	non biodégradable	certaines formes sont décomposées par la lumière solaire

SOURCE: MENVIQ (1986)

les abrasifs s'accumulent sur l'accotement des routes, mêlés à la neige et à la saleté. Les bordures de ces routes constituent des lieux attractifs pour les orignaux et certaines espèces d'oiseaux (Gros-bec errant, Dur-bec des pins), friands des agglomérés de sel, ce qui augmente les risques de collision avec ces animaux. En milieu urbain, on déverse une grande quantité des neiges usées dans des dépotoirs désignés à cet effet. Ces neiges usées, chargées de polluants, dont 5 % de rebuts (tableau 32), sont généralement déversées en milieu riverain (incluant les coulées) ou directement dans les plans d'eau (rivière Saguenay, baie des Ha! Ha!, rivière à Mars, rivière aux Sables, lac Saint-Jean, rivière Ashuapmushuan), et sont aussi étendues sur des terrains plats contigus aux zones résidentielles.

Au printemps, les eaux de ruissellement sont gorgées de ces matières polluantes. Ainsi, les eaux des lacs, des rivières et des nappes souterraines situées en bordure des grands axes routiers ou des dépotoirs à neiges usées portent les marques nettes de l'épandage des sels de déglaçage. Il en résulte une augmentation de la concentration de chlorure que ne peuvent tolérer à un certain niveau une foule d'espèces de plantes (ex.: Érable à sucre, Tilleul, Thuya occidental), d'invertébrés (ex.: libellules et autres organismes d'Amérique inféodés aux eaux douces), d'amphibiens et de poissons (en empêchant les œufs d'éclore). Les chlorures et le sodium peuvent également se retrouver dans l'eau potable d'un puits ou d'un lac situé à proximité d'un axe routier important. Le critère de qualité de l'eau établi par Santé et Bien-être social Canada pour la consommation domestique ne doit pas dépasser 250 mg/litre de chlorure. La neige absorbe les polluants atmosphériques et ceux générés par la circulation automobile, puis se mélange aux déchets solides rejetés par les citoyens. L'accumulation des neiges usées dans les sites d'élimination crée une concentration de ces polluants.

Le ministère des Transports et les municipalités n'ont adopté aucune mesure particulière dans l'épandage des produits de déglaçage sur les routes et l'élimination des neiges usées, afin de protéger les écosystèmes aquatiques et les sources d'eau potable. Le ministère de l'Environnement a rédigé un projet de réglementation énonçant les principes de base à respecter dans la localisation et l'exploitation d'un lieu d'élimination des neiges usées et a déposé à la fin de 1988 une politique québécoise de gestion des neiges usées. Certaines municipalités du sud du Québec ont éliminé le sel de déglaçage sur des sections d'autoroute passant à proximité d'un lac où est puisée l'eau potable, après avoir constaté que l'eau contenait plus de 400 mg/litre de chlorure.

Les déchets «sauvages»

Encore de nos jours, la quantité de déchets jetés inconsidérément le long des routes est impressionnante. Ainsi, sur une période de 6 mois, en moyenne 400 kg de déchets par kilomètre sont laissés le long des routes provinciales, ce qui représente plus de 900 tonnes dans notre région. Le long du réseau routier municipal, on arrive à une moyenne de 100 kg de déchets par kilomètre (MENVIQ, 1986).

Certains objets se dégradent très lentement, d'autres pas du tout (tableau 33). L'accumulation de tels déchets altère la qualité du paysage et, dans les sites où ils se concentrent, détériorent les habitats fauniques. Leur ramassage par les services municipaux et le ministère des Transports représente un coût excessif, soit 30 fois plus élevé que celui de la gestion des déchets domestiques.

Malgré les efforts de sensibilisation auprès des citoyens, l'installation de panneaux de prescription et le règlement explicite du Code de la route, les automobilistes et les piétons sont à l'origine de la moitié des déchets rejetés dans la nature.

Vers l'intégration du réseau routier à l'environnement

Pour les prochaines années, on envisage surtout la consolidation du réseau routier actuel et de l'intégration du réseau de pistes cyclables. En ce qui concerne l'autoroute 70, seule la construction du tronçon Jonquière–Chicoutimi est prévue à court terme. La construction de nouvelles routes (entre Albanel et l'aéroport de Saint-Méthode, entre Saint-Ludger-de-Milot et Sainte-Jeanne-d'Arc, entre Jonquière et l'usine de Laterrière) et de nouveaux ponts (sur les rivières Ashuapmushuan, Grande Décharge, Dorval) est projetée à moyen et long termes. Par contre, le réaménagement à quatre voies de plusieurs routes (169, 170, 175 et du rang VI au rang VII à Alma), l'élargissement de ponts et la construction de voies de contournement (à Saint-François-de-Sales, Saint-Prime, Saint-Félicien, La Doré, Desbiens et Delisle) sont considérés par le milieu socio-économique comme étant essentiels pour répondre aux besoins régionaux. Plus particulièrement, la MRC de Lac-Saint-Jean-Est fait ressortir dans son schéma d'aménagement un couloir de transport du bois dans l'éventualité d'un abandon du flottage. La planification du réseau de pistes cyclables s'inscrit généralement à l'intérieur des corridors panoramiques et le long des axes routiers majeurs.

Dans la planification de ces travaux, on parle d'intégrer le réseau routier à l'environnement et d'assurer la qualité esthétique de ses abords par l'établissement d'une bande de protection minimale en bordure des cours d'eau et des lacs (généralement de 20 mètres, mais pouvant varier de 3 mètres en milieu agricole à 60 mètres en bordure des rivières à saumons) et par l'identification d'axes routiers panoramiques (pour préserver les paysages). Les MRC ont adopté des normes en ce sens, mais elles sont difficilement applicables pour améliorer l'environnement du réseau routier actuel. La construction d'un nouveau tronçon de l'autoroute 70 et d'une route reliant Jonquière à l'aluminerie de Laterrière de même que l'élargissement à quatre voies de certaines routes existantes représenteront nécessairement des pertes additionnelles de terres agricoles, de zones riveraines, etc.

Dans un autre ordre d'idées, jusqu'à présent, le ministère des Transports n'a pas eu à employer d'herbicides pour l'entretien des accotements sur une centaine de kilomètres de routes de la région. Cependant, pour des raisons strictement économiques, on envisage à court terme le remplacement des méthodes de débroussaillement manuelles par des procédés chimiques en vogue dans d'autres régions du Québec. Les pesticides s'ajouteront donc prochainement à la problématique environnementale du réseau routier.

Par ailleurs, les milliers de tonnes de produits organiques et inorganiques acheminés chaque jour par les voies terrestres préoccupent de plus en plus la population régionale. Les réseaux routiers empruntés par ces transporteurs représentent un risque constant de contamination accidentelle pour l'environnement et pour la population. Face à ce danger omniprésent, l'établissement et l'application de règles de conduite adéquates, visant à assurer un certain contrôle sur la circulation des produits polluants ou dangereux en zone urbaine, contribueraient à minimiser les conséquences désastreuses de tels accidents écologiques, le cas échéant. De même, on aurait tout avantage à prévoir des mesures d'intervention efficaces en pareil cas, notamment dans les zones urbaines.

LES CHEMINS DE PÉNÉTRATION EN FORÊT

Au réseau routier régional s'ajoutent les innombrables chemins de pénétration en forêt. Les compagnies forestières qui achètent les droits de coupe et le MER sont responsables de la construction et de l'entretien des voies d'accès à la ressource, après avoir obtenu l'autorisation des plans et devis par le ministère de l'Énergie et des Ressources (MER). On distingue quatre types de chemin forestier:

—les «chemins principaux» à caractère permanent (ouverts à l'année);

—les «chemins secondaires» fermés après chaque activité annuelle de coupe;

—les «chemins annexes» pouvant être fermés durant les périodes pluvieuses;

—les «chemins abandonnés».

Les chemins principaux et secondaires totalisent 6 173 kilomètres de routes (tableau 34). Notons qu'au nord de la région, une dizaine de grands chemins principaux, sans issue, pénètrent à plus de 200 km dans la forêt. Au sud de la plaine régionale, le réseau s'intègre souvent aux axes routiers interrégionaux (routes 156, 175, 381).

Chemins créés pour l'exploitation du bois, récupérés par les chasseurs et les pêcheurs

L'organisation du réseau des chemins de pénétration en forêt relève de la nécessité de minimiser le mouvement depuis les aires de coupe jusqu'aux lieux de transformation (scieries et usines de pâtes et papiers). Le tracé de ces chemins prend toute son importance pour les entreprises qui ont délaissé le flottage du bois pour le transport par camions. Pour les besoins des activités forestières (exploitation et plantation), les grandes entreprises doivent construire puis entretenir chaque année des centaines de kilomètres de chemins (883 km en 1986-1987). Le réseau des chemins de pénétration en forêt s'étend donc continuellement et couvre des aires de plus en plus grandes. Le MER contribue financièrement à la confection du réseau dans le cadre de son programme de voirie forestière.

D'un autre côté, les chasseurs et les pêcheurs empruntent les chemins forestiers, aménagent les tronçons abandonnés et souvent construisent eux-mêmes leurs propres voies d'accès. D'ailleurs, le réseau des zones d'exploitation contrôlées (ZEC) s'inscrit très bien dans la toile des chemins de pénétration

Tableau 34
RÉSEAU ROUTIER EN FORÊT*
AU SAGUENAY–LAC-SAINT-JEAN
1988

CATÉGORIE	TOTAL (kilomètres)
CHEMINS PRINCIPAUX	1 832
CHEMINS SECONDAIRES	4 341
TOTAL	6 173

*Exclut le secteur de Chibougamau (unité de gestion numéro 26)

SOURCE: MER (1988)

en forêt. Ainsi, de nouveaux chemins forestiers permettent l'accès à de nouveaux territoires, ce qui augmente la pression de chasse et de pêche dans certaines zones, ou permet l'exploitation faunique dans d'autres zones jusque-là préservées.

Les chemins forestiers construits il y a vingt ans, sans aucune considération environnementale, ont engendré des problèmes alors insoupçonnés. Les entreprises disposent maintenant d'un Guide d'intervention en milieu forestier, distribué par le MER, pour planifier l'ouverture de nouveaux chemins. Cependant, la topographie du terrain dans le massif montagneux et d'autres contraintes d'ingénierie nécessitent l'empiètement sur le milieu riverain de nombreux lacs et rivières, détruisant notamment l'habitat essentiel aux poissons. Couplés à la coupe forestière, les problèmes de ruissellement et de drainage des sols causés par les chemins forestiers deviennent plus importants, affectant tout l'écosystème et rendant plus problématique la régénération. Quant aux paysages forestiers, certaines MRC, dans le cadre de leur schéma d'aménagement, optent pour la conservation d'un corridor panoramique le long des chemins principaux.

LE TRANSPORT DE L'ÉLECTRICITÉ

Les nombreuses lignes de transmission d'électricité sillonnant la région forment un réseau de *transport* et de *répartition* d'énergie long de 3 000 km (figure 43). Des lignes partent des barrages hydro-électriques érigés dans la région pour alimenter les industries mères et leurs clients; 271 km de ces lignes appartiennent à la société Alcan. D'autres lignes, propriété d'Hydro-Québec, traversent la région du nord au sud en provenance des complexes hydro-électriques de la Côte Nord et de la Baie James. Une quinzaine de postes de transformation sont rattachés au réseau de transport et se situent près des centres de consommation. L'ensemble des installations nécessaires (lignes et transformateurs montés sur poteaux de bois) pour acheminer l'énergie électrique

Figure 43
RÉSEAU DE TRANSPORT D'ÉNERGIE ÉLECTRIQUE
TRAVERSANT LE SAGUENAY–LAC-SAINT-JEAN

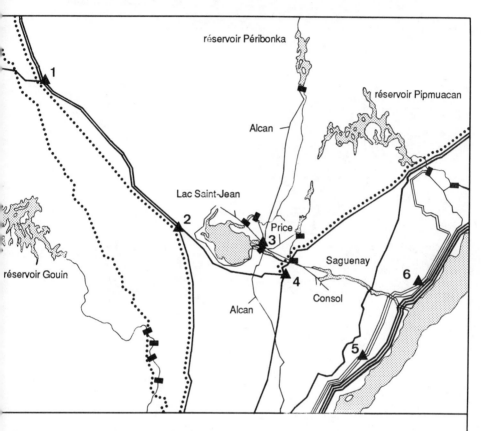

———— Ligne à 161, 315 et 345 kV en opération

▬▬▬▬ Ligne à 735 kV en opération

••••••• Ligne à 735 kV projetée

■ Centrale importante

▲ Poste de distribution (**1**-Chibougamau ; **2**-Chamouchouane; **3**-Ile-Maligne; **4**-Saguenay ; **5**-Charlevoix; **6**-Les Basques)

Note: Les lignes privées sont identifiées; les autres sont sous la gestion d'Hydro-Québec.

)URCES: Hydro-Québec (1988, 1989), Alcan (1988).

Figure 44
INSTALLATIONS RELIÉES AU TRANSPORT DE L'ÉLECTRICITÉ

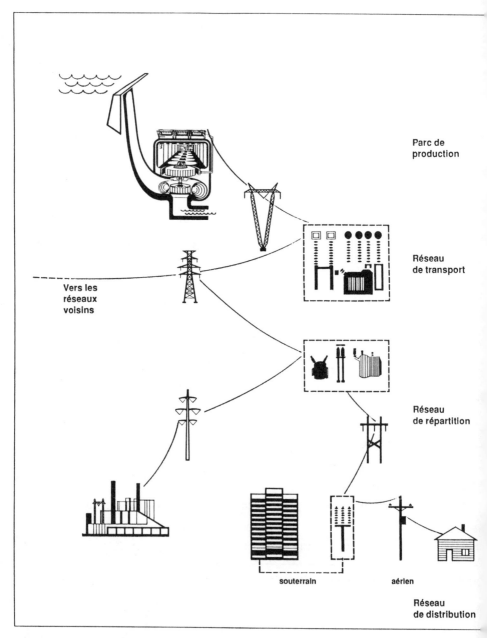

Parc de production

Réseau de transport

Vers les réseaux voisins

Réseau de répartition

souterrain

aérien

Réseau de distribution

SOURCE: Hydro-Québec (1989)

chez le consommateur constitue le réseau de *distribution* (figure 44).

Afin de transporter une grande quantité d'électricité sur de longues distances, le réseau de transport est constitué de lignes à haute et très haute tension afin de réduire les pertes d'énergie. Les lignes de transmission reliant les différentes localités de la région ont une tension de 161 kilovolts (kV), celles provenant des barrages des rivières Péribonka et de Bersimis ont une tension de 230 à 345 kV et les autres provenant de la Baie James, du complexe Manic-Outardes et de Churchill ont la tension maximale de 735 kV. Plusieurs types de pylônes servent au transport de l'électricité (figure 45); leur dimension et l'emprise (voir le prochain chapitre) du corridor de transport dépendent de la tension sur les lignes.

Hydro-Québec a planifié l'addition de deux lignes supplémentaires de 735 kV à son réseau de transport qui traverseront le territoire régional (figure 43). La mise en service de la ligne liant le complexe La Grande-Phase II au poste de Jacques-Cartier (nommée 12ᵉ ligne) est prévue en 1994. Celle liant le tronçon Micoua (complexe Outardes) au poste Saguenay (nommée 13ᵉ ligne) est prévue pour 1997 et enjambera la rivière Saguenay. De son côté, Alcan vient de construire une ligne reliant ses centrales de Shipshaw à la nouvelle aluminerie de Laterrière.

La déforestation, l'empiètement en milieu agricole

En milieu forestier, une ligne de transmission nécessite le déboisement sur une certaine largeur de terrain, appelé «emprise». Une ligne de 735 kV, par exemple, nécessite une emprise de 77 mètres alors qu'une ligne double terne (deux groupes de trois fils conducteurs) de 161 kV requiert une emprise de 40 mètres. Les répercussions des installations des lignes de transmission d'énergie sur l'environnement dépassent la largeur des emprises.

La construction en 1982 de la ligne reliant le poste de

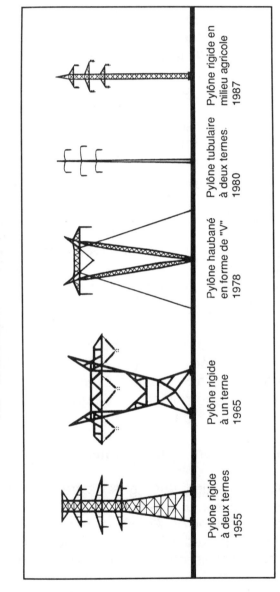

Figure 45
PRINCIPAUX TYPES DE PYLONES RENCONTRÉS AU SAGUENAY–LAC-SAINT-JEAN

Pylône rigide
à deux ternes
1955

Pylône rigide
à un terne
1965

Pylône haubané
en forme de "V"
1978

Pylône tubulaire
à deux ternes.
1980

Pylône rigide en
milieu agricole
1987

SOURCE: Mouvement écologiste et alternatif de l'UQAM (1983) et Hydro-Québec (1988).

286

Chibougamau au poste Saguenay a nécessité à elle seule le déboisement de 28,3 km² de forêt. Les espèces de gros gibiers sont les plus susceptibles de subir des effets négatifs du déboisement, notamment par la perte de sites essentiels aux étapes de leur cycle annuel de vie. Cependant, l'effet de bordure favorise plusieurs autres espèces animales qui profitent de la présence des jeunes pousses. L'importance de l'érosion du terrain déboisé dépend de la nature du sol et du degré de la pente (supérieure à 15 %). L'érosion du sol influence la repousse de la végétation (surtout dans le massif montagneux) et entraîne une diminution de la qualité de l'eau en la polluant par la présence de matières lessivées du sol. Le déboisement des berges des lacs ou des rivières a des répercussions sur la faune.

Les lignes de transmission d'électricité transforment considérablement la beauté des paysages. Bien qu'il s'agisse là d'un jugement subjectif, la qualité des paysages prend toute son importance dans les aires récréo-touristiques. La minimisation de l'impact visuel peut entrer en conflit avec la conservation des ressources du milieu.

Les exigences de sécurité obligent au contrôle de la repousse sur une largeur correspondant à l'emprise des lignes. L'entretien est confié à des entrepreneurs. La superficie traitée annuellement par Hydro-Québec est de 10 à 15 % du total des emprises à entretenir. Depuis 1976, on a recours plus fréquemment au déboisement mécanique comme mode de contrôle. Au Saguenay–Lac-Saint-Jean, Hydro-Québec n'emploie plus d'herbicides depuis 1985 et, parallèlement, expérimente de nouveaux modes d'intervention selon les divers milieux traversés (ex.: déboisement sélectif). La société Alcan traite annuellement de 30 à 35 % de la superficie totale de ses emprises selon un principe de rotation. Les herbicides sont aspergés sur les arbres seulement et peuvent persister pendant plus de deux semaines dans la plante.

Les herbicides ont été largement utilisés par Hydro-Québec

et le sont encore par Alcan, car ils s'avèrent très efficaces et plus économiques pour le contrôle de la végétation. On ignore les quantités d'herbicides aspergés au cours des années dans cette opération. Bien qu'elles soient enregistrées annuellement, la compilation des données n'est pas disponible. Selon la nature et le type de traitement utilisé, ces herbicides peuvent contaminer les terrains et les cours d'eau situés de chaque côté des emprises. Selon la nature du sol et la pente du terrain, les herbicides sont emportés plus ou moins loin par le ruissellement ou encore peuvent rejoindre la nappe d'eau souterraine et contaminer des puits d'eau potable. En trop grandes concentrations, les herbicides deviennent toxiques pour la flore (ex.: érables), la faune et aussi les hommes qui travaillent ou circulent dans les emprises.

En outre, les lignes de transmission causent plusieurs entraves à l'activité agricole. Au moment de la mise en place de la ligne, l'équipement lourd (bulldozer, pelle mécanique) doit traverser des terres agricoles, compactant le sol et endommageant le système de drainage souterrain. Les pylônes couvrent une superficie bien déterminée et entraînent une perte d'utilisation du sol. Ces infrastructures constituent également un obstacle à contourner pour l'agriculture. Afin de préserver le territoire agricole, Hydro-Québec a conclu en 1986 une entente avec l'Union des producteurs agricoles du Québec (UPA) quant aux critères de base pour l'emplacement, la construction et l'entretien des lignes.

Les champs électrique et magnétique

Les champs électrique et magnétique créés à proximité des fils conducteurs peuvent exercer des forces sur les objets environnants. L'intensité du champ électrique en dessous d'une ligne à haute tension de 735 kV atteint 10 000 Volts par mètre et diminue à 2 000 V/m en bordure de l'emprise (à 40 mètres de chaque côté des lignes). L'intensité du champ magnétique accuse une valeur de 60 microteslas en dessous des lignes de 735 kV et diminue à 14 µT en bordure de l'emprise. Pour les fins de comparaison, indiquons qu'un téléviseur produit un champ électrique de 30 V/m et un champ magnétique de 4 μT.

Les champs électrique et magnétique intenses causent des effets biologiques, c'est-à-dire un changement physiologique chez les humains, les animaux ou les plantes. Plusieurs études ponctuelles démontrent effectivement la présence d'effets neurophysiologiques et comportementaux chez les humains et les animaux, sans apparamment nuire à leur santé. Le fort champ électrique entourant la ligne induit des charges statiques dans des objets isolés du sol. C'est ainsi qu'une personne ou le bétail vivant sous une ligne à haute tension ressentira assez fréquemment des petits chocs électriques en touchant divers objets de son entourage. Actuellement, les experts s'entendent généralement pour affirmer qu'une exposition de courte durée aux champs électrique et magnétique créés par les lignes électriques n'entraîne aucun effet nocif sur la santé des humains et des animaux. Quant aux effets à long terme, ils restent à confirmer. Plusieurs recherches dans ce domaine se font actuellement par Hydro-Québec, d'autres producteurs d'électricité et divers chercheurs indépendants.

Un champ électrique intense crée aussi l'effet «couronne» qui produit un bruit audible (crépitements caractéristiques par temps pluvieux), des interférences radios et, en réaction avec les gaz atmosphériques, des quantités très minimes d'ozone et d'oxydes d'azote. L'accumulation de poussières et de matières organiques de même que la pluie qui adhère à la surface du fil conducteur contribuent à intensifier le champ magnétique autour de ce dernier et produisent, par la même occasion, l'effet «couronne».

La distribution de l'électricité et les BPC

Les BPC, ou *biphényles polychlorés,* sont des produits chimiques de synthèse. Ils forment une famille de 209 substances, toxiques à des concentrations très faibles et suspectées d'être cancérigènes. Les BPC peuvent pénétrer dans le corps par contact avec la peau, par inhalation de brouillard ou par ingestion. Ils possèdent une stabilité chimique très élevée, ce qui les rend persistants dans l'environnement. Leur production et leur vente sont interdites en Amérique du Nord depuis 1980 et on cherche des moyens pour éviter de polluer davantage l'environnement avec ces produits.

Les BPC sont d'excellents isolants électriques. Dans la région, on trouvait environ de 8 à 10 millions de litres d'huiles contaminées aux BPC, contenues surtout dans divers équipements électriques tels que les transformateurs et les condensateurs. Un certain nombre de ces équipements demeurent encore en service dans les postes de transformation extérieurs ou dans divers bâtiments (édifices, usines). Comme principaux utilisateurs de BPC, mentionnons Alcan (qui possède la moitié des BPC et des huiles contaminées de la région), Hydro-Québec, les usines de pâtes et papiers et les municipalités propriétaires de leur réseau de distribution d'électricité (La Baie, Jonquière, Alma et Saint-Ambroise).

Si un appareil défectueux isolé aux BPC coule, le liquide contamine le sol. Par infiltration dans le sol ou par ruissellement, les BPC peuvent atteindre la nappe d'eau souterraine ou les cours d'eau. Ils contaminent ainsi la chaîne alimentaire s'accumulant, par exemple, dans la chair des poissons.

Si un appareil défectueux prend feu, les BPC peuvent dégager en brûlant des produits extrêmement toxiques (furannes et dioxines). Les BPC se dispersent aussi dans l'atmosphère et sont transportés sur de grandes distances, à la manière des polluants responsables des précipitations acides. On ne dispose d'aucune statistique sur les quantités considérables de BPC déjà dispersés dans l'environnement; les mesures effectuées confirment en tout cas qu'il s'en trouve partout. Par exemple, selon une étude commandée par le MENVIQ, les espèces de poissons de la rivière Saguenay renferment généralement des concentrations de BPC plus élevées que celles du lac Saint-Jean, différence explicable par la plus forte densité de la population et la plus grande exploitation industrielle dans le Haut-Saguenay. Les concentrations dans la chair des poissons demeurent cependant très inférieures à la norme pour la consommation humaine, mais avoisinent les normes pour la protection de la vie aquatique.

Une stratégie gouvernementale récente prévoyait assurer la gestion et l'élimination sécuritaires des BPC encore en utilisation d'ici huit ans. Mais à la suite de l'incendie de l'entrepôt de BPC à Saint-Basile-Le-Grand en août 1988, il semble qu'on ramènera le plan de retrait des BPC sur une période de cinq ans en plus d'ajouter l'obligation de retrait au Règlement. En 1986, Alcan et Hydro-Québec ont entrepris chacune leur propre plan d'action et d'élimination qui doit tenir compte des normes minimales de sécurité.

Au fur et à mesure de leur mise hors service, les fluides et le matériel contenant des BPC sont entreposés temporairement jusqu'à ce qu'on dispose de centres d'élimination permanents. Il existe donc d'importantes quantités de BPC stockées dans les lieux appartenant aux propriétaires eux-mêmes. Une bonne quantité de ces BPC d'origine industrielle a été acheminée vers l'Angleterre en avril 1988 pour leur incinération. D'après le dernier inventaire du MENVIQ (été 1989), environ 1 761 tonnes d'huiles contaminées à plus de 50 ppm de BPC sont actuellement entreposées et environ 13 300 tonnes d'huiles contaminées (13 000 tonnes contenant entre 50 et 500 ppm de BPC et 300 tonnes contenant plus de 500 ppm) sont encore en fonction dans divers équipements électriques au Saguenay–Lac-Saint-Jean.

LE TRANSPORT FERROVIAIRE

On compte 335 km de voies ferrées au Saguenay–Lac-Saint-Jean, toutes construites entre 1888 et 1925. Deux compagnies (le Roberval-Saguenay et le Canadien Pacifique) se partagent le transport par chemin de fer dans la région.

Le Roberval-Saguenay, subsidiaire d'Alcan, effectue le transport entre le port de La Baie et les usines de la compagnie. Il emprunte également le réseau du Canadien National entre Jonquière et Alma pour se rendre à l'usine d'Isle-Maligne. Il sert essentiellement à transporter des matières premières (bauxite, alumine, cryolithe, fluorure d'aluminium) et des produits chimiques vers les usines, et des lingots d'aluminium vers le port.

La voie ferrée du Canadien National entre dans la région à Chambord d'où partent trois lignes, vers Chicoutimi, Dolbeau et Chibougamau. Une grande partie de la production des scieries et des papeteries de la région est transportée par chemin de fer en direction du port de La Baie, en empruntant la ligne du Roberval-Saguenay, et vers l'extérieur de la région, principalement à Québec et Montréal. Alcan utilise également ce tronçon pour expédier des lingots d'aluminium vers ses autres usines du Québec. En raison de la concurrence des autres moyens de transport, la circulation des voyageurs par chemin de fer est très minime. Le Canadien National songe même à se départir de ce service que lui impose la Commission canadienne des transports.

Les répercussions de la construction et de l'entretien de voies ferrées sur les sols, la faune et la flore sont de même nature que celles de la construction des routes. L'emprise d'une voie ferrée occupe une largeur minimale de 30 mètres et peut varier jusqu'à 150 mètres selon les caractéristiques topographiques du milieu traversé. L'aménagement des infrastructures modifie l'utilisation actuelle et potentielle des sols. Des herbicides servent en partie à l'entretien des emprises. De plus, le transport ferroviaire a historiquement favorisé l'introduction de certaines espèces de plantes envahissantes dans la plaine régionale (ex. l'asclépiade). Enfin, la population vivant le long des voies ferrées perçoit le bruit comme une nuisance, mais y développe une certaine tolérance.

Le réseau ferroviaire régional répond aux besoins de transport des marchandises des industries forestières et de l'aluminium. Deux nouvelles voies sont projetées dans le Haut-Saguenay: une de 14 km devant desservir la nouvelle usine Laterrière d'Alcan à Chicoutimi (en voie de réalisation), et l'autre de 10 km liant le réseau de Roberval-Saguenay au terminus maritime de Grande-Anse à La Baie. En tout, 16 km de ces futures voies traverseraient des terres agricoles.

LE TRANSPORT DU GAZ NATUREL

Un gazoduc d'une longueur d'environ 110 km traverse la région. Les sept réseaux de distribution sectoriels, exploités par Gaz Métropolitain inc., desservent les localités de Chambord, Desbiens, Alma, Jonquière, Chicoutimi, Laterrière et La Baie. La région consomme annuellement 400 millions de mètres cubes de gaz importé de l'Alberta.

Les incidences des gazoducs sur l'environnement varient suivant les milieux touchés (forêts, terres agricoles, cours d'eau, tourbières). Les gazoducs sont généralement enfouis dans des tranchées, sauf aux stations de pompage situées à intervalles plus ou moins réguliers. L'emprise nécessaire pour la construction d'un gazoduc est de 20 mètres. Par la suite, des visites préventives (inspection des valves de sectionnement) se font deux fois par année avec l'aide de véhicules tout-terrain et parfois d'un hélicoptère. Dans le but de faciliter le passage des véhicules pour l'inspection, on effectue les entretiens mécanique et chimique sur une largeur de trois mètres.

Lors de la traversée des cours d'eau, les opérations de

mise en place du gazoduc modifient le milieu riverain et peuvent avoir certaines répercussions, quoique de courte durée, sur la qualité de l'eau, les invertébrés aquatiques et les poissons. Dans certains cas (agriculture), les gazoducs imposent certaines restrictions quant à l'utilisation des sols. Afin d'en minimiser les impacts, on essaie le plus possible de les faire longer les zones agricoles et le domaine forestier plutôt que de les faire traverser.

Contrairement aux autres combustibles fossiles (pétrole et charbon), le gaz naturel ne dégage que de faibles quantités de polluants atmosphériques (NO_x, hydrocarbures, CO et CO_2) lors de la combustion. La conversion au gaz naturel dans plusieurs usines de la région (alumineries, papetières) a permis d'y améliorer la qualité de l'air. L'usage du gaz naturel implique toutefois certains risques minimes de ruptures de canalisation pouvant entraîner des explosions, d'où le danger pour les communautés.

Gaz Métropolitain projette une extension du réseau pour desservir quelques localités du comté de Lac-Saint-Jean-Ouest et ainsi augmenter la capacité de transport à 900 millions de mètres cubes de gaz naturel par an.

Références bibliographiques

Conseil canadien des ministres des ressources et de l'Environnement (1986) *La question des BPC,* 36 p.

Conseil consultatif de l'environnement (1976) *Localisation des corridors de transport au Québec,* gouvernement du Québec, 208 p.

Environnement Québec (1988) *L'environnement au Québec, un premier bilan,* Document technique, 429 p.

Environnement Québec (1988) *Politique sur l'élimination des neiges usées,* 15 p.

Gauthier, L. (1982) *Le point sur les effets des lignes à haute tension,* Hydro-Québec, 55 p.

Gauthier, M.J. (1981) «Les chemins de pénétration en forêt 1971», *Atlas régional du Saguenay–Lac-Saint-Jean,* Gaëtan Morin éditeur.

Gauthier. P. (1981) «Le réseau routier et ferroviaire 1975», *Atlas régional du Saguenay–Lac-Saint-Jean,* Gaëtan Morin éditeur.

Hydro-Québec (1988) *Hydro-Québec et l'environnement,* Plan de développement d'Hydro-Québec 1988-1990, Horizon 1997, 61 p.

Hydro-Québec (1989) *Douzième ligne à 735 kV du réseau de transport d'Hydro-Québec,* 8 p. et 2 cartes.

Hydro-Québec (1989) *De l'électricité dans l'air,* 20 p.

Hydro-Québec (1989) *Le futur réseau de production et de transport d'Hydro-Québec,* Plan de développement d'Hydro-Québec 1989-1991-Horizon 1998, 26 p.

Labrie, J. (1988) *Contrôle de la végétation dans les corridors de transport d'énergie à Alcan,* Mémoire présenté aux États généraux de l'environnement du Saguenay–Lac-Saint-Jean, 9 p.

Lavalin Environnement (1988) *Projet de construction d'une voie ferrée pour l'usine d'électrolyse d'alumine Laterrière, Chicoutimi, Québec,* Étude d'impact sur l'environnement.

Lebel, P. (1988) *Réseaux routiers utilisés par les transporteurs de produits toxiques. Sani Mobile Saguenay–Lac-Saint-Jean inc.* Mémoire présenté aux États généraux de l'environnement du Saguenay–Lac-Saint-Jean, 1 p.

Malo, D. (1979) *Les déchets sauvages au Québec,* Serv. de protection de l'environnement, Éditeur officiel du Québec, 122 p.

Mamarbachi, G. (1980) *Résidus d'insecticides organochlorés et de Biphéniles polychlorés dans les poissons. Bassin hydrographique Saguenay–Lac-Saint-Jean n° 13,* Éditeur officiel du Québec, 55 p.

Mouvement écologiste et alternatif de l'UQAM (1983) *Vivre près d'une ligne de transmission à haut voltage,* Montréal, 46 p.

Leblond, Tremblay & Bouchard (1988) *MRC Domaine-du-Roi Schéma d'aménagement,* Document principal, 154 p.

Leblond, Tremblay & Bouchard (1987) *MRC du Fjord-du-Saguenay Schéma d'aménagement,* Version définitive, 125 p.

Jean-Claude Lusinchi et Planigram inc. (1986) *MRC Lac-Saint-Jean-Est. Schéma d'aménagement,* Document principal, 89 p.

Gendron & Ass. (1987) *MRC Maria-Chapdelaine. Schéma d'aménagement,* Document principal, 121 p.

Sarrazin R. *et al.* (1983) *La protection des habitats fauniques au Québec,* Groupe de travail pour la protection des habitats, MLCP, 256 p. et annexe B (175 p.).

UQCN (1988) *Les BPC, au-delà des événements,* Supplément à Franc-Nord, 23 p.

LES PRÉCIPITATIONS ACIDES

Les polluants atmosphériques responsables de l'acidification des précipitations (pluie, neige) sont le dioxyde de soufre (SO_2) et les oxydes d'azote (NO_x).

Si nous prenons comme référence l'année 1980, les émissions de (SO_2) en Amérique du Nord totalisaient 29 millions de tonnes métriques dont 83 % provenaient des États-Unis (tableau 35) et 3 % du Québec. Sur le plan régional, malgré les efforts de réduction, les principales sources d'émission de SO_2 dans l'atmosphère sont les alumineries (13 848 tonnes en 1986), les usines de pâtes et papiers (4 502 tonnes en 1986), une fonderie de Chicoutimi (433 tonnes en 1986), les résidences chauffées à l'huile et les moteurs Diesel.

En 1980, les émissions d'oxydes d'azote en Amérique du Nord totalisaient un peu plus de 21 millions de tonnes, dont 91 % provenaient des États-Unis (tableau 35) et moins de 2 % du Québec. Sur le plan régional, les véhicules à essence (automobiles, camions) constituent la principale source d'émission de NO_x dans l'atmosphère.

Les émissions de dioxyde de soufre et d'oxydes d'azote se transforment dans l'humidité de l'atmosphère en composés acides (ex.: acide sulfurique) et retournent sur terre mêlés aux précipitations ou sous la forme de dépôts secs et gazeux. Ces polluants peuvent donc s'étendre sur de grandes distances. D'après les estimations scientifiques, environ 50 % des précipitations acides qui touchent le Québec proviennent des États-Unis, 25 % de l'Ontario et 25 % du Québec même. Les émissions au Saguenay–Lac-Saint-Jean, même si elles apparaissent minimes par rapport à l'ensemble des émissions du continent nord-américain, contribuent dans certaines conditions météorologiques à aggraver la situation régionale.

Tableau 35
ÉMISSIONS DE SO$_2$ EN 1980
(en kilotonnes par année)

	États-Unis	Canada
Centrales thermiques	15 800	745
Fonderies	1 400	2 125
Installations de chauffage industriel et commercial	3 200	826
Procédés industriels	2 900	916
Transports	800	158
TOTAL	24 100	4 770

ÉMISSIONS DE NO$_x$ EN 1980
(en kilotonnes par année)

	États-Unis	Canada
Centrales thermiques	5 600	250
Chaudières et dispositifs industriels de traitement	3 500	300
Installations de chauffage résidentiel et commercial	700	90
Autres dispositifs industriels de traitement	700	80
Transports	8 500	1 110
Divers	300	-
TOTAL	19 300	1 830

SOURCE: Environnement Canada (1982)

Figure 46
CONCENTRATION MOYENNE DE SULFATE DANS LES PRÉCIPITATIONS AU SAGUENAY–LAC-SAINT-JEAN (1982-1984)

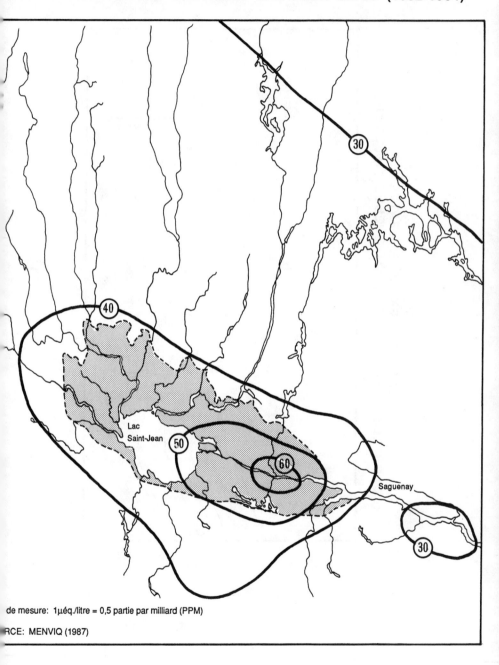

de mesure: 1µéq./litre = 0,5 partie par milliard (PPM)

RCE: MENVIQ (1987)

Figure 47
DÉPÔT MOYEN DE SULFATES
DANS LES PRÉCIPITATIONS AU QUÉBEC (1982-1984)

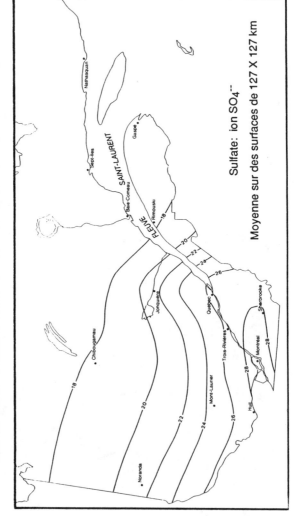

Sulfate: ion SO$_4^{--}$

Moyenne sur des surfaces de 127 X 127 km

SOURCE: MENVIQ (1987).

L'acidité des précipitations

À l'état naturel, l'eau de pluie est quelque peu acide, ayant un pH de 5,6. Les précipitations sont dites «acides» lorsque le pH est inférieur à la normale (5,6). Au Saguenay–Lac-Saint-Jean, le pH moyen annuel des précipitations (1982-1984) se situe entre 4,4 et 4,5 soit un niveau d'acidité de près de 20 fois supérieur à la normale. À certaines occasions, on a enregistré au Québec un pH de 3,4 soit une acidité de 145 fois plus élevée que la normale.

Les dépôts de sulfate

Les sulfates provenant du dioxyde de soufre (SO_2), présentent au Saguenay–Lac-Saint-Jean des concentrations moyennes variant entre 15 ou 30 parties par milliard (ou entre 30 et 60 micro-équivalents par litre). Le secteur de la région où l'on retrouve les valeurs maximales est situé au centre des basses terres du Haut-Saguenay (figure 46). Cette répartition spatiale montre bien l'influence des sources de pollution régionales qui s'ajoutent aux émissions ontariennes et à celles du Midwest américain.

En ce qui concerne le dépôt humide moyen annuel de sulfate (figure 47), pour les années 1982-1984, il se situe dans la région entre 16 et 24 kilogrammes par hectare par an. Les chercheurs du Canada et de la Nouvelle-Angleterre reconnaissent qu'un dépôt humide de sulfate de 20 kg/ha/an est une valeur à ne pas dépasser pour la protection des écosystèmes aquatiques modérément sensibles. Quant aux écosystèmes terrestres, on n'a pas encore défini de concentration correspondant à un niveau critique. De façon générale, la zone située à l'ouest du fjord du Saguenay et au sud du 49e parallèle se caractérise dans son ensemble par des dépôts humides de sulfates excédant 20 km/ha/an. Le secteur nord de la réserve des Laurentides reçoit les plus forts dépôts humides de sulfate en région.

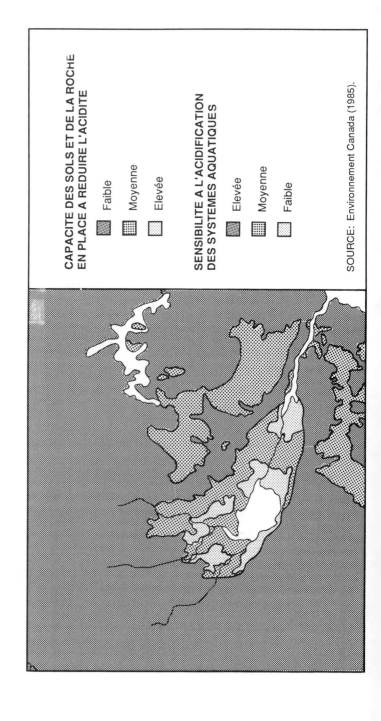

Figure 48
CAPACITÉ DES SOLS ET DE LA ROCHE EN PLACE
À RÉDUIRE L'ACIDITÉ DES PRÉCIPITATIONS
AU SAGUENAY-LAC-SAINT-JEAN

CAPACITE DES SOLS ET DE LA ROCHE
EN PLACE A REDUIRE L'ACIDITE

Faible

Moyenne

Elevée

SENSIBILITE A L'ACIDIFICATION
DES SYSTEMES AQUATIQUES

Elevée

Moyenne

Faible

SOURCE: Environnement Canada (1985).

302

La sensibilité des écosystèmes régionaux aux précipitations acides

La résistance des milieux naturels à l'acidification dépend de leur capacité de neutraliser la pollution acide. C'est ce qu'on appelle un pouvoir-tampon qui permet à l'eau ou au sol d'absorber une quantité plus ou moins grande d'agents acides. Mais ce pouvoir-tampon varie selon les lieux géographiques, car il dépend de la composition du sol. Si celui-ci est riche en carbonates, comme les argiles, il pourra neutraliser plus facilement l'acide contenu dans les précipitations, au moins pendant un certain temps.

La Direction générale des terres d'Environnement Canada a produit récemment une carte présentant une analyse des terres susceptibles d'être affectées par les précipitations acides à l'intérieur des écodistricts terrestres du Québec. Cette carte est basée sur une évaluation de la capacité des sols et de la roche en place à réduire l'acidité amenée par la pluie et la neige. Elle révèle que plus de la moitié des terres de la région ont une faible capacité de réduction acide, ce qui rend les écosystèmes aquatiques particulièrement sensibles à l'acidification (figure 48).

Les effets des précipitations acides sur l'environnement

À force de recevoir des dépôts acides, le sol, la végétation, le milieu aquatique et les autres éléments de l'environnement subissent des changements qui peuvent être graves pour les organismes vivants. Ces changements ne se produisent pas du jour au lendemain, car ils dépendent de la résistance des milieux à l'acidification. Ils sont la conséquence des multiples dépôts amenés par diverses précipitations, dépôts qui s'additionnent jour après jour, année après année.

Même si les lacs sont situés dans des régions au sol moins sensible à l'acidification (figure 48), ils ne sont pas à l'abri des répercussions des précipitations acides. La vie aquatique du milieu riverain peut être gravement affectée au printemps par le «choc acide» provoqué par la fonte des neiges. La libération relativement rapide d'une grande quantité d'acides accumulés au cours de l'hiver et l'incapacité du sol encore gelé à neutraliser ces acides se traduisent par une chute importante du pH de l'eau des rivières et des lacs.

La dégradation des milieux aquatiques

L'acide sulfurique se dissocie dans l'eau sous la forme d'ion sulfate (SO_4^-) dont la concentration donne un indice de l'acidification des cours d'eau et des lacs. Les scientifiques ont mis clairement en évidence la relation entre le pH des lacs et la concentration d'ions sulfate dans les précipitations. Malgré l'influence d'une acidité d'origine «naturelle», la contribution des apports atmosphériques d'ion sulfate à l'acidité des lacs demeure très importante.

Pour la période de 1986-1991, le MENVIQ a mis en place un réseau de surveillance de l'acidité des lacs, dans le but de quantifier les niveaux de détérioration des ressources lacustres affectées par les retombées acides puis de concevoir cet état à l'ensemble des lacs des principales régions hydrographiques du Québec, dont celle du Saguenay–Lac Saint-Jean. Ce réseau permettra de détecter une éventuelle amélioration de la qualité de l'eau occasionnée par les réductions d'émissions de soufre (SO_2).

Les premiers résultats (1989) se rapportant à la région administrative du Saguenay–Lac-Saint-Jean touchent 631 lacs. D'après le niveau minimal de pH observé sur les plans d'eau, 10 % des lacs se sont révélés acides (pH égal ou inférieur à 5,5), 23 % en transition (pH compris entre 5,5 et 6,0) et 67 % non acides (pH plus élevé que 6,0). Précisons que la moitié des lacs acides ont été répertoriés dans un rayon de 25 kilomètres autour de Rivière-Éternité, situé dans l'axe des vents prédominants du nord-ouest traversant la zone fortement industrialisée le long de la rivière Saguenay (figure 49).

Les études effectuées dans la région de Québec et du Témiscamingue démontrent que l'acidification des milieux aquatiques, de modérée à très sensible, a de lourdes conséquences sur la faune et la flore aquatique. Il en est de même lorsque survient le «choc acide» printanier. Des changements brusques de plus de 0,2 unité de pH affectent les écosystèmes aquatiques. On assiste, dans certains cas, à la disparition progressive et même complète de plusieurs espèces de poissons (Doré jaune, Omble de fontaine, plusieurs petites espèces) et à une baisse marquée de la diversité des genres d'insectes et des espèces de plantes aquatiques. Les amphibiens, comme la Salamandre maculée, sont aussi affectés par l'acidification des eaux.

Plusieurs lacs de la réserve des Laurentides, par exemple, se prêtent mal depuis quelques années à une exploitation rationnelle de l'Omble de fontaine par la pêche sportive. Le nombre de captures pour un effort de pêche donné diminue avec une augmentation de l'acidité. En effet, l'évaluation des biomasses démontre que les lacs légèrement acidifiés supportent, en moyenne, trois fois moins de poissons que les lacs non acides. Chaque espèce de poisson a sa tolérance propre à l'acidité de l'eau (tableau 36). Ainsi, les menés abondent dans les lacs dont le pH varie entre 5,9 et 7,0, mais sont généralement absents dans les lacs de pH inférieur ou égal à 5,2. Le Doré jaune et le Touladi seraient également sensibles à l'acidité, alors que la Perchaude semble tolérer une gamme étendue de pH.

Les relevés des plantes aquatiques effectués dans la ZEC des Martres (région de Charlevoix) démontrent que la diversité des plantes vasculaires diminue avec une augmentation de l'acidité des lacs. L'acidité provoque également une diminution de la diversité des invertébrés. Chez ces derniers, les Gastéropodes (escargots), les Pélécypodes (Bivalves) et

Figure 49
LES LAC ACIDES
AU SAGUENAY–LAC-SAINT-JEAN

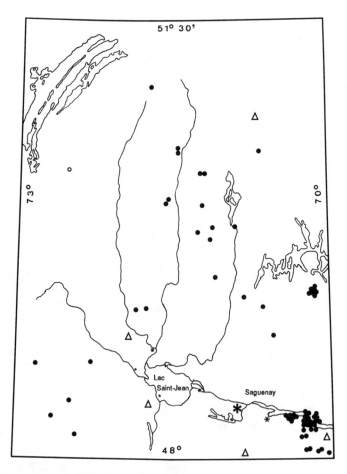

• lac acide (pH ≤ 5,5) répertorié en 1989

Δ station d'échantillonnage de la qualité des précipitations du Québec (MENVIQ)

✱ ✱ source importante d'émission de SO₂ au Saguenay/Lac-Saint-Jean

SOURCE: MENVIQ (1989)

306

les larves d'insectes (Éphémères, Trichoptères, Diptères) sont les plus affectés. Ces organismes vivants jouent un rôle primordial dans le recyclage des matières organiques et constituent la principale source de nourriture des poissons et de plusieurs espèces d'oiseaux aquatiques, tels le Huart à collier, le Morillon à collier et le Canard noir. L'acidité touche donc plusieurs maillons de la chaîne alimentaire, contribuant à l'appauvrissement graduel de la faune aquatique et à une baisse de productivité des écosystèmes.

L'accroissement de l'acidité dans les précipitations et les eaux souterraines a pour conséquence la dissolution de plus grandes quantités de métaux présents dans le sol ou dans le sous-sol, comme l'aluminium, le manganèse, le cuivre, le nickel, le mercure, le cadmium et le plomb. Ces métaux rejoignent les ruisseaux et les lacs par le ruissellement ou par les eaux d'infiltration. Ils peuvent s'accumuler dans les tissus des petits animaux aquatiques qui vivent dans les plans d'eau récepteurs et ainsi intoxiquer les prédateurs qui s'en nourrissent. Parmi les effets indirects sur la santé humaine, on se préoccupe particulièrement de la consommation de poissons fortement contaminés par le mercure et de l'eau potable à haute teneur en plomb.

La dégradation du milieu forestier

On observe au Québec une dégradation importante des forêts de feuillus, principalement dans les érablières. Des indices de dépérissement sont aussi apparus dans les forêts de conifères, notamment dans les zones où les taux de dépôts acides sont élevés. Le recensement aérien du dépérissement des forêts, échelonné entre 1983 et 1987, indique que la région n'est pas à l'abri de ce phénomène.

On ne connaît pas encore très bien les répercussions des pluies acides sur les forêts, mais elles ont récemment suscité une inquiétude généralisée parmi les gestionnaires et les exploitants. Des expériences en laboratoire ont montré qu'une

307

Tableau 36
SENSIBILITÉ DE PLUSIEURS ESPÈCES DE POISSONS À L'ACIDITÉ

ESPÈCE critique	pH
Museau noir	6,7 - 6,5
Dard-perche	6,4 - 6,2
Méné pâle	6,2
Ventre-pourri	6,2 - 5,7
Méné à nageoires rouges	6,2 - 5,7
Raseux-de-terre	6,2 - 5,0
Mulet à cornes	6,1 - 5,2
Truite arc-en-ciel	6,0 - 5,5
Lotte	6,0 - 5,2
Doré jaune	6,0 - 5,2 [1]
Achigan à petite bouche	5,8 - 4,7 [2]
Touladi	5,8 - 4,4 [3]
Saumon atlantique	5,5 - 4,7 [4]
Truite brune	5,5 - 4,5
Omble de fontaine	5,5 - 4,5 [5]
Grand Brochet	5,4 - 4,2
Chatte de l'est	5,2 - 4,8
Crapet-soleil	5,2 - 4,2
Meunier noir	5,2 - 4,2
Omble chevalier	5,0
Grand Corégone	5,0 - 4,2
Perchaude	4,8 - 4,2
Cisco de lac	4,7 - 4,4

1. Le seuil létal serait aux environs de 5,4 (Hulsman et al., 1983)
2. Un seul auteur donne une valeur
2. Un seul auteur donne une valeur inférieure à 5,5
3. Un seul auteur donne une valeur inférieure à 5,2
4. Le stade de saumoneau est particulièrement sensible
    (5,5 - 5,1, St-Pierre, 1986)
5. La majorité des auteurs situent le seuil critique à 5,0 - 4,8

SOURCES: Grande et al., 1978, haines, 1981, Magnuson et al., 1984; Pauwels et Haines, 1986; Rachel et Magnuson, 1983; Smith et al., 1986; Wales et Beggs, 1986.

augmentation du niveau d'acidité diminuait le taux de croissance des plantes. On sait aussi que les sols légèrement acidifiés libèrent certains éléments métalliques, tel l'aluminium, susceptibles d'influer sur la croissance des plantes et sur le succès de la régénération. Certains lichens sont très sensibles à l'acidité et peuvent disparaître de la région touchée.

Les pluies acides ainsi que d'autres formes de pollution atmosphérique auraient amené le dépérissement des forêts de l'Europe centrale. Compte tenu de la capacité généralement faible du sol à tamponner l'acide, on constate que les forêts de la région sont menacées. La situation actuelle au Québec semble révéler un problème écologique sans précédent qui risque de s'accentuer avec la poursuite de l'agression de la pollution atmosphérique sur le milieu forestier.

La réduction des émissions de polluants atmosphériques

Les précipitations acides constituent un problème continental dont la solution éventuelle nécessitera des ententes internationales. Des démarches se poursuivent toujours en vue de conclure un traité canado-américain visant à combattre les précipitations acides sur le continent nord-américain. Puisque les précipitations acides proviennent des émissions de dioxyde de soufre et d'oxydes d'azote, le gouvernement du Québec collabore avec les États de la Nouvelle-Angleterre, les autres provinces canadiennes et le gouvernement canadien pour mettre d'avant des programmes de diminution de rejets de SO_2 dans l'atmosphère.

Au début de 1985, le Québec a adopté une réglementation visant la diminution des rejets des sources québécoises de SO_2 et le contrôle des oxydes d'azote émis par les véhicules automobiles. Cette réglementation devrait permettre la réduction, d'ici 1990, des rejets québécois de SO_2 à 600 000 tonnes, soit une diminution de plus de 45 % par rapport à 1980. En vertu à la fois du nouveau règlement modifiant celui-ci sur les fabriques de pâtes et papiers et de la poursuite du programme de modernisation dans cette industrie, on s'attend à une réduction supplémentaire de quelque 19 000 tonnes de SO_2 pour l'ensemble du secteur du papier journal. Sur le plan régional, ces mesures permettront une diminution des émissions provenant des usines de transformation de la fibre. Les alumineries de la région, responsables de 74 % des émissions industrielles, devront aussi poursuivre leurs efforts de modernisation destinés à abaisser substantiellement le niveau d'agression des sulfates, afin de protéger les écosystèmes aquatiques situés dans l'axe des vents dominants.

Parmi les autres moyens de réduire les contaminants à l'origine des précipitations acides, mentionnons l'utilisation de sources d'énergie moins polluantes telles que le gaz naturel et l'hydro-électricité, l'entretien convenable des véhicules et de leur dispositif antipollution (convertisseur catalytique), le transport en commun, les économies d'énergie sans oublier la sensibilisation accrue du grand public.

Références Bibliographiques

Environnement Canada (1984) *L'odyssée des pluies acides,* 16 p.

Environnement Québec (1986) *Émissions de divers contaminants selon les régions administratives. Année de référence 1986,* Tableau de statistiques.

Environnement Québec (1988) *L'environnement au Québec, un premier bilan,* Document technique, 429 p.

Environnement Québec (1989) *Répertoire de l'acidité des lacs du Québec: 1989,* 44 p.

Jacques, G. & Y. Grimard (1987) *Réseau d'échantillonnage des précipitations acides du Québec. Sommaire des données de la qualité des eaux de précipitations 1985,* MENVQ, 73 p.

Gilbert *et al.* 1985, *Écorégions et écodistricts du Québec (dans: Sensibilité de l'écosystème aux précipitations acides au Québec, partie A), Série de la classification écologique du territoire nº 20,* Environnement Canada, 86 pages.

Kelso, J.R.M. *et al.* (1987) *L'acidification des eaux de surface dans l'est du Canada et son incidence sur le biote aquatique,* ministère des Pêches et des Océans, Ottawa, 47 p.

Sarrazin, R. et al. 1983. *La protection des habitats fauniques au Québec. Groupe de travail pour la protection des habitats,* MLCP, 256 p. et annexe B (175 p.).

Société pour vaincre la pollution (SVP) (1981) *Les pluies acides au Québec: un cancer pour l'environnement,* 12 p.

Sous-comité sur les pluies acides (1981) *Les eaux sournoises, la tragique réalité des pluies acides,* gouvernement du Canada, 158 p.

PARTIE

4

VERS UN DÉVELOPPEMENT DURABLE

Tableau 37
LES BESOINS FONDAMENTAUX
DE L'ÊTRE HUMAIN

LES BESOINS DE L'INDIVIDU:

Physiologiques	lumière eau, oxygène nourriture abri, vêtements reproduction
Psychologiques	espace vital paix (quiétude) coutumes
Sociaux	établissement (bon voisinage) travail associations (loisir, aide communautaire, syndicat)
Économiques	revenu minimal participation aux décisions droits de propriété
Politiques	éducation droit à l'information liberté d'expression influencer les décisions (droit de vote) respect des droits de l'homme
Éthiques	adhésion à une doctrine (foi) congrégation respect de l'éthique

LES BESOINS DE LA SOCIÉTÉ:

Gestion intégrée des ressources

Planification des activités

Législation

Développement culturel

LES BESOINS DE L'ESPÈCE HUMAINE:

Conservation de la diversité des espèces vivantes

Productivité humaine soutenable (maintien des écosystèmes)

Aide inconditionnelle au développement des sociétés sous-privilégiées

Restriction de l'introduction et de la circulation de polluants dans l'air, l'eau, le sol et les sédiments.

SOURCE: Inspiré de P. Dansereau (1987).

LA NOTION DE DÉVELOPPEMENT DURABLE

Comme nous venons de le voir, les problèmes environnementaux actuels deviennent de plus en plus préoccupants et risquent de compromettre notre avenir à tous. Afin de mieux gérer les ressources de l'environnement sur lesquelles se fondent les activités socio-économiques régionales, la notion de **développement durable** peut nous aider à trouver des solutions. Les paragraphes suivants, fortement inspirés des travaux de la Commission mondiale sur l'environnement et le développement (Rapport Brundtland), définissent cette notion fondamentale.

Le **développement durable** est un développement axé sur la satisfaction des besoins du présent sans toutefois compromettre la capacité des générations futures d'en faire autant. «Besoins» (tableau 37) et «limitations» sont les deux concepts inhérents à cette notion. En effet, nous devons d'ores et déjà préciser certaines limites à notre développement technologique et à notre organisation sociale, ceci en fonction de la capacité de l'environnement à supporter ce développement technologique et social.

Le principal objectif du développement consiste à satisfaire les besoins et les aspirations de l'être humain. Le **développement durable** signifie que les besoins essentiels de tous (se nourrir, se loger, se vêtir, travailler) sont satisfaits, y compris celui de satisfaire ses aspirations à une vie meilleure. La notion de besoins est certes socialement et culturellement déterminée pour assurer un développement durable. On doit toutefois promouvoir des valeurs qui faciliteront un type de consommation axé sur des possibilités à long terme et auquel chacun peut raisonnablement prétendre. Le développement durable nécessite de toute évidence la croissance économique là où les besoins ne sont pas satisfaits dans les sociétés sous-privilégiées.

Le développement technologique peut certes résoudre

certains problèmes, mais il en crée parfois d'autres plus graves. Ainsi, en surexploitant les ressources naturelles, une société peut compromettre sa capacité de satisfaire les besoins de ses membres, par exemple en en privant une partie importante de la population.

L'exploitation commerciale des forêts, l'exploitation agricole, l'exploitation de la faune, l'extraction minière, l'émission de substances toxiques dans l'environnement, l'édification et l'opération de barrages, figurent parmi les interventions de l'homme dans les écosystèmes à l'occasion d'activités de développement. Il y a peu de temps encore, ces interventions étaient limitées, tant dans leur ampleur que dans leurs effets. De nos jours, elles ont un plus grand impact; elles sont parfois même plus menaçantes, localement, régionalement et même mondialement. Mais il faut arrêter de croire qu'on ne peut éviter les interventions ayant des répercussions considérables. Au strict minimum, le développement durable implique de ne pas mettre en danger les systèmes naturels qui permettent à l'être humain de vivre: l'atmosphère, l'eau, les sols et les êtres vivants.

Sur le plan de l'exploitation des ressources, il n'existe pas de limite fixe dont le dépassement signifierait la catastrophe écologique. Qu'il s'agisse de l'énergie, des matières premières, de l'eau ou du sol, ces limites d'exploitation varient. Elles peuvent en outre se manifester tant par une augmentation des coûts d'exploitation et une baisse de la rentabilité que par la disparition soudaine d'une base de ressources (ex.: forêt). L'amélioration des connaissances et des techniques peut permettre de consolider la base de ressources. Cela dit, les limites existent tout de même et il faudrait, bien avant que le monde ne les atteigne, qu'on assure l'équité dans l'accès à ces ressources limitées, qu'on réoriente les efforts technologiques afin d'alléger les multiples pressions sur l'environnement.

La croissance économique et le développement entraînent

inévitablement des modifications dans les écosystèmes. On ne peut en effet maintenir intact chacun d'entre eux. Par exemple une forêt peut fort bien être épuisée en un endroit d'un versant et très dense en un autre, ce qui n'est pas forcément un mal si l'on a procédé avec méthode et tenu compte des effets:

1) sur l'érosion du sol;
2) sur les régimes d'eau;
3) sur la survie de certaines espèces animales et végétales particulièrement sensibles.

En général, des ressources renouvelables telles que les forêts ou les populations de poissons ne s'épuiseront pas si le rythme de prélèvement ne dépasse pas la capacité de régénération et d'accroissement naturel. Cela dit, la plupart des ressources renouvelables font partie d'un écosystème fort complexe dont on doit définir une limite maximale d'exploitation, en tenant compte des effets de l'exploitation sur l'ensemble du système.

Quant aux ressources non renouvelables, comme la tourbe, les dépôts de sable et les minerais, leur utilisation réduit de toute évidence le stock dont disposeront les générations à venir, ce qui ne signifie nullement qu'on doit s'abstenir de les utiliser. Il convient toutefois de tenir compte:

1) de l'importance critique de la ressource;
2) de l'existence de techniques permettant d'en retarder l'épuisement;
3) de l'éventualité de trouver un produit de remplacement.

Ainsi, il importe de ne pas épuiser les sols au-delà de toute récupération possible par des empiétements inconsidérés. Quant aux minerais et à la tourbe, on doit surveiller leur rythme d'épuisement et introduire des méthodes de recyclage et d'économie pour empêcher ces ressources de disparaître avant que l'on ait trouvé des substituts convenables. Dans l'esprit du **développement durable**, il importe au plus haut point que le rythme d'épuisement des ressources non renouvelables compromette le moins possible l'avenir.

La pratique du développement a tendance à appauvrir les écosystèmes et à réduire la diversité des espèces. Or, une fois éteinte, une espèce ne réapparaîtra plus jamais. La perte d'espèces végétales et animales peut limiter singulièrement les possibilités des générations à venir: diminution du patrimoine génétique (croisements de graminées cultivées avec des espèces sauvages); pertes d'espèces produisant des substances chimiques encore inconnues et potentiellement utiles pour guérir certaines maladies. Le **développement durable** exige donc la conservation du plus grand nombre possible d'espèces.

Les biens que l'on dit gratuits, tels l'air et l'eau, sont eux aussi des ressources vitales. Les matières premières et l'énergie entrant dans la production d'aluminium ou de pâtes, papiers et cartons ne sont que partiellement transformées en produits utiles. L'autre partie, constituée de déchets de natures diverses, se retrouve en plus ou moins fortes concentrations dans l'air, dans l'eau ou dans le sol, qui pourtant, sont des ressources vitales pour l'homme. Le **développement durable** exige donc que les effets nuisibles sur l'air, l'eau et les autres éléments soient réduits au minimum, de façon à préserver l'intégrité globale du système.

Dans son esprit même, le **développement durable** est un processus de transformation dans lequel l'exploitation des ressources, la direction des investissements, l'orientation des techniques et les changements institutionnels se font harmonieusement et renforcent le potentiel présent et à venir, permettant ainsi de mieux répondre aux besoins et aux aspirations de tous.

Pour conclure, **le développement durable**, au sens le plus large, vise à favoriser un état d'harmonie entre les êtres humains et entre l'homme et la nature. Dans le contexte spécifique des crises du développement économique et de l'environnement des années 1980, crises que les organismes politiques et économiques nationaux et internationaux n'ont pas résolues – et ne sont peut-être pas en mesure de résoudre – la poursuite du **développement durable** exige les éléments suivants:

- un système politique capable d'assurer la participation effective de la population à la prise de décisions;
- un système économique capable de dégager des surplus et de créer des compétences techniques sur une base soutenue et autonome;
- un système social capable de trouver des solutions aux tensions nées d'un développement déséquilibré;
- un système de production capable de respecter l'obligation de préserver la base écologique en vue du développement;
- un système technologique toujours à l'affût de solutions nouvelles,
- un système international capable de favoriser des solutions durables en ce qui concerne les échanges et le financement;
- un système administratif souple et capable de faire son autocritique et, éventuellement, de corriger ses erreurs.

Ces conditions sont en fait les objectifs que devraient se fixer tous ceux qui entreprennent des activités régionales nationales ou internationales, dans le domaine du développement. Ce qui compte, c'est la sincérité avec laquelle ces objectifs sont poursuivis et l'efficacité des actions correctrices.

LE RÔLE DE L'ÉDUCATION

L'éducation joue un rôle clé dans le développement durable. Le Groupe de travail national sur l'environnement et l'économie a identifié un besoin d'éducation dans tous les secteurs de la société:

On ne saurait trop insister sur l'importance de l'éducation de nos enfants face aux nouvelles réalités économiques et environnementales. Nous croyons aussi que nos enfants devraient disposer d'une meilleure connaissance de l'environnement, de telle sorte qu'ils puissent le traiter avec respect au moment où ils seront amenés eux-mêmes à prendre des décisions. Il faut changer les programmes scolaires pour leur faire mieux comprendre comment l'environnement et l'économie s'influencent réciproquement. Les jeunes Canadiens apprendront ainsi dans quelle mesure leur bien-fondé futur dépend de cette interaction. Nous reconnaissons qu'il n'est pas possible de changer les programmes scolaires du jour au lendemain dans dix (10) provinces et dans deux (2) territoires. Néanmoins, nous soulignons que les changements peuvent commencer dès maintenant, si nous voulons que dans une dizaine d'années, nos enfants terminent leurs études mieux préparés à participer à des prises de décisions intégrées et à influencer des décisions dans ce sens.

Certaines actions ont été entreprises en vue d'améliorer de façon substantielle l'enseignement de l'environnement et le degré d'éducation environnementale. Notre région fait preuve d'initiatives originales dans ce domaine.

Au **niveau primaire**, l'application du Programme des sciences de la nature, instauré par le ministère de l'Éducation depuis 1984, ne se fait pas sans difficulté. Les enseignants ne disposent pas de matériel didactique adéquat ni d'une formation complémentaire leur permettant d'atteindre pleinement les objectifs du programme. Dans certaines écoles de Chicoutimi, quelques professeurs ont adapté des activités des Cercles des jeunes naturalistes pour la classe.

Au **niveau secondaire**, un cours d'écologie est donné depuis une quinzaine d'années, mais son application aux réalités locales ou régionales est difficile. Pour répondre aux besoins exprimés aux niveaux primaire et secondaire, le groupe Écologie en action en Sagamie a créé le projet MADIE, un exemple d'initiative régionale. Ce projet vise à déterminer les besoins en matériel didactique en environnement à contenu régional et à créer ce matériel. Les résultats de cette démarche faisant consensus dans le milieu seront connus incessamment.

Au **niveau collégial**, des cours en environnement ou des cours complémentaires traitant en partie d'environnement sont dispensés de façon ponctuelle, suivant l'initiative des professeurs. Actuellement, un projet de recherche au Cégep de Saint-Félicien vise à déterminer les points d'ancrage dans divers cours de science pour faire de l'environnement le fil conducteur de la formation scientifique.

Au **niveau universitaire**, une équipe multidisciplinaire de six professeurs de l'UQAC a expérimenté un cours touchant l'environnement auprès d'un groupe d'intérêt diversifié de 50 étudiants. Première mondiale, ce cours expérimental a été donné en 1988-1989 dans le cadre du programme de recherche de l'UNESCO (Biosphère, ressources et sociétés) qui s'inscrit dans une stratégie mondiale relative à l'éducation en environnement. Ce type de cours deviendra éventuellement un cours obligatoire, intégré à la formation universitaire dans les pays développés, notamment par les ingénieurs, les architectes et les urbanistes. Mais l'expérience à l'UQAC a révélé diverses réticences à introduire une formation complémentaire à l'intérieur de programmes de formation monodisciplinaire. L'adaptation du programme ou du cours aux divers contextes régionaux et systèmes d'enseignement universitaire de même que la production de matériel didactique adapté au contexte régional ou national sont de première importance pour assurer concrètement l'introduction d'un tel programme d'éducation en environnement.

Les groupes écologiques et environnementaux sont également très actifs au Saguenay–Lac-Saint-Jean en matière d'éducation et de sensibilisation relative à l'environnement (tableau 38). Ces groupes développent:

- un intérêt pour l'environnement;
- une connaissance des éléments constitutifs de l'environnement;
- une compréhension globale de l'environnement;
- une attitude critique par rapport à l'environnement;
- un sentiment de responsabilité face à l'environnement;
- une incitation à l'action pour améliorer l'environnement.

Leurs racines locales, leurs structures décentralisées, leur liberté de parole et leur dynamisme leur méritent la confiance du public en ce qui concerne l'information environnementale. Ces groupes se considèrent d'une certaine façon comme la main agissante du ministère de l'Environnement, mais ils ne veulent aucunement être soumis à un contrôle gouvernemental. Cependant, un manque chronique de ressources financières et techniques diminue leur efficacité.

UN APPEL À L'ACTION, POUR NOTRE AVENIR À TOUS

Le monde dans lequel nous vivons est fondamentalement différent de celui de nos parents. En l'espace de quelques dizaines d'années seulement, la portée et la nature des problèmes environnementaux ont considérablement évolué et n'ont jamais été aussi complexes. Notre économie régionale repose principalement sur l'exploitation de la forêt, de la faune, des terres agricoles et des minerais; elle dépend de la richesse de notre environnement et de nos ressources naturelles. Il est de plus en plus admis que l'essor économique sera éphémère et illusoire s'il se traduit par la destruction ou le gaspillage de nos ressources et des écosystèmes sur lesquels elles reposent.

Les questions environnementales deviennent donc de plus en plus préoccupantes, aussi bien pour l'industrie que pour le simple citoyen. Elles occupent maintenant une plus grande place que jamais dans les discours et dans nos journaux, en dépit de tous les autres problèmes régionaux, nationaux et internationaux qui commandent la vigilance. Lors de projets de développement, des groupes de citoyens n'hésitent pas à se former pour revendiquer un environnement sain. Nous faisons tous partie du problème, nous devons tous faire partie de la solution. La Stratégie mondiale de la conservation et du développement (1980), le Rapport Brundtland (1987), le Rapport du Groupe de travail national sur l'environnement et l'économie (1987) et la Déclaration du Conseil des sciences du Canada (1988) sont des exemples témoignant de la nécessité de changer nos attitudes. Ils proposent des moyens d'actions pour nous aider à solutionner nos problèmes environnementaux, aussi bien dans notre région qu'à l'échelle internationale.

La Stratégie canadienne pour la recherche d'un environnement sûr illustre bien le genre de défi à relever (figure 50). Pour y faire face, il nous faut entreprendre une action concertée dans quatre grands domaines qui se complètent

Tableau 38
LISTE DES GROUPES DE SENSIBILISATION ET D'ÉDUCATION EN ENVIRONNEMENT AU SAGUENAY–LAC-SAINT-JEAN (1988)

Groupes d'éducation et de protection:

AFEAS régionale
Association de la rivière Sainte-Marguerite inc.
Association des riverains de la rivière Chicoutimi
Association forestière du Saguenay–Lac-Saint-Jean inc.
Centre Astro de Dolbeau inc.
Centre écologique du lac Saint-Jean inc.
Cercle des entomologistes de la Sagamie
Cercle des mycologues du Saguenay
Club l'observateur (Saint-Félicien)
Club des mycologues du Nord (Dolbeau)
Club des ornithologues amateurs du Saguenay–Lac-Saint-Jean inc.
Club Kiwanis de Saint-Prime inc.
Clubs 4H, région du Saguenay–Lac-Saint-Jean
Coalition contre le champ de tir à l'Ascension
Conseil du loisir scientifique du Saguenay–Lac-Saint-Jean (CLS) inc.
Conseil régional de l'environnement du Saguenay–Lac-Saint-Jean– Chibougamau (CRE) inc.
Conseil régional des Cercles des jeunes naturalistes (CJN)
Comité de citoyens de Laterrière
Comité d'embellissement de Rivière-Éternité
Comité d'embellissement et d'environnement de Jonquière
Comité d'embellissement et d'environnement de Saint-Nazaire
Comité d'environnement d'Alma
Comité d'environnement de Chicoutimi
Comité d'environnement de Dolbeau-Mistassini
Comité d'environnement de La Baie
Comité d'environnement de Lac-à-la-Croix
Comité d'environnement de L'Anse-Saint-Jean
Comité d'environnement de Laterrière
Comité d'environnement de Notre-Dame-du-Rosaire
Comité d'environnement de Petit-Saguenay
Comité d'environnement de Saint-Ambroise
Comité d'environnement de Saint-Félicien
Comité local d'environnement de Saint-Félicien inc.
Corporation d'aménagement de sites écologiques inc.

Groupes d'éducation et de protection (suite)

Dans ma cour (Jonquière)
Écologie en action en Sagamie inc.
ENJEU (Environnement-Jeunesse) de Saint-Prime
Fédération des associations du Banc-de-Sable Métabetchouan
Groupement action-paix Lac-Saint-Jean (GRAP)
Mouvement pour l'agriculture biologique (MAB) Saguenay–Lac-St-Jean
Ouananiche-Plus
Regroupement des citoyennes et citoyens de Saint-Honoré
Regroupement pour la protection de l'Ashuapmushuan
Société terrestre pour l'obtention de la paix (STOP)
Société zoologique de Saint-Félicien inc.
SOS lac Saint-Jean
STOP-UQAC
Table sectorielle sur l'environnement du CRCD

Groupes de récupération et de recyclage:

Coopérative "Récupère-Sag"
Corporation de développement de la récupération et du recyclage du
    Saguenay–Lac-Saint-Jean (CODERR-02) inc.
Les Entreprises de récupération du Saguenay–Lac-Saint-Jean inc.
Le Groupe de récupération de Roberval inc.

Note: Les milieux scolaires, les organisations de chasse & pêche, les syndicats, les
    services municipaux, gouvernementaux et para-gouvernementaux œuvrent
    également dans le domaine de l'éducation en environnement.

SOURCES: CLS (1989), CODERR-O2 (1988), CRE (1989) et MENVIQ (1988).

mutuellement: la dépollution et la remise en état du milieu; la conservation et l'utilisation réfléchies des ressources renouvelables et non renouvelables; la prévention de problèmes éventuels et l'adaptation aux contraintes et aux réalités environnementales.

Nos industries et nos différents gouvernements ont accompli d'énormes progrès dans les domaines propres à la gestion de l'environnement, mais nous ne pouvons nous contenter des réalisations actuelles. Nous devrons désormais tenir compte des questions environnementales dans nos décisions quotidiennes. La chose n'est pas simple. Pour cela, nous avons trois défis à relever: rechercher un appui plus large des particuliers et des organisations pour les questions environnementales; vaincre les obstacles économiques et sociaux pour parvenir à des pratiques saines sur le plan de l'environnement; élaborer des mécanismes plus efficaces en vue de régler les conflits.

Pour relever ces défis, nous devrons prendre des mesures collectives et organiser nos efforts suivant quatre grandes stratégies:

- appuyer et organiser la connaissance scientifique de l'environnement;
- informer et sensibiliser le public quant aux conséquences de nos actes en matière environnementale;
- renforcer les bonnes habitudes,
- favoriser le dialogue entre toutes les parties concernées.

Sur ce dernier point, les *États généraux de l'environnement du Saguenay–Lac-Saint-Jean*, tenus en novembre 1988, se sont révélés une entreprise valable pour l'avenir de notre région en misant sur la compréhension et la recherche du consensus afin d'engager des actions concrètes sur le plan régional, intermunicipal, municipal et individuel. Les *États*

Figure 50
STRATÉGIES POUR UN ENVIRONNEMENT SÛR

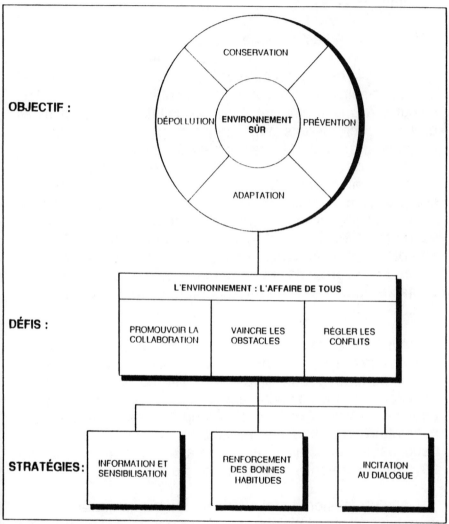

SOURCE: Environnement Canada (1988).

généraux ont permis de «démarginaliser» le discours environnemental, en favorisant le dialogue entre tous les intervenants.

Cet appel à l'action a permis à environ 200 intervenants du monde industriel, socio-communautaire, municipal et du grand public de s'exprimer sur leur perception de la problématique environnementale régionale, puis de présenter et de discuter à une même table 89 propositions d'action et 24 projets concrets. Ces propositions et projets touchent tous les secteurs d'activités régionales: l'exploitation forestière, agricole ou faunique, l'urbanisation, la production d'électricité ou d'aluminium, etc. Les priorités exprimées en plénière comprenaient l'éducation, la sensibilisation, la récupération, la restauration de sites naturels, l'expérimentation de nouvelles techniques, l'acquisition de connaissances, l'imposition de normes environnementales plus sévères et le financement des groupes environnementaux. Il s'agit là d'une véritable ébauche d'une stratégie régionale de la conservation.

Pour faire suite au succès des *États généraux*, les intervenants de la Table sectorielle sur l'environnement du CRCD conjointement avec le CRE ont réalisé ce premier bilan de l'environnement. Ce document se veut un cadre de référence pour permettre, à moyen et à long termes, une meilleure évaluation des besoins régionaux et des changements nécessaires pour favoriser l'intégration de l'environnement au développement socio-économique.

De la profession de foi exprimée aux *États généraux*, aux investissements concrets et aux actions tangibles pour un développement durable, il y a de nouvelles attitudes qui restent à développer dans le milieu et auprès des gouvernements. En effet, la liste des mesures envisageables est longue et les possibilités qui s'offrent à nous sont multiples, sans compter que nous pouvons profiter de l'élan de nos succès récents. Pour une région-ressource comme le

Saguenay–Lac-Saint-Jean, cela représente un véritable défi dans le contexte socio-économique actuel, mais le dialogue établi entre les différents intervenants régionaux constitue un acquis important.

Le leadership qui s'est affirmé aux *États généraux* vise dans un avenir rapproché l'élaboration et l'application d'un *Plan d'intervention régional en environnement pour un développement durable* sur une base de concertation avec les partenaires du milieu. Ce plan identifiera les actions à poser et les échéanciers qui permettront de restaurer, de protéger et de conserver nos ressources naturelles. S'y trouveront également les grandes orientations qui rendront possible un développement durable, c'est-à-dire *un développement qui permettra de répondre aux besoins du présent sans toutefois compromettre la capacité des générations futures d'en faire autant.*

Enfin, la physionomie particulière de la région, une véritable oasis au cœur du massif laurentien, en fait un écosystème régional bien défini où l'élaboration d'une stratégie régionale de la conservation et l'engagement sur la voie du développement durable sont, de ce fait, plus faciles à circonscrire.

Références bibliographiques

Bird, P.M. et D.J. Rapport (1986) *Rapport sur l'état de l'environnement au Canada,* Ministre des Approvisionnements et Services Canada, cat. nº EN 21-54/1986F, 273 p.

CLS (1989) *Annuaire des ressources régionales en loisir scientifique 1989, Saguenay–Lac-Saint-Jean,* 20 p.

CODERR-02 (1988) *Répertoire des entreprises de récupération et de recyclage du Saguenay-Lac-Saint-Jean,* 19 p.

Commission mondiale sur l'environnement et le développement (1988) *Notre avenir à tous* (édition française du «rapport Brundtland»), Montréal, Les Éditions du Fleuve, 454 p.

Conseil de la conservation de l'environnement (1988) *Vers une stratégie québécoise de la conservation et du développement* (document d'information et de consultation), gouvernement du Québec, 90 p.

Conseil des sciences du Canada (1988) *Les sciences, la technologie et un développement durable: gages de santé écologique,* Déclaration du Conseil des sciences du Canada, 24 p.

CRE/CRCD (1989) «Cahier des projets et des propositions», *Les États généraux de l'environnement du Saguenay–Lac-Saint-Jean.*

Dansereau, P. (1987) «Les dimensions écologiques de l'espace urbain», *Cahier de géographie du Québec,* 31(84): 333-395.

Dufour, J. & C. Villeneuve (1989) *La dimension environnementale dans l'enseignement universitaire général. Projet UNESCO/UQAC/EASI,* Rapport final, 67 p.

Environnement Canada (1988) *Stratégies pour un environnement sûr: l'affaire de tous,* Ministre de l'Environnement et Ministre des Approvisionnements et Services Canada, Cat. nº EN21-71/1988F, 27 p.

Environnement Québec (1987) *Un nouveau CAP environnemental,* 41 pages.

Environnement Québec (1988) *L'environnement au Québec, un premier bilan,* Document technique, 429 p.

Environnement Québec (1988) *Répertoire environnemental 1989,* 345 pages.

Regroupement pour un Québec vert (1987) *Stress environnementaux au Québec; Sagamie 1987,* Carte 1:250 000.

Groupe de travail national sur l'environnement et l'économie (1987) *Rapport du Groupe de travail national sur l'environnement et l'économie,* gouvernement du Canada, 18 p.

Statistiques Canada (1986) *Activité humaine et l'environnement, un compendium de statistiques,* Ministre des Approvisionnements et Services Canada, cat. n⁰ 11-509F, 375 p.

Union internationale pour la conservation de la nature (1980) *La Stratégie mondiale de la conservation et du développement; la conservation des ressources vivantes au service du développement durable,* PNUE & WWF.

Union québécoise pour la conservation de la nature. (1987-1988) *L'état de l'environnement agricole au Québec; L'état des milieux humides au Québec; L'état de l'environnement aquatique au Québec; L'état de l'environnement forestier au Québec,* Suppléments n°s 1, 2, 3 et 4 à Franc-Nord, 32 pages.

L.-Brault

DATE DUE

Bibliofiche 297B

Achevé Imprimerie
d'imprimer Gagné Ltée
au Canada Louiseville